Sachs
Grundriß der Außenwirtschaft

Rudolf Sachs

Grundriß der Außenwirtschaft

Betriebswirtschaftlicher Verlag Dr. Th. Gabler · Wiesbaden

ISBN 3 409 61002 2

Copyright by Betriebswirtschaftlicher Verlag Dr. Th. Gabler GmbH, Wiesbaden 1971

Vorwort

Dieses Buch will allen, die sich für Außenwirtschaft interessieren, einen umfassenden Überblick über dieses Gebiet geben. Es soll in erster Linie denjenigen, die sich auf eine außenwirtschaftliche Tätigkeit vorbereiten, ein solides Grundwissen vermitteln. Daneben trägt das Buch aber auch den Erfordernissen der Außenhandelspraktiker Rechnung. Es berücksichtigt die neueste außenwirtschaftliche Entwicklung (z. B. Factoring-Geschäft, Containerverkehr, gemeinschaftliches Versandverfahren in der EWG) und gibt dem Praktiker die Möglichkeit, sich schnell zu informieren. Das gleiche gilt für den interessierten Zeitungsleser, Rundfunkhörer und Fernsehzuschauer, der laufend mit Begriffen wie Zahlungsbilanz, Bandbreite, Swapsatz usw. konfrontiert wird und gerne Näheres über diese Dinge erfahren möchte. Ein alphabetisches Stichwortverzeichnis erleichtert dem Benutzer das Auffinden einzelner Erklärungen und Definitionen.

Es würde den Verfasser sehr freuen, wenn das Buch eine Anregung für die Ausbildungsstätten des kaufmännischen und fremdsprachlichen Nachwuchses der Wirtschaft wäre, dem speziell für die Bundesrepublik so wichtigen Gebiet der Außenwirtschaft einen breiteren Raum in ihrem Ausbildungsprogramm einzuräumen.

Der Verfasser möchte an dieser Stelle Herrn Dipl.-Kfm. Ottmar Schneider, Syndikus der Industrie- und Handelskammer für München und Oberbayern, der ihn bei seiner Arbeit mit Auskünften und wertvollen Ratschlägen unterstützt und Teile des Manuskripts durchgesehen hat, seinen herzlichen Dank aussprechen. Dank gebührt auch Herrn Dipl. rer. pol. Alexander Juon, ehem. Syndikus der Industrie- und Handelskammer für München und Oberbayern, Herrn Dipl.-Kfm. Robert Fischer und Herrn Dr. Rudolf Hellmeier, Referenten der Außenwirtschaftsabteilung dieser Kammer, sowie den folgenden Firmen, Verbänden, Organisationen und Stellen, die dem Verfasser Informationen und Unterlagen zur Verfügung gestellt und z. T. einzelne Kapitel des Manuskripts überprüft haben: Allianz Versicherungs-AG, München; Ausfuhrkredit-Gesellschaft mbH, Frankfurt am Main; Bank für Internationalen Zahlungsausgleich, Basel; Bayerische Versicherungsbank AG, München; Beratungs- und Forschungsstelle für Seemäßige Verpackung e. V., Hamburg; Bundesstelle für Außenhandelsinformation, Köln; Bundesverband des Deutschen Güterfernverkehrs e. V., Frankfurt am Main; Deutsche Bank AG, Filiale München; Deutsche Bundesbahn, Bundesbahndirektion München; Deutsche Gruppe der Internationalen Handelskammer, Köln; Deutsche Lufthansa

AG, Köln; GATT-Sekretariat, Genf; Heller Factoring Bank AG, Mainz; Hermes Kreditversicherungs-AG, Außenstelle München; Inter-Factor-Bank AG, Mainz-Mombach; Internationale Bank für Wiederaufbau und Entwicklung (Weltbank), Washington, D. C.; Internationaler Währungsfonds, Washington, D. C.; Kreditanstalt für Wiederaufbau, Frankfurt am Main; Landesverband Bayerischer Transportunternehmen e. V., München; Privatdiskont-AG, Frankfurt am Main; Zentralausschuß der Werbewirtschaft e. V., Bad Godesberg.

Nicht zuletzt bedankt sich der Verfasser bei seiner Frau, die die umfangreichen Schreibarbeiten im Zusammenhang mit diesem Buch erledigte und Kapitel, die der Verfasser bis zu einem halben dutzendmal umstellte und abänderte, mit bewundernswerter Geduld immer wieder neu tippte.

Konstruktive Kritik und Vorschläge zur Verbesserung des Buches sind dem Verfasser stets willkommen.

Rudolf Sachs

Inhaltsverzeichnis

I. Allgemeine Übersicht
Außenwirtschaft 13
Außenhandel und Transithandel 13
Veredelungsverkehr 14
Dienstleistungsverkehr 14
Kapitalverkehr 15

II. Absatzorganisation
Direkter und indirekter Export – direkter und indirekter Import 17
Exporthändler und Importhändler 18
Exportabteilung 18
Exportgemeinschaften und Exportkartelle 19
Reisende, Handelsmittler und Eigenhändler 19
Auslandsvertreter 22
Factor 23
Auslandsniederlassungen 25
Lizenzfertigung im Ausland 26

III. Marktforschung und Werbung
Auslandsmarktforschung 28
Auslandswerbung 30
Messen und Ausstellungen 32

IV. Einrichtungen zur Förderung des Außenhandels
Offizielle Auslandsvertretungen 34
Bundesstelle für Außenhandelsinformation 35
Industrie- und Handelskammern 36
Auslandshandelskammern 37
Internationale Handelskammer 37
Sonstige Einrichtungen 39

V. Außenhandelsgeschäft
Anbahnung von Geschäftsverbindungen 40
Einholung von Auskünften 40

Abschluß des Kaufvertrags 41
Ausschreibungen 42
Bedingungen des Kaufvertrags 43
Vertragsverletzung und Streitigkeiten 45
Schiedsgericht der Internationalen Handelskammer 47

VI. Verpackung und Markierung

Wahl der Verpackung 49
Seemäßige Verpackung 49
Innere und äußere Verpackung 50
Korrosionsschutz 52
Paletten und Container 52
Kollo-Markierung 53
Verpackungs- und Markierungsvorschriften 54

VII. Dokumente

Handelsrechnung 55
Proforma-Rechnung 55
Zollfaktura und Konsulatsfaktura 56
Ursprungszeugnis 56
Warenverkehrsbescheinigung 58
Speditions-, Transport- und Versicherungsdokumente . . . 58
Sonstige Dokumente 59
Begleitpapiervorschriften und Vordrucke 59

VIII. Lieferungsbedingungen

Bedeutung der Lieferungsbedingungen 60
Incoterms 60
Internationale Regeln 1967 63
Amerikanische Lieferklauseln 64

IX. Zahlungsbedingungen

Festsetzung der Zahlungsbedingungen 65
Nichtdokumentäre Konditionen 65
Dokumentäre Konditionen 67
Kasse gegen Dokumente 67
Dokumente gegen Akzept 68
Abwicklung des Dokumenteninkassos 69
Wechselrembours 70

Dokumentenakkreditiv 71
Sonderfälle im Akkreditivgeschäft 73
Einheitliche Richtlinien und Gebräuche für Dokumentenakkreditive 75
Authority to Negotiate — Authority to Pay 75

X. Forderungseinzug und Kreditversicherung

Einziehung von Auslandsforderungen 78
Ausfuhrkreditversicherung 78
Bundesgarantien und Bundesbürgschaften 79

XI. Finanzierung

Arten der Finanzierung 82
Forfaitierung 83
Privatdiskont-AG 84
AKA Ausfuhrkredit-Gesellschaft mbH 85
Kreditanstalt für Wiederaufbau 87

XII. Spedition, Lagerung und Transport

Speditionsgeschäft 89
Lagergeschäft 91
Eisenbahngüterverkehr 92
Güterkraftverkehr 94
Luftfrachtverkehr 95
Frachtverkehr in der Binnenschiffahrt 98
Seefrachtverkehr 98
Konnossement 101
Sonderformen des Konnossements, Konnossementssurrogate und Parcel Receipt 102
Kombinierter Verkehr 103

XIII. Transportversicherung

Arten der Transportversicherung 106
Kaufvertrag und Versicherung 106
Versicherungsvertrag 107
Einzelversicherung und laufende Versicherung 108
Havarie 109
Seeversicherungsbedingungen 110
Verfahren bei Seeschäden 111

XIV. Handelsbilanz und Zahlungsbilanz

Handelsbilanz 113
Zahlungsbilanz 113
Zahlungsbilanzgleichgewicht 115
Terms of Trade 118

XV. Währung und Devisen

Währungssysteme 119
Gold-Devisen-Standard 120
IWF-Parität und Wechselkurs 121
Goldparität und Goldautomatismus 123
Freie Wechselkurse 124
Währungskonvertibilität 125
Devisen, Sorten und Valuta 126
Devisenbewirtschaftung 127
Devisenmarkt und Devisenhandel 127
Kursrisiko und Kurssicherung 129
Swapgeschäfte 130
Devisenarbitrage 131

XVI. Außenwirtschaftspolitik

Internationale Arbeitsteilung und Freihandel 132
Protektionismus und Autarkie 133
Staatliches Außenhandelsmonopol 133
Staatliche Ausfuhrpolitik 134
Dumping 134
Staatliche Einfuhrpolitik 135
Einfuhrzölle 135
Mengenmäßige Beschränkungen und Selbstbeschränkungs-
abkommen 136
Andere nichttarifäre Handelshemmnisse 137
Liberalisierung 138
Mehrwertsteuer und Verbrauchsteuern 138
Wechselsteuer 139

XVII. Außenwirtschaftsrecht

Außenwirtschaftsgesetz und Durchführungsbestimmungen . . 141
Ausfuhrvorschriften 142
Ausfuhrverfahren: Genehmigungsfreie Ausfuhr 143
Ausfuhrverfahren: Genehmigungsbedürftige Ausfuhr . . . 145

Befreiungen bei der Ausfuhr 146
Einfuhrvorschriften 146
Einfuhrverfahren: Genehmigungsfreie Einfuhr 147
Einfuhrverfahren: Genehmigungsbedürftige Einfuhr . . . 148
Erleichtertes Verfahren bei der Einfuhr 148
Meldevorschriften 149

XVIII. Zollwesen

Zollgebiet 150
Zolltarif 151
Zollauskunft 151
Zollabfertigung 152
Besondere Zollverkehre 153
Gemeinschaftliches Versandverfahren 156
Carnets 159
Brüsseler Zollrat 160

XIX. Internationale Übereinkünfte

Verträge und Abkommen 161
Meistbegünstigung, Parität und Reziprozität 161
Investitionsförderungsverträge 162
Doppelbesteuerungsabkommen 163
Handels- und Zahlungsabkommen 163
Bilateralismus und Multilateralismus 165

Anhang: Internationale Wirtschaftsorganisationen

1. Europäische Gemeinschaften (EG) 167
   Europäische Gemeinschaft für Kohle und Stahl 167
   Europäische Wirtschaftsgemeinschaft (EWG) 168
   Europäische Atomgemeinschaft (EAG) 175
2. Europäische Freihandelsassoziation (EFTA) 176
3. Rat für gegenseitige Wirtschaftshilfe (COMECON) . . . 177
4. Organisation für wirtschaftliche Zusammenarbeit in Europa (OEEC) — Organisation für wirtschaftliche Zusammenarbeit und Entwicklung (OECD) 178
5. Europäisches Währungsabkommen (EWA) 179
6. Bank für Internationalen Zahlungsausgleich (BIZ) . . . 180
7. Internationaler Währungsfonds (IWF) 181

8. Internationale Bank für Wiederaufbau und Entwicklung (Weltbank) 184
9. Internationale Finanz-Corporation (IFC) 185
10. Internationale Entwicklungsorganisation (IDA) 186
11. Allgemeines Zoll- und Handelsabkommen (GATT) . . . 186
12. Konferenz der Vereinten Nationen über Handel und Entwicklung (UNCTAD) 189

Anlagen: Muster wichtiger Außenhandelsformulare

1. Ursprungszeugnis 193
2. Inkassoauftrag („Dokumente gegen Akzept") 194
3. Import-Akkreditiv 195
4. Konnossement 196
5. Versicherungspolice 197/198
6. Ausfuhrerklärung 199
7. Einfuhrerklärung 200
8. Versandanmeldung T 1 (externes gemeinschaftliches Versandverfahren) 201
9. Versandanmeldung T 2 (internes gemeinschaftliches Versandverfahren) 202

Abkürzungsverzeichnis 203

Stichwortverzeichnis 209

I. Allgemeine Übersicht

Außenwirtschaft

Unter den Begriff Außenwirtschaft fallen sämtliche Wirtschaftsbeziehungen mit dem Ausland. Bei diesen handelt es sich im wesentlichen um den Außenhandel einschließlich des Transithandels, den Veredelungsverkehr, den Dienstleistungsverkehr und den Kapitalverkehr.

Außenhandel und Transithandel

Der Außenhandel umfaßt die Ausfuhr (Export) und die Einfuhr (Import) von Waren.

Unter Transithandel versteht man Außenhandelsgeschäfte, bei denen Transithändler Waren im Ausland kaufen und an Abnehmer im Ausland (meist in einem dritten Land) weiterverkaufen[1]. Ein Geschäft dieser Art, das von einem im Inland ansässigen Transithändler abgewickelt wird, bezeichnet man als *aktives* Transithandelsgeschäft, da sich dabei eine Netto-Forderung gegenüber dem Ausland in Höhe der „Transithandelsspitze" ergibt; das ist der Bruttoverkaufserlös des Transithändlers abzüglich des an den ausländischen Lieferer zu zahlenden Kaufpreises einschließlich etwaiger im Ausland anfallender Nebenkosten. Ist der Transithändler im Ausland ansässig und der Lieferer oder Abnehmer der Ware eine inländische Firma, so handelt es sich um ein *passives* Transithandelsgeschäft.

Die Transithandelsware wird entweder direkt vom Lieferland zum Käuferland befördert, ohne das Land des Transithändlers zu berühren, oder sie nimmt ihren Weg über das Land des Transithändlers, in dem auch eine Zwischenlagerung in einem Freihafen oder Zollager erfolgen kann[2]. Wesentlich ist jedoch, daß die Ware im Land des Transithändlers nicht zollamtlich zum freien Verkehr abgefertigt wird. (Wenn ausländische Ware zum freien Verkehr abgefertigt und später wieder exportiert wird, liegt eine Wiederausfuhr vor.)

---

[1] Außenwirtschaftsverordnung (AWV) § 40 Abs. 2: „Transithandelsgeschäfte sind Geschäfte, bei denen außerhalb des Wirtschaftsgebiets befindliche Waren oder in das Wirtschaftsgebiet verbrachte, jedoch einfuhrrechtlich noch nicht abgefertigte Waren durch Gebietsansässige von Gebietsfremden erworben und an Gebietsfremde veräußert werden."

[2] Früher bezeichnete man Transithandelsgeschäfte, bei denen die Ware das Land des Transithändlers nicht berührte, als „ungebrochenen Transithandel" und Transithandelsgeschäfte, bei denen die Ware über das Land des Transithändlers geleitet wurde, als „gebrochenen Transithandel". Nach den jetzt geltenden Außenwirtschaftsbestimmungen spricht man von einem gebrochenen Transithandel, wenn ein gebietsansässiger Transithändler die im Ausland gekauften Waren an einen anderen gebietsansässigen Transithändler verkauft und dieser sie dann an einen Gebietsfremden weiterveräußert.

Der Transithandel darf nicht mit dem Transit- oder Durchfuhrverkehr, d. h. der Durchfuhr von ausländischen Waren durch das Inland[1], verwechselt werden. (Ein Transithandelsgeschäft kann jedoch, wie oben erwähnt, mit einer Warendurchfuhr durch das Land des Transithändlers verbunden sein.) Man unterscheidet zwischen dem „gebrochenen" und dem „ungebrochenen" Durchfuhrverkehr. Ein gebrochener Durchfuhrverkehr liegt vor, wenn die Transitware im Transitland gelagert oder veredelt wird. Beim ungebrochenen Durchfuhrverkehr wird die Transitware durch das Transitland hindurchbefördert, ohne daß dort eine Lagerung oder Veredelung stattfindet.

Veredelungsverkehr

Unter Veredelungsverkehr versteht man die vorübergehende Einfuhr und Ausfuhr von Waren zur Bearbeitung oder Verarbeitung. *Bearbeitung* ist die Behandlung einer Sache, die als solche erhalten bleibt, z. B. das Färben und Bedrucken von Stoffen, das Raffinieren von Zucker und Fetten, das Fräsen und Schleifen von Zahnradrohlingen. *Verarbeitung* liegt vor, wenn aus einer Sache eine neue entsteht, wie z. B. bei der Herstellung von Schuhen aus Leder und beim Verspinnen von Wolle zu Garnen.

Die Veredelung ausländischer Waren im Inland bezeichnet man als *aktiven Veredelungsverkehr*, die Veredelung inländischer Waren im Ausland als *passiven* Veredelungsverkehr. Ferner wird zwischen Eigenveredelung und Lohnveredelung unterschieden. Die *Eigenveredelung* ist die Veredelung für eigene Rechnung des Veredelungsbetriebes. (Beispiel: Eine deutsche Firma kauft Leder im Ausland und fertigt daraus Schuhe, die sie dann exportiert.) Die *Lohnveredelung* andererseits ist die Veredelung für fremde Rechnung. (Beispiel: Eine deutsche Firma färbt Stoffe im Auftrag einer ausländischen Firma. Die fertig bearbeiteten Stoffe gehen an den ausländischen Auftraggeber zurück, und der Veredeler erhält den vereinbarten Veredelungslohn.) Die Lohnveredelung fällt in den Bereich des Dienstleistungsverkehrs.

Die Veredelung kann auch eine Transitveredelung im Rahmen eines Transit- oder Durchfuhrverkehrs sein. Hier wird Transitware im Transitland be- oder verarbeitet und anschließend ins Ausland weiterbefördert.

Der Veredelungsverkehr hat neben seiner wirtschaftlichen Seite auch eine zollrechtliche, die auf S. 155 f. behandelt wird.

Dienstleistungsverkehr

Beim Dienstleistungsverkehr handelt es sich um Dienstleistungen, die Personen und Firmen, die im Inland ansässig sind, für im Ausland ansässige

---

[1] Außenwirtschaftsgesetz (AWG) § 4 Abs. 2 Nr. 5: „Durchfuhr: die Beförderung von Sachen aus fremden Wirtschaftsgebieten durch das Wirtschaftsgebiet, ohne daß die Sachen in den freien Verkehr des Wirtschaftsgebietes gelangen."

Personen und Firmen erbringen oder von diesen in Anspruch nehmen. Dienstleistungsgeschäfte, bei denen Inländer Dienstleistungen für ausländische Auftraggeber erbringen, wobei Zahlungsforderungen gegen das Ausland entstehen, werden *aktive* Dienstleistungsgeschäfte genannt. Umgekehrt sind Dienstleistungsgeschäfte, die die Inanspruchnahme ausländischer Dienstleistungen durch Inländer zum Gegenstand haben, *passive* Dienstleistungsgeschäfte, da sich hier Zahlungsverpflichtungen gegenüber dem Ausland ergeben. Die aktiven Dienstleistungsgeschäfte bezeichnet man auch als „unsichtbare Ausfuhr", die passiven Dienstleistungsgeschäfte als „unsichtbare Einfuhr".

Zum Dienstleistungsverkehr mit dem Ausland gehören u. a. der Reiseverkehr (Leistungen, die Ausländer bei Ferien- und Geschäftsreisen im Inland und Inländer bei Reisen im Ausland in Anspruch nehmen), Transporte (Transportleistungen inländischer Transportunternehmen für ausländische Auftraggeber und umgekehrt), Versicherungen, die Vergabe von Lizenzen und Patenten, selbständige und unselbständige Arbeitsleistungen, die aktive und passive Lohnveredelung, Bauleistungen und Montagen.

Kapitalverkehr

Der Kapitalverkehr umfaßt die Ausfuhr und die Einfuhr von langfristigem und kurzfristigem Kapital im Zusammenhang mit Kapitalgeschäften zwischen Personen und Firmen mit Sitz im Inland und Personen und Firmen, die im Ausland ansässig sind.

Langfristige Kapitalgeschäfte mit dem Ausland sind u. a. die Gründung von Niederlassungen im Ausland durch inländische Firmen und von Niederlassungen im eigenen Land durch ausländische Firmen, der Erwerb von Unternehmen im Ausland durch inländische Firmen und von Unternehmen im Inland durch ausländische Firmen, die Beteiligung inländischer Firmen an ausländischen Unternehmen und umgekehrt, der Erwerb von Grundstücken im Ausland durch inländische Käufer und von Grundstücken im Inland durch Ausländer, der Erwerb ausländischer Kapitalmarktpapiere durch inländische Anleger und inländischer Kapitalmarktpapiere durch Ausländer, Kredit- und Darlehensgewährung an das Ausland und Aufnahme ausländischer Kredite und Darlehen.

Zum *kurzfristigen* Kapitalverkehr mit dem Ausland gehören die Sichteinlagen inländischer Einleger bei Banken im Ausland, die Sichteinlagen ausländischer Einleger bei inländischen Banken, der Erwerb ausländischer Geldmarktpapiere durch inländische Käufer und inländischer Geldmarktpapiere durch Ausländer, die Gewährung kurzfristiger Kredite an Ausländer und die Aufnahme kurzfristiger Kredite im Ausland.

Der Kapitalverkehr schließt auch die *Kapitalerträge* (Zinsen, Dividenden, Gewinne, Miete und Pacht) sowie die Kapital-, Kredit- und Darlehens*rückzahlungen* ein. (Die Kapitalerträge werden in der Zahlungsbilanz unter den Dienstleistungen aufgeführt.)

II. Absatzorganisation

Direkter und indirekter Export — direkter und indirekter Import

Beim *direkten Export* handelt es sich um die Ausfuhr von Waren durch den Hersteller selbst, beim indirekten Export um die Ausfuhr über einen im Herstellerland ansässigen Exporthändler. (Exporteur oder Ausführer[1] kann sowohl ein direkt exportierender Hersteller wie ein Exporthändler sein.)

Der Direktexport setzt eine gute Kenntnis des Auslandsmarktes und unmittelbare Geschäftsbeziehungen zu ausländischen Abnehmern voraus. Im Betrieb des Herstellers müssen die personellen und organisatorischen Voraussetzungen für die Abwicklung von Exportgeschäften gegeben sein. Meist ist auch der Aufbau einer Vertriebsorganisation im Ausland durch Einsetzung von Auslandsvertretern oder Errichtung eigener Niederlassungen erforderlich. Die direkte Belieferung eines ausländischen Marktes bedeutet für einen Hersteller zusätzliche Arbeit, Kosten und Risiken, gibt ihm aber andererseits die Möglichkeit, den Auslandsmarkt seinen Erzeugnissen systematisch zu erschließen.

Der *indirekte Export* gestaltet sich für den Hersteller im wesentlichen wie ein normales Inlandsgeschäft. Der Exporthändler kauft die Waren vom Hersteller und gibt diesem genaue Anweisungen für die Verpackung, Beschriftung und Lieferung der Sendung. Zwar muß der Hersteller meist die Exportverpackung stellen und manchmal auch den Versand ins Ausland nach den Weisungen des Exporthändlers vornehmen, alle sonstigen mit der Ausfuhr zusammenhängenden Arbeiten, Kosten und Risiken übernimmt jedoch der Exporthändler. Andererseits hat der Hersteller beim indirekten Export keine unmittelbare Verbindung zu den ausländischen Käufern seiner Erzeugnisse und kann die auf dem ausländischen Markt bestehenden Absatzmöglichkeiten nicht voll für sich nutzen. Außerdem muß er seinen Gewinn mit dem Exporthändler teilen.

Der Export über einen Exporthändler ist häufig der erste Schritt eines Herstellers zur Erweiterung seines Absatzes auf das Ausland. Aber auch direkt exportierende Hersteller arbeiten oft mit Exporthändlern zusammen, da sie auf diese Weise ihren Absatz auf Märkte ausdehnen können, in denen sie nicht über direkte Geschäftsverbindungen verfügen oder die für sie zu risikoreich sind.

---

[1] AWV § 8 Abs. 1: „Ausführer ist, wer Waren nach fremden Wirtschaftsgebieten verbringt oder [durch Spediteure und Transportunternehmen] verbringen läßt."

Wie der Export kann auch der Import direkt oder indirekt sein. Als *direkten Import* bezeichnet man die Einfuhr von Waren direkt aus dem Ausland, als *indirekten Import* den Bezug ausländischer Waren über einen im Inland ansässigen Importhändler. (Importeur oder Einführer[1] kann sowohl ein direkt importierender Hersteller, Groß- oder Einzelhändler wie ein Importhändler sein.)

Exporthändler und Importhändler

Die *Export- oder Ausfuhrhändler* kaufen Exportwaren von inländischen Herstellern und verkaufen sie für eigene Rechnung ins Ausland. Außerdem führen sie auch andere Außenhandelsgeschäfte, z. B. Transithandelsgeschäfte, durch. Sie haben ihren Sitz vor allem in den großen Seehäfen, aber auch an den Standorten der Exportindustrie. Die Exporthändler sind meist Länderspezialisten, d. h., sie spezialisieren sich auf ein bestimmtes Absatzgebiet, in das sie verschiedene Waren liefern. In der Regel unterhalten sie kein eigenes Warenlager, sondern schließen mit ihren ausländischen Kunden auf Grund von Prospekten, Katalogen und Mustern ab, die ihnen von den Herstellern oder deren Exportvertretern zur Verfügung gestellt werden. Neben ihrer Tätigkeit für eigene Rechnung arbeiten die Exporthändler auch als Handelsmittler, vor allem als Exportkommissionäre für inländische Hersteller und als Einkaufskommissionäre für ausländische Importeure.

Die *Import- oder Einfuhrhändler* kaufen Waren im Ausland und vertreiben sie für eigene Rechnung im Inland. Sie sind vorwiegend Warenspezialisten, die eine bestimmte Ware oder Warengruppe aus verschiedenen Lieferländern beziehen. Der Importhandel als selbständige Handelsstufe beliefert den Großhandel. Daneben gibt es Importhändler, die zusätzlich die Funktionen nachfolgender Handelsstufen übernehmen, d. h. gleichzeitig Großhändler bzw. Groß- und Einzelhändler sind. Die Importhändler arbeiten nicht nur für eigene Rechnung, sondern auch als Handelsmittler, und zwar in erster Linie als Handelsvertreter oder Verkaufskommissionäre für ausländische Firmen und als Importkommissionäre für inländische Auftraggeber.

Neben den reinen Export- bzw. Importhäusern gibt es viele Außenhandelsunternehmen, die sich gleichzeitig mit Export- und Importgeschäften befassen (Export-Import-Unternehmen).

Exportabteilung

Produktionsbetriebe, die direkt exportieren, benötigen eine *Exportabteilung*. Wenn der Export nur einen verhältnismäßig geringen Teil des Gesamtumsatzes ausmacht, bildet die Exportabteilung einen Teil der Inlands-Vertriebs-

---

[1] AWV § 23 Abs. 1: „Einführer ist, wer Waren in das Wirtschaftsgebiet verbringt oder verbringen läßt."

abteilung (eingegliederte Exportabteilung). Bei größerem Auslandsumsatz besteht jedoch eine eigene Exportabteilung mit einem besonders geschulten Mitarbeiterstab. Großunternehmen gliedern die Exportabteilung bisweilen aus und wandeln sie in eine selbständige *Exportfirma* um. Die Tochtergesellschaft, die ihren Sitz entweder am Ort der Muttergesellschaft oder einem Seehafenplatz hat, kauft die Erzeugnisse der Muttergesellschaft und vertreibt sie über ihre eigene Absatzorganisation im Ausland.

An der Spitze der Exportabteilung steht der Exportleiter. Er überwacht die Durchführung der Exportgeschäfte sowie die Tätigkeit der Auslandsvertreter und der Auslandsreisenden. Durch häufige Auslandsbesuche erhält er eine enge Verbindung zum Auslandsmarkt und den ausländischen Abnehmern aufrecht. Die Arbeit in der Exportabteilung wird gewöhnlich nach Ländern bzw. Sprachgebieten aufgeteilt. Die Ländersachbearbeiter sind die Berater des Exportleiters in allen ihre Länder betreffenden Fragen. Dem Exportleiter und seinen Sachbearbeitern stehen sprachkundige Sekretärinnen und Schreibkräfte sowie Fremdsprachenkorrespondentinnen zur Seite. Letztere übernehmen auch die täglich anfallenden Übersetzungsarbeiten und dolmetschen bei Besuchen ausländischer Geschäftsfreunde.

Exportgemeinschaften und Exportkartelle

Exportgemeinschaften sind Zusammenschlüsse mehrerer am Export interessierter Hersteller zum Zwecke der Durchführung gemeinsamer exportfördernder Maßnahmen. Zu diesen Maßnahmen gehören u. a. die gemeinsame Auslandswerbung, die gemeinschaftliche Beschäftigung von Auslandsreisenden, die Beteiligung an Messen und Ausstellungen mit einem Gemeinschaftsstand, die Einrichtung gemeinsamer Exportmusterlager im In- und Ausland und der Aufbau einer gemeinsamen Vertriebsorganisation. Der Anschluß an eine Exportgemeinschaft ist besonders für kleine und mittlere Firmen von Vorteil, deren individuelle Möglichkeiten eng begrenzt sind.

Exportkartelle sind kartellmäßige Absprachen von Herstellern der gleichen Branche zur Beschränkung des Wettbewerbs auf dem Auslandsmarkt. Nach dem „Gesetz gegen Wettbewerbsbeschränkungen" vom 27. 7. 1957 (Kartellgesetz) gehören reine Exportkartelle zu den anmeldepflichtigen Kartellen, Exportkartelle, die auch im Inland wirksam werden, dagegen zu den erlaubnispflichtigen Kartellen, die einer Genehmigung durch die Kartellbehörde, das Bundeskartellamt in Berlin, bedürfen. Darüber hinaus ist das Kartellrecht der Europäischen Wirtschaftsgemeinschaft (EWG) zu beachten.

Reisende, Handelsmittler und Eigenhändler

Die *Reisenden,* d. h. die Handlungs- oder Geschäftsreisenden (oft auch „Vertreter" genannt), sind im Gegensatz zu den selbständigen Handelsvertretern

Angestellte einer Firma, für die sie in dem ihnen zugewiesenen Gebiet Kunden besuchen und Aufträge hereinholen. Während der Handelsvertreter auf reiner Provisionsbasis arbeitet, erhält der Reisende ein festes Gehalt oder Fixum, Ersatz seiner Spesen und vielfach auch eine Umsatzprovision.

Reisende, die im Auftrag von Exportfirmen ausländische Märkte bereisen, werden *Auslandsreisende* genannt. Sie müssen die erforderlichen Sprachkenntnisse besitzen und mit den Besonderheiten des betreffenden Landes — vor allem mit der Mentalität und den Handelsgepflogenheiten der dortigen Kaufleute — ausreichend vertraut sein.

Als *Handelsmittler* bezeichnet man selbständige Kaufleute, die in fremdem Auftrag Geschäfte vermitteln, abschließen oder durchführen. Es sind dies die Handelsvertreter, die Kommissionäre und die Makler.

Handelsvertreter nach § 84 HGB ist, „wer als selbständiger Gewerbetreibender ständig damit betraut ist, für einen anderen Unternehmer Geschäfte zu vermitteln oder in dessen Namen abzuschließen". Der Handelsvertreter hat Anspruch auf Zahlung einer Provision für die von ihm vermittelten oder abgeschlossenen Geschäfte. Wenn ihm vom Unternehmer die Alleinvertretung übertragen wurde, kann er — falls der Vertretervertrag nichts anderes vorsieht — eine Provision für alle Geschäfte beanspruchen, die mit Kunden seines Gebietes getätigt werden, auch wenn diese ohne seine Mitwirkung zustande kommen. Handelsvertreter, die das Delkredere übernehmen, d. h. für die Verbindlichkeiten ihrer Kunden einstehen, können eine zusätzliche Provision (Delkredereprovision) verlangen.

Handelsvertreter im Außenhandel sind vor allem der Auslandsvertreter und der Exportvertreter. Der Auslandsvertreter wird wegen seiner besonderen Bedeutung im Anschluß gesondert behandelt. Als Exportvertreter bezeichnet man in der Bundesrepublik die Vermittler von Geschäften zwischen inländischen Herstellern und Exporthändlern. Sie haben ihren Sitz meist in den Hafenstädten und unterhalten dort Musterlager. Aber auch der in den angelsächsischen Ländern häufig anzutreffende „manufacturer's export agent", der für einen Hersteller (oder mehrere Hersteller verschiedener Erzeugnisse) den Export durchführt, wird deutsch oft Exportvertreter oder Exportagent genannt. In den Hansestädten bezeichnet man die dort ansässigen Vertreter überseeischer Exporteure als CIF-Agenten, da sie Einfuhrgeschäfte auf CIF-Basis abwickeln.

Kommissionär nach § 383 HGB ist, „wer es gewerbsmäßig übernimmt, Waren oder Wertpapiere für Rechnung eines anderen (des Kommittenten) im eigenen Namen zu kaufen oder zu verkaufen". Man unterscheidet also zwischen Einkaufs- und Verkaufskommissionären. Sie erhalten wie der Handelsvertreter eine Provision (Einkaufs- oder Verkaufsprovision). Dem Verkaufskommissionär, der das Delkredere übernimmt, steht darüber hinaus eine Delkredereprovision zu. Über die von ihm durchgeführten Käufe oder Verkäufe muß der Kommissionär eine Abrechnung vorlegen.

Den Verkaufskommissionär, der für einen ausländischen Exporteur tätig ist, nennt man meist Konsignatar und seinen Auftraggeber Konsignant. Das Kommissionsgeschäft wird in diesem Fall als Konsignationsgeschäft, das Kommissionslager als Konsignationslager und die Kommissionsware als Konsignationsware bezeichnet. Falls das Importland die Möglichkeit der Zollagerung vorsieht, wie z. B. die Bundesrepublik, ist es zweckmäßig, die Konsignationswaren in einem Zollager aufzubewahren. Als Exportkommissionäre für inländische Hersteller betätigen sich die Exporthändler, die indirekte Exporte auch auf Kommissionsbasis durchführen. Inländische Unternehmen, die laufend im Ausland einkaufen, schalten oft in den Lieferländern ansässige Exporthändler als Einkaufskommissionäre ein.

Makler nach § 93 HGB ist, „wer gewerbsmäßig für andere Personen, ohne von ihnen auf Grund eines Vertragsverhältnisses ständig damit betraut zu sein, die Vermittlung von Verträgen über Anschaffung und Veräußerung von Waren oder Wertpapieren, über Versicherungen, Güterbeförderungen, Bodmerei[1], Schiffsmiete oder sonstige Gegenstände des Handelsverkehrs übernimmt". Der Makler hat Anspruch auf einen Maklerlohn (Courtage).

Der Warenmakler im Außenhandel vermittelt Verträge zwischen inländischen Exporteuren und ausländischen Importeuren und umgekehrt. Daneben tritt er auch als Vermittler zwischen Importeuren und inländischen Käufern von Importwaren auf, wobei er oft als Versteigerer bei Warenversteigerungen fungiert. (Neben den Warenmaklern spielen im Außenhandel auch die Versicherungs- und die Schiffsmakler eine wichtige Rolle.)

Eigenhändler sind Firmen, die für eigene Rechnung Waren kaufen und verkaufen. Sie schließen von Fall zu Fall Geschäfte ab, können aber auch eine feste Bindung mit einem Lieferer eingehen. Direkt exportierende Hersteller übertragen oft einem Produktions- oder Warenhandelsunternehmen im Ausland das Alleinverkaufsrecht für ihre Erzeugnisse in einem bestimmten Absatzgebiet. Umgekehrt übernehmen auch inländische Unternehmen den Alleinverkauf der Erzeugnisse ausländischer Hersteller. Beim indirekten Export kommt es gelegentlich vor, daß ein inländischer Hersteller einen ebenfalls im Inland ansässigen Exporthändler mit dem Alleinvertrieb seiner Produkte auf einem bestimmten Auslandsmarkt betraut.

---

[1] Die Bodmerei ist ein besonderes Darlehensgeschäft des Seerechts. Der Kapitän eines Schiffes nimmt in bestimmten Notfällen während der Reise ein Darlehen auf und verpfändet dem Darlehensgeber Schiff, Ladung und Fracht. Über die Bodmerei wird vom Kapitän ein Bodmereibrief ausgestellt. Die modernen Mittel der Nachrichtenübermittlung haben die Bodmerei weitgehend überflüssig gemacht.

Bei der Vergabe von Alleinverkaufsrechten schließt der Hersteller mit der Firma, die als sein Vertragshändler tätig sein soll, einen Händlervertrag ab. Häufig wird ein Mindestumsatz vereinbart, den der Vertragshändler garantieren muß. Der Hersteller kann seinem Vertragshändler die Festsetzung des Wiederverkaufspreises überlassen, er kann ihm diesen aber auch verbindlich vorschreiben. Im letzteren Fall erhält der Händler einen Händlerrabatt auf den gebundenen Wiederverkaufspreis. In der Bundesrepublik ist die Preisbindung der zweiten Hand für Markenwaren zulässig, muß aber bei der Kartellbehörde angemeldet werden.

Vielfach führt das gleiche Unternehmen Geschäfte sowohl für eigene wie für fremde Rechnung durch.

Auslandsvertreter

Unter einem Auslandsvertreter versteht man einen im Ausland ansässigen Handelsvertreter, der für einen deutschen Exporteur — in der Regel als Alleinvertreter — ein bestimmtes Gebiet bearbeitet. In der Praxis werden jedoch häufig alle Mittlerfirmen im Ausland Auslandsvertreter genannt, ganz gleich, ob sie — rechtlich gesehen — Handelsvertreter, Kommissionäre oder Eigenhändler sind. Auch eine Kombination dieser Funktionen ist möglich.

Der Auslandsvertreter hat sehr vielseitige Aufgaben. Neben seiner Vermittlungs- oder Verkaufstätigkeit befaßt er sich auch mit der Werbung, berät seine Kunden, beobachtet die Marktentwicklung, führt das Inkasso von Außenständen durch, vermittelt bei Streitigkeiten usw. Vertreter von Herstellern technischer Erzeugnisse müssen auch in der Lage sein, den Kundendienst zu übernehmen.

Nach Ernennung eines Auslandsvertreters wird ein Vertreter- oder Agenturvertrag aufgesetzt, der Näheres über die Rechte und Pflichten des Unternehmers einerseits und des Vertreters andererseits enthält. Die Internationale Handelskammer in Paris hat im November 1960 einen „Leitfaden für den Abschluß von Handelsvertreterverträgen" zwischen Parteien in verschiedenen Ländern" herausgebracht, nach dem Verträge mit ausländischen Vertretern im wesentlichen folgende Punkte enthalten sollen:

1. Bezeichnung des Vertrages. Es sollte ausdrücklich festgestellt werden, daß es sich um einen Handelsvertretervertrag handelt.
2. Vertragsparteien. Name, Adresse, Rechtsform, Sitz usw. der Vertragsparteien.
3. Maßgebende Fassung. Bei zweisprachig abgefaßten Verträgen ist anzugeben, welcher Text für die Auslegung maßgebend sein soll.
4. Inkrafttreten des Vertrags, normaler Ablauf und Kündigung. Der Vertrag kann für bestimmte oder unbestimmte Zeit geschlossen werden. Wird

er für unbestimmte Zeit geschlossen, so muß die Kündigungsfrist festgelegt werden, die bei der Aufhebung des Vertrages durch eine der beiden Parteien einzuhalten ist. Ferner müssen die Umstände näher bestimmt werden, die zu einer Vertragsaufhebung ohne vorherige Kündigung berechtigen.

5. Gegenstand der Vertretung. Die Erzeugnisse, auf die sich der Vertrag erstreckt, müssen genau bezeichnet werden.

6. Vertretungsbezirk.

7. Alleinvertretung. Es ist anzugeben, ob der Vertreter berechtigt ist, den Unternehmer in dem Vertretungsbezirk ausschließlich zu vertreten.

8. Rechte und Pflichten des Unternehmers.

9. Rechte und Pflichten des Vertreters, z. B. Delkredere-Übernahme und Garantie eines Mindestumsatzes.

10. Verkaufsprovision. Der Provisionssatz und die Berechnungsweise der Provision sollten genau festgelegt werden. Die Provision kann z. B. nach dem Brutto- oder Nettobetrag der Kundenrechnung berechnet werden. Bei der Berechnung nach dem Nettobetrag sollten die abzuziehenden Kosten, wie Fracht, Versicherung, Skonto usw., aufgeführt werden.

11. Anzuwendendes Recht und Gerichtsbarkeit. Es sollte in jedem Fall bestimmt werden, welches Recht für den Vertrag gilt. Ferner sollten sich die Parteien darüber einigen, ob sie bei Streitigkeiten, die sich eventuell aus dem Vertrag ergeben, ein ordentliches Gericht oder ein Schiedsgericht anrufen wollen.

Factor

Der Factor nimmt unter den Mittlerfirmen des Außenhandels eine besondere Stellung ein. Durch seine Tätigkeit — Factoring genannt — unterstützt er indirekt die Absatzbemühungen seiner Auftraggeber. Das Factoring-System wurde in den USA entwickelt und hat sich inzwischen auch in Europa eingeführt. In der Bundesrepublik betreiben Factoring-Banken und Factoring-Gesellschaften das Factoring-Geschäft; bei diesen handelt es sich oft um Tochtergesellschaften von Geschäftsbanken oder um Unternehmen, an denen Banken beteiligt sind.

Der Factor hat drei Hauptfunktionen, nämlich 1. die Dienstleistungsfunktion, 2. die Delkrederefunktion und 3. die Finanzierungsfunktion. Die Dienstleistungsfunktion besteht darin, daß der Factor für seine Kunden — die sog. „Anschlußkunden" — die Debitorenbuchhaltung, das Mahnwesen und das Rechnungsinkasso übernimmt. Zur rationellen Durchführung dieser Arbeiten sind die Factoring-Gesellschaften mit elektronischen Datenverarbeitungsanlagen ausgestattet. Bei Übernahme des Delkredere durch den Factor haftet der Factor dem Anschlußkunden gegenüber für den Eingang der Außenstände. Lediglich in Fällen, in denen Abnehmer wegen Mängelrügen, Lieferungsverzug oder aus ähnlichen Gründen nicht oder nur teilweise zahlen, geht der Ausfall zu Lasten des Anschlußkunden. Wenn die Lieferungen des Anschlußkunden vom Factor finanziert werden, erhält der Anschlußkunde sofort den Gegenwert der von ihm verkauften Waren ohne Rücksicht auf das mit dem Abnehmer vereinbarte Zahlungsziel. Für seine Dienstleistungen berechnet der Factor dem Anschlußkunden eine Dienstleistungsgebühr, für die Übernahme des Delkredere eine Delkredereprovision und für die Finanzierung die üblichen Bankzinsen. Grundlage des Factoring ist stets die Dienstleistungsfunktion; sie kann allein oder zusammen mit der Delkrederefunktion und der Finanzierungsfunktion in jeder beliebigen Kombination in Anspruch genommen werden.

Das Export-Factoring, bei dem der Anschlußkunde — also der Exporteur — meist eine Kombination der drei genannten Factor-Leistungen wünscht, beruht weitgehend auf der engen Zusammenarbeit zwischen dem Factor im Exportland (Export-Factor) und einem Factor im Einfuhrland (Import-Factor). Der Exporteur und der Export-Factor schließen einen Vertrag, in dem vereinbart wird, daß der Exporteur während der Laufzeit des Vertrages seine sämtlichen Auslandsforderungen bzw. die Forderungen gegen Abnehmer in einem bestimmten Land auf den Factor überträgt. Der Export-Factor nimmt dem Anschlußkunden die mit der Verwaltung der Debitorenkonten zusammenhängenden Arbeiten ab. Er veranlaßt über den jeweiligen Import-Factor eine Kreditprüfung der Abnehmer des Anschlußkunden und legt für jeden Abnehmer ein Limit fest, bis zu dem er bereit ist, das Delkredere zu übernehmen. Durch die Delkredereübernahme verpflichtet sich der Export-Factor für den Fall, daß die Zahlung vom ausländischen Importeur nicht innerhalb einer bestimmten Karenzzeit nach Fälligkeit der Rechnung oder dem Verfall des Wechsels eingeht, den Rechnungsbetrag an den Anschlußkunden zu zahlen. (Die Haftung des Factors erstreckt sich jedoch nur auf das wirtschaftliche Risiko, d. h. das Risiko der Insolvenz des Käufers.) Der Export-Factor überträgt das Delkredere auf den Import-Factor und zahlt an diesen ebenfalls eine Delkredereprovision. Durch einen Vermerk auf der Rechnung weist der Exporteur seine Abnehmer an, die Zahlung nicht an ihn, sondern an den Import-Factor zu leisten. Der Import-Factor übernimmt zusammen mit dem Delkredere auch das Mahnwesen und — falls erforderlich — die Beitreibung der Forderung.

Bei einer Finanzierung der Forderungen des Anschlußkunden zahlt der Export-Factor dem Anschlußkunden bis zu 90 % des Rechnungswertes sofort nach Versand der Waren aus. Der Rest wird für den Fall, daß der Käufer Mängelrügen geltend macht, zunächst auf einem Sperrkonto einbehalten.

Der Anschlußkunde entrichtet Zinsen auf den bevorschußten Betrag, bis der ausländische Schuldner gezahlt hat, längstens aber bis zum Eintritt des Delkrederefalles, also bis zum Ablauf der Karenzfrist nach Fälligkeit der Forderung. Bei der Factoring-Finanzierung mit gleichzeitiger Delkredereübernahme handelt es sich um eine Forfaitierung (siehe S. 83).

Die Einschaltung eines Factors erlaubt es dem Exporteur, seinen Auslandskunden die im Ausland üblichen Zahlungsziele einzuräumen und so seinen Umsatz im Ausland auszuweiten, ohne dabei ein Kreditrisiko einzugehen. Das Factoring-Unternehmen bietet ihm einen hundertprozentigen Schutz vor Forderungsausfällen; es gibt also keinen Selbstbehalt des Exporteurs wie bei der Ausfuhrkreditversicherung. Bei Inanspruchnahme der Factoring-Finanzierung hat der Exporteur außerdem die Möglichkeit, seine Auslandsforderungen sofort in Bargeld umzuwandeln.

Dank seiner Verbindung zu ausländischen Factoring-Gesellschaften ist der Export-Factor auch in der Lage, seinen Anschlußkunden in Angelegenheiten behilflich zu sein, die nicht in unmittelbarem Zusammenhang mit dem Factoring-Geschäft stehen. So beraten die Factoring-Gesellschaften ihre Kunden in Absatzfragen, befassen sich mit der Vermittlung von Geschäftsverbindungen, führen Marktforschung durch usw.

Auslandsniederlassungen

Niederlassungen im Ausland können rechtlich selbständige *Tochtergesellschaften* oder rechtlich unselbständige *Zweigniederlassungen* oder *Filialen* sein. Ihre Tätigkeit kann im Warenvertrieb, in der Warenbeschaffung, der Fertigung oder der Montage bestehen.

Auslandsniederlassungen, die ausschließlich *Verkaufsaufgaben* haben, sind die selbständigen Vertriebsgesellschaften und die unselbständigen Verkaufsbüros. Zum Vertrieb gehören neben der reinen Verkaufstätigkeit auch die Werbung und die Marktbeobachtung. Beim Vertrieb technischer Erzeugnisse muß ein Kunden- und Ersatzteildienst zur Verfügung stehen. Meist ist ein Auslieferungslager vorhanden, das es der Niederlassung ermöglicht, die Kunden prompt zu beliefern.

Auslandsniederlassungen mit *Beschaffungsaufgaben* sind die unselbständigen Einkaufsbüros. Sie werden von Firmen, die laufend Waren aus dem Ausland beziehen, auf den Hauptbeschaffungsmärkten eingerichtet und haben die Aufgabe, die vom Stammhaus benötigten Waren so günstig wie möglich einzukaufen. Zu diesem Zweck beobachten sie die Entwicklung auf dem Beschaffungsmarkt und vergleichen laufend die Angebote ausländischer Lieferer.

Die Auslandsniederlassung kann schließlich ein selbständiges Unternehmen oder ein Zweigwerk sein, das die Erzeugnisse des Stammhauses herstellt oder montiert, d. h. aus Einzelteilen zusammensetzt (*Fabrikation* oder *Montage*).

Die Errichtung von eigenen Fabrikationsstätten im Ausland bietet folgende Vorteile: Wegfall des Einfuhrzolls und aller sonstigen Einfuhrbelastungen und -beschränkungen, enger Kontakt zu den ausländischen Abnehmern, Erleichterung der Lagerhaltung und des Kundendienstes, kürzere Lieferzeiten und geringere Lieferkosten, bessere Marktübersicht, eventuell niedrigere Löhne und günstigere Rohstoffpreise im Niederlassungsland, vielleicht sogar vom ausländischen Staat gewährte steuerliche und sonstige Vergünstigungen.

Die Hauptnachteile einer Eigenfertigung im Ausland sind: hoher Kapitalaufwand (manchmal besteht jedoch die Möglichkeit, einen Teil des benötigten Kapitals im Ausland zu beschaffen), Risiko der Beschlagnahme oder Verstaatlichung ohne oder mit nur geringer Entschädigung, Risiko des Verlustes durch politische Ereignisse, eventuell Schwierigkeiten infolge von Devisenbestimmungen sowie von diskriminierenden steuerlichen oder sonstigen Vorschriften im Niederlassungsland.

Ausländische Zölle und Einfuhrbeschränkungen können einen Hersteller praktisch zwingen, seine Erzeugnisse im Ausland herzustellen bzw. herstellen zu lassen, wenn er den betreffenden Markt nicht verlieren will. Beim Zusammenschluß mehrerer Länder zu einer Zollunion oder Freihandelszone haben Firmen, die in einem Mitgliedsland produzieren, einen großen Wettbewerbsvorteil gegenüber ihren Konkurrenten in dritten Ländern, deren Erzeugnisse bei der Einfuhr mit Zoll belastet werden.

Lizenzfertigung im Ausland

Wenn ein Hersteller die Fertigung seiner Erzeugnisse im Ausland für zweckmäßig oder unumgänglich erachtet, andererseits aber die mit der Errichtung einer Fabrikationsstätte verbundenen Kapitalinvestitionen und Risiken scheut, kann er seine Erzeugnisse unter Lizenz herstellen lassen. Zu diesem Zweck vergibt er eine Lizenz an eine ausländische Firma, die über die notwendigen Fertigungsanlagen verfügt und darüber hinaus in der Lage ist, den Vertrieb der Lizenzerzeugnisse zu übernehmen.

Die Einzelheiten der Lizenzvergabe werden im *Lizenzvertrag* zwischen dem Hersteller (Lizenzgeber) und dem ausländischen Unternehmen (Lizenznehmer) schriftlich niedergelegt.

Auf Grund des Vertrages überläßt der Lizenzgeber dem Lizenznehmer seine Konstruktionszeichnungen, Fertigungsverfahren, Patente, Warenzeichen usw.

sowie seine in der Fertigung gesammelte Erfahrung (Know-how). In vielen Fällen stellt der Lizenzgeber dem Lizenznehmer vorübergehend Fachleute zur Verfügung oder bildet Betriebsangehörige der Lizenznehmerfirma kostenlos in seinem Werk aus. Manchmal gewährt der Lizenzgeber Kapitalhilfe oder beteiligt sich finanziell an der Firma des Lizenznehmers. Die Lizenznehmerfirma im Ausland kann auch eine Tochtergesellschaft des Lizenzgebers sein.

Der Lizenznehmer zahlt an den Lizenzgeber eine Lizenzgebühr, die entweder als fester Betrag pro Stück oder als bestimmter Prozentsatz vom Verkaufspreis errechnet wird. Die Lizenzverträge sehen oft eine jährliche Mindestlizenzzahlung vor. In manchen Fällen erfolgt die Zahlung der Lizenzgebühr in Form einer einmaligen Abfindung.

Der Lizenzgeber legt natürlich großen Wert darauf, daß die Produkte des Lizenznehmers von gleicher Qualität sind wie seine eigenen Erzeugnisse. Mangelhafte Qualität der Lizenzerzeugnisse kann dem Ruf des Lizenzgebers schweren Schaden zufügen, und dies nicht nur im Lande des Lizenznehmers. Es ist daher für den Lizenzgeber wichtig, die Qualität der Lizenzproduktion fortlaufend zu überwachen. Die Qualitätskontrolle wird entweder von einem Beauftragten des Lizenzgebers an Ort und Stelle vorgenommen, oder sie erfolgt in der Weise, daß der Lizenznehmer Ausfallmuster sendet. Die Kontrollfunktion des Lizenzgebers erstreckt sich oft auch auf die Fertigung, den Kundendienst und die Lizenzabrechnung. So kann der Lizenznehmer z. B. verpflichtet sein, einem vom Lizenzgeber beauftragten Wirtschaftsprüfer Einblick in alle Unterlagen zu geben, die im Zusammenhang mit dem Lizenzgeschäft stehen.

III. Marktforschung und Werbung

Auslandsmarktforschung

Hier soll nur von der Marktforschung des Exporteurs, d. h. der Erforschung des ausländischen Absatzmarktes, die Rede sein. Die Marktforschung ist aber auch für den Importeur wichtig, da dieser die Gegebenheiten auf dem ausländischen Beschaffungsmarkt genau kennen muß, um günstig einkaufen zu können.

Die Marktforschung umfaßt die *Marktanalyse* (Untersuchung der Marktverhältnisse zu einem gegebenen Zeitpunkt) und die *Marktbeobachtung* (laufende Beobachtung der Marktentwicklung). Die Marktforschungsarbeit besteht im wesentlichen aus der Beschaffung geeigneten Informationsmaterials, der Auswertung der Informationen und der Stellung von Prognosen. Die Ergebnisse der Marktforschung werden der Produktions-, Absatz- und Werbeplanung zugrunde gelegt.

Die Marktforschung kann durch den Betrieb selbst oder durch ein Markt- und Meinungsforschungsinstitut durchgeführt werden. Große Unternehmen verfügen meist über eine eigene Marktforschungsabteilung.

Der *Betrieb* stützt sich bei seiner Marktforschungsarbeit auf die eigenen Statistiken, Berichte von Auslandsvertretern und -reisenden, amtliche Statistiken des In- und Auslandes, in- und ausländische Wirtschaftsberichte, Presseveröffentlichungen usw. Außerdem ist es üblich, daß der Chef der Exportabteilung oder eine andere leitende Persönlichkeit regelmäßig Auslandsreisen unternimmt, um sich an Ort und Stelle ein Bild von der Absatzlage zu machen.

Häufig wird bei der Marktforschung ein *Marktforschungsinstitut* eingeschaltet. Bei der Auslandsmarktforschung arbeiten die deutschen Institute eng mit Instituten im Ausland zusammen — entweder mit freien Kontaktinstituten (Korrespondenten) oder eigenen Niederlassungen. Andererseits sind viele ausländische Institute in der Bundesrepublik durch Niederlassungen vertreten.

Soll die Marktforschung durch ein Marktforschungsinstitut vorgenommen werden, so findet zunächst eine Beratung zwischen dem Institut und dem Auftraggeber statt, bei der die Problemstellung besprochen und die Durchführung der Arbeit geplant wird. Der nächste Schritt ist die Sammlung der Daten, die notwendig sind, um die vom Auftraggeber gestellten Fragen beantworten zu können. Als Quellenmaterial dienen die im Archiv gesammelten Statistiken, Wirtschaftsberichte usw. (Sekundärmaterial) und die Ergebnisse von Interviews, Meinungsumfragen usw. (Primärmaterial). Anhand des Sekundärmaterials erhält man ein allgemeines Bild des ausländischen Marktes (politische Verhältnisse, Konjunkturlage, Zahlungsbilanz, Verkehrsverhältnisse, Pro-Kopf-Einkommen, Lebensstandard usw.), das dann gegebenenfalls noch durch Primärmaterial ergänzt werden muß. Die Marktforscher unterscheiden zwischen „desk research", der Marktforschung am Schreibtisch, und „field research", der Durchführung von statistischen Studien auf dem betreffenden Markt selbst.

Die institutionelle Marktforschung erstreckt sich auf das Produkt, den Verbraucher, den Vertrieb und die Werbung.

Durch die *Produktforschung* soll vor allem festgestellt werden, ob sich das Produkt und seine Verpackung zum Verkauf auf dem ausländischen Markt eignen und welche Änderungen eventuell notwendig sind, damit das Produkt Anklang bei den ausländischen Käufern findet. Zu diesem Zweck werden u. a. Markttests durchgeführt, bei denen das Erzeugnis zunächst auf einem Teilmarkt (Testmarkt) angeboten wird. Unter die Produktforschung fallen auch die Analyse der Konkurrenzerzeugnisse, die Ermittlung der im Einfuhrland erhobenen Zölle und sonstigen Abgaben und die Feststellung der dort eventuell für die betreffenden Erzeugnisse geltenden Vorschriften (z. B. Kennzeichnungsvorschriften für Lebensmittel, Sicherheitsvorschriften für Elektrogeräte).

Bei der *Verbraucheranalyse* werden die Wünsche und Vorstellungen der Verbraucher, ihre Einkaufs- und Verbrauchsgewohnheiten, Vorurteile usw. untersucht. Dies geschieht in der Weise, daß der Marktforscher nach bestimmten Methoden eine Anzahl von Personen auswählt, die einen repräsentativen Querschnitt der jeweiligen Verbrauchergruppe bilden, und sie entweder schriftlich durch Zusendung von Fragebogen oder mündlich bzw. telefonisch durch Interviewer befragen läßt. Als Consumer-Panel-Methode bezeichnet man regelmäßige Befragungen einer bestimmten Zahl ausgewählter Haushalte, die Aufschlüsse über das typische Verbraucherverhalten geben sollen. Durch Anwendung psychoanalytischer Verfahren werden auch die psychologischen Faktoren erforscht, die die Kaufentscheidung des Verbrauchers beeinflussen (Motivforschung). Die Verbraucherforschung befaßt sich aber nicht nur mit dem privaten Konsumenten, sondern auch mit dem Wiederverkäufer und dem industriellen Abnehmer.

Die *Vertriebsforschung* hat die Aufgabe, den günstigsten Absatzweg zu ermitteln. Eventuell ist auch zu klären, ob es für den Betrieb zweckmäßiger wäre, den Weg der Montage, Eigenfertigung oder Lizenzvergabe im Absatzland zu wählen, anstatt Fertigerzeugnisse zu exportieren. Durch die Werbeforschung soll festgestellt werden, welche Werbemittel und Werbeträger auf dem betreffenden Markt zur Verfügung stehen, welche von diesen sich für den vorgesehenen Zweck am besten eignen, wie die Werbung gestaltet werden soll usw. Eine wichtige Funktion der Werbeforschung ist auch die Ermittlung des Werbeerfolges.

Die in der oben beschriebenen Weise gesammelten Daten werden durch das Marktforschungsinstitut wissenschaftlich ausgewertet. Für die Auswertung steht den Instituten meist eine elektronische Datenverarbeitungsanlage zur Verfügung. Nach Abschluß der Auswertung erhält der Auftraggeber einen ausführlichen Bericht.

Auslandswerbung

Auch beim Exportgeschäft hängt der Verkaufserfolg weitgehend von einer geschickten Werbung und Public-Relations-Arbeit ab.

Die *Auslandswerbung* kann — wie die Inlandswerbung — von einem Unternehmen allein oder zusammen mit anderen Unternehmen (in Form einer Sammelwerbung oder einer Gemeinschaftswerbung) durchgeführt werden. Bei der Sammelwerbung benützen Unternehmen verschiedener Branchen, die namentlich genannt werden, gemeinsam ein bestimmtes Werbemittel (z. B. Anzeige oder Plakat), bei der Gemeinschaftswerbung werben Unternehmen der gleichen Branche für das gemeinsame Erzeugnis (z. B. Nürnberger Spielwaren, Offenbacher Lederwaren), ohne daß die einzelnen Unternehmen dabei in Erscheinung treten. Wenn deutsche Erzeugnisse auf einem ausländischen Markt eingeführt werden sollen, ist es oft zweckmäßig, der Individualwerbung durch die einzelnen Firmen eine Gemeinschaftswerbung vorausgehen zu lassen.

Public-Relations- oder *Öffentlichkeitsarbeit* ist Werbung im weitesten Sinne. Sie umfaßt alle Bemühungen eines Unternehmens mit dem Zweck, die Beziehungen zur Öffentlichkeit zu pflegen und das Vertrauen der Öffentlichkeit zu gewinnen.

Die Auslandswerbung wird entweder durch die Werbeabteilung des Exportunternehmens (eventuell mit Unterstützung eines Werbeberaters) oder durch eine Werbeagentur durchgeführt. Auch Unternehmen mit eigener Werbeabteilung arbeiten mit Werbeagenturen zusammen. Die Werbeagenturen übernehmen die Planung und Durchführung der Werbemaßnahmen sowie die Erfolgskontrolle. Sie sind auch Werbemittler, d. h., sie vermitteln Werbeaufträge an Zeitungen, Rundfunk, Fernsehen usw. Die deutschen Werbeagenturen führen die Auslandswerbung direkt oder über ihre Korrespondenten bzw. Niederlassungen im Ausland durch. Viele ausländische Agenturen verfügen über Niederlassungen in der Bundesrepublik. Wichtig ist bei der Auslandswerbung die enge Zusammenarbeit des Exporteurs mit seinen ausländischen Vertretern, Händlern oder Niederlassungen. Diese können auch direkt eine Werbeagentur in ihrem Land einschalten.

Bei der *Planung der Auslandswerbung* müssen vor allem folgende Gesichtspunkte berücksichtigt werden:

1. die Art des Erzeugnisses,
2. der Werbeetat, d. h. die für die Auslandswerbung bereitstehenden Mittel,
3. der zu erfassende Käuferkreis (Verbraucher, Wiederverkäufer, industrielle Abnehmer),
4. die besonderen Gegebenheiten des Absatzmarktes, vor allem die Mentalität der Abnehmer, Tier- und Farbsymbolik, religiöse Tabus usw., und
5. die im Ausland für die Werbung geltenden Vorschriften.

Für die Auslandswerbung kommen grundsätzlich die gleichen *Werbemittel* in Betracht wie für die Inlandswerbung. Das am häufigsten verwendete Werbemittel ist auch hier die Anzeige. Als *Werbeträger* oder Streumittel für Anzeigen kommen in Frage: Zeitungen und Zeitschriften, Fachzeitschriften, Adreß- und Telefonbücher, Bezugsquellenverzeichnisse, Ausstellungskataloge usw. Die Wirkung einer Anzeige beruht einerseits auf ihrer textlichen und graphischen Gestaltung und andererseits auf der Werbekraft des Werbeträgers. Die Werbekraft einer Zeitung oder Zeitschrift hängt ab vom Leserkreis, von der Auflagenhöhe, dem Verbreitungsgebiet usw. Die Durchführung von Analysen zur Feststellung der Werbekraft der Werbeträger fällt in den Bereich der Media-Forschung (media research), die zur Werbeforschung gehört. Anzeigen über Artikel des täglichen Verbrauchs werden in den Massenblättern veröffentlicht. Hersteller von Waren des gehobenen Bedarfs inserieren in Zeitschriften, die von einer kaufkräftigen Leserschaft bevorzugt werden. Für Anzeigen, die für die Industrie, den Handel oder die freien Berufe bestimmt sind, kommen die Fachzeitschriften in Frage, zu denen auch die Exportzeitschriften gerechnet werden.

Mittel der *Direktwerbung*, die sich unmittelbar an den einzelnen Bedarfsträger richten, sind u. a. Werbebriefe und Werbedrucksachen. Die *Werbebriefe* haben den Zweck, das Interesse des Empfängers für ein bestimmtes Erzeugnis zu wecken. Sie können individuell abgefaßte oder vervielfältigte Briefe sein. Durch besondere Verfahren, z. B. die Verwendung automatischer Schreibmaschinen, bemüht man sich, den vervielfältigten Briefen das Aussehen persönlicher Schreiben zu geben. *Werbedrucksachen* sind z. B. Prospekte, Broschüren und Kataloge. Sie können mit oder ohne Anschreiben verschickt bzw. Werbebriefen beigelegt werden. Wichtig für den Erfolg der

Direktwerbung ist die richtige Auswahl der zu erfassenden Personen oder Firmen. Die Anschriften derselben werden dem eigenen Anschriftenverzeichnis, den Telefon- und Adreßbüchern oder anderen Quellen entnommen. Oft wird ein Adressenbüro mit der Zusammenstellung des gewünschten Adressenmaterials beauftragt.

Die übrigen Gebiete der Werbung sind: Licht- und Leuchtwerbung, Plakatanschlag, Verkehrsmittelwerbung, Film- und Diapositivwerbung, Werbefunk und Werbefernsehen. Der Einzelhandel bedient sich vor allem der Schaufenster- und Leuchtwerbung; außerdem erhalten die Einzelhändler von den Herstellern sog. Händlerhilfen, wie z. B. Aufstellplakate, Schaufensterkleber, Leerpackungen, Werbegeschenke, Klischees für Anzeigen usw. Ein wichtiger Faktor in der Werbung ist auch die Gestaltung der Verkaufsverpackung.

In dem Bemühen, internationale Verhaltensregeln für die Werbepraxis aufzustellen, verabschiedete die Internationale Handelskammer im Jahre 1937 internationale „Richtlinien für die Lauterkeit in der Werbung", die im Jahre 1949 und, in beschränktem Umfange, im Jahre 1955 überarbeitet wurden. 1966 erschien eine Neufassung des „International Code of Advertising Practice", der deutsch jetzt als „Internationale Verhaltensregeln für die Werbepraxis" bezeichnet wird. Diese Richtlinien wurden von nahezu allen Organisationen der Werbewirtschaft auf der ganzen Welt gebilligt und übernommen.

Messen und Ausstellungen

Die internationalen Messen und Ausstellungen spielen eine bedeutende Rolle in der Auslandswerbung.

Der Zentralausschuß der Werbewirtschaft hat durch seinen Fachausschuß für Ausstellungs- und Messewesen folgende Begriffsbestimmungen für Messen und Ausstellungen aufgestellt (Fassung vom 1. 1. 1964):

1. *Messen.* Messen sind Veranstaltungen mit Marktcharakter, die ein umfassendes Angebot eines oder mehrerer Wirtschaftszweige bieten. Sie finden im allgemeinen in regelmäßigem Turnus am gleichen Ort statt. Auf Messen wird auf Grund von Mustern für den Wiederverkauf oder für gewerbliche Verwendung verkauft. Der Zutritt zur Messe ist grundsätzlich dem Fachbesucher vorbehalten.

2. *Ausstellungen.* Fachausstellungen dienen der aufklärenden und werbenden Darstellung einzelner Wirtschaftszweige und sprechen neben den Fachkreisen auch die Allgemeinheit an. Allgemeine Ausstellungen sind Veranstaltungen, die sich aufklärend und werbend für bestimmte Wirt-

schaftsräume oder Wirtschaftsprobleme an die Allgemeinheit wenden. Ausstellungen können dem Verkauf dienen.

Die Messen werden oft als Mustermessen bezeichnet, da die Geschäfte anhand der ausgestellten Muster abgeschlossen werden. Die Fachmessen und Fachausstellungen, wie die „Internationale Spielwarenmesse" in Nürnberg und die „Internationale Photo- und Kino-Ausstellung" (Photokina) in Köln, beschränken sich auf einen Wirtschaftszweig. Die allgemeinen Messen, wie z. B. die „Hannover-Messe" und die „Internationale Frühjahrs- und Herbstmesse" in Frankfurt am Main, umfassen das Angebot verschiedener Wirtschaftszweige, während die allgemeinen Ausstellungen, zu denen auch die Weltausstellungen gehören, allgemein informierenden Charakter haben.

Die Messen und Ausstellungen bieten dem Aussteller viele Werbemöglichkeiten: Gestaltung des Ausstellungsstandes, Anzeigen im Messe- oder Ausstellungskatalog, Verteilung von Prospekten und anderem Werbematerial, Plakatanschlag, Durchsage von Werbetexten über Lautsprecher, Dia- und Filmvorführungen usw.

An ausländischen Messen und Ausstellungen können sich die deutschen Hersteller entweder selbst oder über ihre ausländischen Vertreter, Händler oder Niederlassungen beteiligen. Für deutsche Firmen, die eine ausländische Messe beschicken, ist die Einschaltung einer Messe- und Ausstellungsgesellschaft zweckmäßig. Diese kümmert sich um den Hin- und Rücktransport der Ausstellungsgüter, erledigt die Zollformalitäten usw.

An wichtigen Messen und Ausstellungen des Auslandes führt die Bundesrepublik eine offizielle Beteiligung durch. Die Planung und Vorbereitung amtlicher deutscher Beteiligungen liegt in den Händen des „Ausstellungs- und Messe-Ausschusses der deutschen Wirtschaft (AUMA)" in Köln. Mit der technischen Durchführung dieser Beteiligungen beauftragt der AUMA Messe- und Ausstellungsunternehmen, wie z. B. den „IMAG Internationaler Messe- und Ausstellungsdienst GmbH" in München und die „NOWEA Düsseldorfer Messegesellschaft mbH" in Düsseldorf, als Durchführungsgesellschaften.

Deutsche Firmen, die sich an einer ausländischen Messe oder Ausstellung beteiligen wollen, können sich an die Industrie- und Handelskammer, ihren Fachverband oder den AUMA direkt wenden.

IV. Einrichtungen zur Förderung des Außenhandels

Offizielle Auslandsvertretungen

Bei den offiziellen Vertretungen eines Landes im Ausland handelt es sich in erster Linie um Botschaften und Konsulate. Daneben gibt es noch die offiziellen Handelsvertretungen.

Die außenwirtschaftlichen Aufgaben der *Botschaften* der Bundesrepublik Deutschland im Ausland liegen vor allem im handelspolitischen Bereich. Die Botschaften beobachten die Wirtschaftspolitik, den Konjunkturverlauf und die wirtschaftlichen Außenbeziehungen des Gastlandes und vertreten die auf diesem Gebiet liegenden deutschen Interessen. Sie berichten der Bundesregierung laufend über die Wirtschafts- und Marktlage sowie die außenwirtschaftliche Entwicklung in ihrem Gastland. Diese Berichte werden auch an die Bundesstelle für Außenhandelsinformation, die Deutsche Bundesbank und Organisationen mit übergeordnetem wirtschaftlichem Interesse weitergeleitet. Auf Anfrage informieren und beraten die Botschaften amtliche Stellen, Firmen, Verbände und öffentlich-rechtliche Einrichtungen der Wirtschaft in der Bundesrepublik über Handelspraktiken, gesetzliche und administrative Regelungen des Gastlandes und andere den Außenhandel betreffende Fragen. Außerdem pflegen sie den persönlichen Kontakt mit Wirtschaftspolitikern und Wirtschaftskreisen des Gastlandes, betreuen deutsche Geschäftsbesucher, erledigen Messeangelegenheiten und führen Rechtshilfeaufträge durch. In Ländern, in denen keine deutschen Auslandshandelskammern bestehen, bieten die Botschaften den deutschen Firmen auch kommerzielle Dienstleistungen, wie den Nachweis von Geschäftsverbindungen, die Vermittlung von Vertretern und Vertretungen, Kreditauskünfte, Vermittlung bei Streitigkeiten, Inkassohilfe usw.

Die *konsularischen Vertretungen* sind je nach ihrer Stellung Generalkonsulate oder Konsulate. Sie können unter der Leitung von Berufskonsuln oder Wahlkonsuln stehen. Berufskonsuln sind Beamte des Entsendestaates, als Wahl- oder Honorarkonsuln werden geeignete Persönlichkeiten des Empfangsstaates, meist angesehene Kaufleute, eingesetzt.

Die deutschen Generalkonsulate und Konsulate im Ausland wahren ebenfalls die wirtschaftlichen Interessen der Bundesrepublik, haben jedoch im Gegensatz zu den Botschaften vorwiegend praktische Aufgaben. Zu diesen Aufgaben gehören u. a. das Urkunds- und Paßwesen, die Regelung von Angelegenheiten der deutschen Schiffahrt in den Häfen des Gastlandes und die bereits erwähnten kommerziellen Dienstleistungen. Auch hier gilt jedoch wieder der Grundsatz, daß für kommerzielle Dienstleistungen in erster Linie die deutschen Auslandshandelskammern zuständig sind, soweit es solche in den betreffenden Ländern gibt.

Die *offiziellen Handelsvertretungen,* auch „Handelsmissionen" genannt, befassen sich mit der Anknüpfung und Durchführung des Handelsverkehrs zwischen den jeweiligen Ländern. Sie werden oft vor der Aufnahme diplomatischer Beziehungen errichtet und können diplomatische Vorrechte genießen.

Bundesstelle für Außenhandelsinformation

Die Bundesstelle für Außenhandelsinformation (BfA) wurde 1951 unter dem Namen „Bundesauskunftsstelle für den Außenhandel" gegründet. Sie ist eine zum Geschäftsbereich des Bundesministeriums für Wirtschaft gehörende staatliche Stelle. Ihr Verwaltungsrat setzt sich zusammen aus Vertretern der zuständigen Bundesministerien, der obersten Landesbehörden für Wirtschaft, der Spitzenverbände der Wirtschaft und der Gewerkschaften. Den Vorsitz führt der Vertreter des Auswärtigen Amtes.

Die BfA hat die Aufgabe, den mit Außenwirtschaftsfragen befaßten deutschen amtlichen Stellen, der deutschen Wirtschaft und interessierten Ausländern das erforderliche Informationsmaterial über außenwirtschaftliche Tatbestände und Vorgänge zur Verfügung zu stellen und dadurch den Außenhandel zu fördern. Sie ist die amtliche Verbindungsstelle zum UNCTAD/GATT-Handelszentrum in Genf. Sie verfügt über einen Marktinformationsdienst, einen kommerziellen Dienst und einen legislativen Dienst. Der Marktinformationsdienst unterrichtet über die allgemeinen Wirtschafts- und Handelsverhältnisse der Partnerländer der Bundesrepublik, deren Wirtschaftsstruktur und konjunkturelle Entwicklung. Der kommerzielle Dienst weist in- und ausländische Abnehmer, Vertreter und Bezugsquellen der deutschen und der ausländischen Wirtschaft nach und informiert die deutsche Wirtschaft über Ausschreibungen des Auslandes und über Projekte der Entwicklungshilfe. Der legislative Dienst unterrichtet u. a. über ausländisches Wirtschafts- und Prozeßrecht, den gewerblichen Rechtsschutz sowie über ausländisches und inländisches Zoll- und Abgabenrecht.

Die BfA gibt in Zusammenarbeit mit der „Vereinigte Wirtschaftsdienste GmbH" (VWD) eine täglich erscheinende Zeitung, die „Nachrichten für Außenhandel" (mit Beilagen), heraus, die von der VWD vertrieben wird. Die deutschen Industrie- und Handelskammern und Verbände erhalten von der BfA regelmäßig kostenlos Marktinformationsdienste, die auf spezielle Anfrage auch einzelnen Firmen zur Verfügung gestellt werden. Daneben gibt die BfA weitere regelmäßige Dienste und Sonderpublikationen heraus, wie z. B. Ländermonographien, Ostwirtschaftsinformationen, Abhandlungen über Wirtschafts- und Steuerrecht, Zollinformationen usw.

Industrie- und Handelskammern

Die deutschen Industrie- und Handelskammern — in Hamburg und Bremen Handelskammern genannt — sind Körperschaften des öffentlichen Rechts mit Pflichtmitgliedschaft, in denen die Industrie- und Handelsunternehmen sowie die Kreditinstitute des jeweiligen Kammerbezirks zusammengeschlossen sind. Die Spitzenorganisation der Industrie- und Handelskammern in der Bundesrepublik ist der „Deutsche Industrie- und Handelstag" (DIHT) in Bonn.

Die Aufgaben der Industrie- und Handelskammern auf dem Gebiet der Außenwirtschaft sind sehr vielseitig. Besonders wichtig ist der legislative und kommerzielle Auskunftsdienst. Im Rahmen ihres legislativen Auskunftsdienstes geben die Industrie- und Handelskammern u. a. Auskünfte über Zölle und Einfuhrnebenkosten des In- und Auslandes, in- und ausländische Zollbestimmungen, Begleitpapiere für Auslandssendungen und Konsulatsvorschriften, Einfuhr-, Ausfuhr- und Durchfuhrvorschriften des In- und Auslandes, ausländische Rechtsverhältnisse, in- und ausländisches Niederlassungsrecht, Steuern im Ausland, Doppelbesteuerungsabkommen, ausländische Gerichtsbarkeit und die Vollstreckbarkeit deutscher Urteile sowie über Fragen des ausländischen gewerblichen Rechtsschutzes, namentlich Patent-, Musterschutz- und Lizenzfragen. Der Wirtschaftsauskunftsdienst der Industrie- und Handelskammern erstreckt sich auf die Erteilung von Auskünften über die Wirtschaftslage des Auslandes sowie den Nachweis geeigneter Lieferer, Abnehmer und Auslandsvertreter. Daneben vermitteln die Kammern bei Meinungsverschiedenheiten zwischen in- und ausländischen Firmen, erteilen Auskünfte über ausländische Firmen und geben Hilfestellung bei der Eintreibung von Forderungen. Zur Unterrichtung der Bezirksfirmen geben sie Kammerzeitschriften, Rundschreiben und Merkblätter heraus. Sehr wichtig ist der Bescheinigungsdienst der Kammern, zu dem vor allem die Ausstellung von Ursprungszeugnissen und Carnets sowie die Beglaubigung von Handelsrechnungen und anderen Begleitpapieren gehört.

Die Industrie- und Handelskammern sind auf Grund ihrer umfangreichen Kenntnisse und Erfahrungen auf dem Gebiet der Außenwirtschaft auch in der Lage, die außenwirtschaftlichen Gesamtinteressen der Kammerbezirke gegenüber Behörden und Organisationen zu vertreten oder durch den DIHT vertreten zu lassen. Sie erstellen Berichte und Gutachten zu Außenwirtschaftsfragen, arbeiten bei der Errichtung von deutschen Auslandshandelskammern mit und beteiligen sich an den Arbeiten der Internationalen Handelskammer. Schließlich betreuen die Kammern auch Informationsstände auf in- und ausländischen Messen und Ausstellungen, veranstalten Vorträge und Lehrgänge, arbeiten mit Außenwirtschafts- und Sprachenschulen zusammen und nehmen Prüfungen auf außenwirtschaftlichem Gebiet sowie Fremdsprachenprüfungen ab.

Auslandshandelskammern

Die deutschen Auslandshandelskammern, wie z. B. die Deutsch-Niederländische Handelskammer, die Handelskammer Deutschland-Schweiz oder die Deutsche Handelskammer in Österreich, sind spezielle Handelskammern mit der Aufgabe, die Wirtschaftsbeziehungen zwischen der Bundesrepublik und dem jeweiligen Partnerland zu fördern und zu pflegen. Sie unterscheiden sich von den deutschen Industrie- und Handelskammern dadurch, daß sie keine Körperschaften des öffentlichen Rechts, sondern Vereine nach dem Recht des Partnerlandes mit freiwilliger Mitgliedschaft sind. Den Auslandshandelskammern gehören Einzelpersonen, Unternehmen und Organisationen aus der Bundesrepublik und dem Partnerland als Mitglieder an. Die anerkannten paritätischen deutschen Auslandshandelskammern werden vom DIHT betreut. Über die Anerkennung entscheidet der „Arbeitskreis Auslandshandelskammern" beim DIHT. In den paritätischen Auslandshandelskammern ist das Gleichgewicht zwischen dem deutschen und dem partnerländischen Einfluß auf Leitung und Geschäftsführung in der Satzung festgelegt.

Die Auslandshandelskammern haben — bezogen auf den Handel zwischen der Bundesrepublik und dem jeweiligen Land — ähnliche Aufgaben wie die deutschen Industrie- und Handelskammern. Im Unterschied zu diesen sind sie aber in der Regel nicht befugt, Ursprungszeugnisse und Carnets auszustellen und Beglaubigungen vorzunehmen. Andererseits umfaßt die Tätigkeit der Auslandshandelskammern auch Leistungen, die die Industrie- und Handelskammern nicht bieten, nämlich die Durchführung von Inkassoaufträgen und die Schiedsgerichtsbarkeit. Einige Auslandshandelskammern unterhalten ständige Schiedsgerichte, während bei anderen von Fall zu Fall Schiedsgerichte gebildet werden.

Internationale Handelskammer

Die Internationale Handelskammer (IHK), engl.: International Chamber of Commerce (ICC), franz.: Chambre de Commerce Internationale (CCI), ist eine internationale Organisation der Privatwirtschaft. Sie wurde 1919 anläßlich einer internationalen Konferenz in Atlantic City (USA) gegründet und hat ihren Sitz in Paris. Ihre Mitglieder sind Handelskammern, Industrieverbände, Verbände des Handels, der Kreditinstitute, der Versicherungen und der Verkehrswirtschaft sowie einzelne Unternehmen und Persönlichkeiten der Wirtschaft in 80 Ländern. Landesgruppen der IHK bestehen in 42 Ländern. In der Bundesrepublik ist die IHK durch die Deutsche Gruppe der IHK in Köln vertreten.

Die Vollversammlung der Mitglieder (Congress), die alle 2 Jahre tagt, legt das allgemeine Arbeitsprogramm der IHK fest. Das leitende Organ der IHK ist der Verwaltungsrat (Council); er tritt mindestens zweimal im Jahr zusammen, um die vorgelegten Entschließungen, Erklärungen, Stellungnahmen, Berichte usw. zu billigen. Ihm steht ein Vollzugsausschuß (Executive Committee) zur Seite, in dem die Landesgruppen nach einem bestimmten Modus vertreten sind. Das Generalsekretariat (International Headquarters) in Paris leitet und koordiniert die Tätigkeit der IHK und arbeitet eng mit den Landesgruppen zusammen.

Das Ziel der IHK ist es, die Entwicklung der Weltwirtschaft durch internationale Zusammenarbeit der Privatwirtschaft zu fördern. Die IHK ermöglicht es ihren Mitgliedern, über die nationalen Grenzen hinweg Erfahrungen auszutauschen und gemeinsame Initiativen zu ergreifen. Sie bemüht sich ständig um die Vereinfachung und Förderung des Welthandels durch die Abschaffung von Handelshemmnissen und die Vereinheitlichung der Handelsbräuche. Das Arbeitsprogramm der IHK ist in folgende vier Hauptreferate gegliedert:

1. Wirtschafts- und Finanzpolitik,
2. Erzeugung, Absatz und Werbewesen,
3. Transport und Nachrichtenverkehr,
4. Rechtsfragen und Handelspraxis.

Im Rahmen eines jeden Hauptreferats befassen sich verschiedene internationale Fachkommissionen mit einzelnen Teilgebieten. Daneben gibt es einen besonderen Ausschuß für Asien und den Fernen Osten. Einen Sonderstatus besitzt das Internationale Kammerbüro (International Bureau of Chambers of Commerce), das dem Erfahrungsaustausch zwischen den Vertretern der Handelskammern sowie der Beratung von technischen Fragen dient, die die Kammern besonders interessieren. Selbständige Einrichtungen der IHK sind das Internationale Schiedsgericht (International Court of Arbitration) und der Internationale Werberat (International Council on Advertising Practice). Der Unterrichtung der Mitglieder über Probleme der Weltwirtschaft dient das Monatsblatt IHK-Nachrichten (ICC-News, Nouvelles de la CCI). Ferner veröffentlicht die IHK eine Reihe von Einzelschriften, die die Ergebnisse der Tätigkeit der IHK oder Stellungnahmen zu Fachfragen enthalten. Wichtige Beiträge der IHK zur Förderung und Vereinfachung des Welthandels sind u. a die Incoterms — Internationale Regeln für die Auslegung der handelsüblichen Vertragsformeln —, die Einheitlichen Richtlinien und Gebräuche für Dokumenten-Akkreditive, die Einheitlichen Richtlinien für das Inkasso von Handelspapieren und die Internationalen Verhaltensregeln für die Werbepraxis.

Die IHK hat eine wichtige beratende Funktion bei den Vereinten Nationen und arbeitet eng mit dem GATT, der OECD, der Weltbank, dem Internationalen Währungsfonds und anderen internationalen Organisationen zusammen.

Sonstige Einrichtungen

Zu den Einrichtungen in der Bundesrepublik zur Förderung des Außenhandels gehören auch die Bundesgarantien und Bundesbürgschaften, die Privatdiskont-AG, die AKA Ausfuhrkredit-Gesellschaft mbH und die Kreditanstalt für Wiederaufbau, die in gesonderten Abschnitten behandelt sind.

V. Außenhandelsgeschäft

Anbahnung von Geschäftsverbindungen

Eine Firma, die im Ausland geschäftliche Kontakte anknüpfen will — sei es, daß sie einen Abnehmer oder Lieferer, einen Vertreter oder eine Vertretung, einen Lizenznehmer oder Lizenzgeber sucht —, hat folgende Möglichkeiten, einen geeigneten Geschäftspartner ausfindig zu machen:

1. Anfrage bei einer Stelle in der Bundesrepublik, die sich mit dem Firmennachweis oder der Vermittlung von Geschäftsverbindungen befaßt. Es sind dies die Industrie- und Handelskammern, die Fachverbände, die Banken, die offiziellen ausländischen Vertretungen und die im eigenen Land ansässigen ausländischen Handelskammern.

2. Anfrage bei einer Stelle im Ausland. Hier kommen vor allem in Frage: die offiziellen Vertretungen des eigenen Landes, die deutschen Auslandshandelskammern sowie die ausländischen Handelskammern und Wirtschaftsorganisationen.

3. Inserate in Zeitungen und Zeitschriften, vor allem Fach- und Exportzeitschriften.

4. Besuch von internationalen Messen und Ausstellungen.

In vielen Ländern gibt es Adressenbüros, die gegen Zahlung einer Gebühr Listen mit den Namen und Anschriften möglicher Kaufinteressenten zusammenstellen. Die Namen und Anschriften von Lieferfirmen finden sich nach Branchen geordnet in den Branchenverzeichnissen der Fernsprechbücher, den Branchenadreßbüchern und den Bezugsquellenverzeichnissen. Ausländisches Informationsmaterial dieser Art liegt u. a. bei den Industrie- und Handelskammern, den Fachverbänden und den offiziellen Vertretungen der betreffenden Länder zur Einsichtnahme auf.

Einholung von Auskünften

Eine Firma, die mit einem möglichen Geschäftspartner im Ausland bekannt geworden ist, will meist vor Eingehen einer vertraglichen Bindung zunächst einmal feststellen, ob der Geschäftspartner kreditwürdig ist, ob er die notwendigen charakterlichen und fachlichen Voraussetzungen erfüllt usw. Dies geschieht durch Einholung einer Auskunft. Als Auskunftstellen kommen in Frage:

1. die von der ausländischen Firma genannten Handels- und Bankreferenzen,
2. die Hausbank der auskunftsuchenden Firma, die die Auskunft über ihre ausländische Korrespondenzbank beschafft,
3. die Handelsauskunfteien, soweit sie über Auslandsverbindungen verfügen,
4. die Industrie- und Handelskammern, die Auslandshandelskammern und die offiziellen deutschen Auslandsvertretungen,
5. ausländische Vertretungen, Niederlassungen und Geschäftsfreunde,
6. die ausländische Firma selbst, die die erbetenen Informationen auf dem Weg der Selbstauskunft direkt zur Verfügung stellt.

Abschluß des Kaufvertrags

Der Kaufvertrag zwischen Exporteur und Importeur kommt durch Einigung der Vertragsparteien zustande, die durch Austausch von Korrespondenz, Telegrammen und Fernschreiben sowie durch mündliche oder fernmündliche Verhandlungen herbeigeführt wird. Telegramme sowie mündliche und fernmündliche Vereinbarungen werden im allgemeinen schriftlich bestätigt. Im Außenhandel ist es in jedem Fall empfehlenswert, Kaufverträge schriftlich abzuschließen, da sonst leicht Mißverständnisse entstehen können. Außerdem sind in manchen Ländern Handelsverträge im Gegensatz zum deutschen Recht nur dann rechtswirksam, wenn die Vereinbarungen schriftlich niedergelegt sind.

Die Initiative zum Abschluß eines Kaufvertrags kann vom Exporteur oder vom Importeur ausgehen. Im ersteren Fall sendet der Exporteur dem Importeur Werbebriefe, Werbedrucksachen usw. läßt ihn von seinem Vertreter besuchen oder unterbreitet ihm ein Angebot. Im letzteren Fall richtet der Importeur eine Anfrage an den Exporteur oder erteilt ihm gleich eine Bestellung.

Angebote oder Offerten können verlangte Angebote sein, die auf Grund von Anfragen ausgearbeitet werden, oder unverlangte Angebote, die der Exporteur von sich aus abgibt, ohne daß eine Anfrage vorliegt. Nach deutschem Recht ist ein Angebot grundsätzlich verbindlich, d. h., der Anbietende ist so lange daran gebunden, wie er unter normalen Umständen mit dem Eingang einer Antwort rechnen kann. Beim befristeten Angebot wird eine Frist für die Annahme des Angebots gesetzt. Ein freibleibendes oder unverbindliches Angebot enthält eine Klausel, durch die der Anbietende seine Bindung an das Angebot einschränkt oder ausschließt, z. B „Preisänderungen vorbehalten", „Zwischenverkauf vorbehalten", „ohne Verbindlichkeit" usw. Wenn der Importeur durch seine Bestellung ein bindendes Angebot rechtzeitig und ohne Änderungen annimmt, kommt dadurch der Kaufvertrag zustande.

Bei der Bestellung oder dem Auftrag des Importeurs kann es sich um die Annahme des vom Exporteur gemachten Vertragsangebots, d. h. der verbindlichen Offerte, oder um ein Vertragsangebot des Importeurs handeln. Letzteres ist der Fall, wenn die Bestellung ohne vorhergehendes Angebot oder auf Grund eines freibleibenden Angebots erfolgt. Bestellt der Importeur zu Bedingungen, die vom Angebot abweichen, so bedeutet seine Bestellung die Ablehnung des vom Exporteur gemachten Vertragsangebots, verbunden mit einem neuen Vertragsangebot (Gegenangebot). Als neues Vertragsangebot gilt auch eine nach Ablauf der Gültigkeit des Angebots erteilte Bestellung. Eine Bestellung, die entweder ein Vertragsangebot oder Gegenangebot des Importeurs ist, führt nur dann zu einem Vertragsabschluß, wenn sie vom Exporteur angenommen wird. Die Annahme kann durch eine förmliche Bestätigung (Auftragsbestätigung), durch Lieferung der Ware, in bestimmten Fällen auch durch Stillschweigen erfolgen.

Es ist im allgemeinen üblich, den vom Importeur erteilten Auftrag schriftlich zu bestätigen. Falls der Kaufvertrag bereits durch die Bestellung geschlossen wurde, erfolgt die Auftragsbestätigung nur der Ordnung halber, d. h., der Exporteur dankt dem Importeur für seinen Auftrag und wiederholt nochmals die wichtigsten Einzelheiten des Geschäfts. Bei Bestellungen, die ein Vertragsangebot oder Gegenangebot des Importeurs darstellen, ist die Auftragsbestätigung die förmliche Annahme der Bestellung durch den Exporteur, die zum Abschluß des Vertrages führt.

Als besondere Art des Auftrags im Außenhandel ist noch der „Indent" zu erwähnen. Als Indent bezeichnet man einen Einkaufsauftrag einer überseeischen Importfirma an einen europäischen Exporthändler. Der Importeur (Indentgeber) beauftragt den Exporthändler (Indentnehmer), bestimmte Waren einzukaufen und an ihn zu liefern. Beim „open indent" überläßt der Indentgeber die Auswahl der Bezugsquelle dem Indentnehmer, beim „closed indent" schreibt er dem Indentnehmer die Bezugsquelle vor.

Ausschreibungen

Eine Ausschreibung ist die Ankündigung einer öffentlichen Stelle, daß eine bestimmte Lieferung oder Leistung in Auftrag gegeben werden soll, verbunden mit der Aufforderung zur Abgabe von Angeboten. Die Ausschreibung kann sich an eine unbeschränkte oder eine beschränkte Anzahl von Unternehmen richten (öffentliche bzw. beschränkte Ausschreibung). (In bestimmten Fällen erfolgt die Vergabe öffentlicher Aufträge ohne Ausschreibungsverfahren nach freiem Ermessen des Auftraggebers; dies bezeichnet man als „freihändige Vergabe".)

Hinweise auf internationale Ausschreibungen ausländischer Stellen erhalten die Exporteure meist direkt von ihren Auslandsvertretern. Daneben werden

Ausschreibungen u. a. durch die diplomatischen und konsularischen Vertretungen der betreffenden Länder, die Handelskammern, die Banken und die Fachverbände bekanntgemacht.

Die Einzelheiten der Ausschreibung, wie z. B. die Beschreibung der zu liefernden Waren oder der durchzuführenden Arbeiten, den Lieferungs- bzw. Fertigstellungstermin, die kommerziellen Bedingungen, den Angebotsschluß usw., erfahren die interessierten Firmen aus den Ausschreibungsunterlagen. Diese werden oft in Form einer Broschüre, dem sog. Lastenheft, herausgegeben, das sich der Interessent gegen Zahlung einer Gebühr zusenden lassen kann. Eine detaillierte Aufstellung durchzuführender Bauarbeiten bezeichnet man als Leistungsverzeichnis.

Firmen, die sich an ausländischen Ausschreibungen beteiligen, müssen in den meisten Fällen durch ihre Bank eine Bietungsgarantie stellen lassen. Die Bietungsgarantie, deren Höhe etwa zwischen 1 % und 5 % des Objektwertes liegt, soll der ausschreibenden Stelle die Gewähr dafür geben, daß die anbietende Firma im Falle des Zuschlags, d. h. der Auftragserteilung, zu ihrem Angebot steht.

Zum festgesetzten Termin werden die Angebote von der ausschreibenden Stelle geöffnet und geprüft. Die Firma, die das günstigste Angebot abgegeben hat, erhält den Zuschlag und muß dann ihre Bank beauftragen, die Bietungsgarantie durch eine Lieferungs- oder Leistungsgarantie zu ersetzen, die bis zu 20 % oder mehr der Vertragssumme gehen kann. Die Lieferungs- oder Leistungsgarantie dient als Sicherheit dafür, daß die mit der Lieferung der Ware bzw. Durchführung der Arbeiten beauftragte Firma ihre vertraglichen Pflichten ordnungsgemäß erfüllt. Sie sichert auch die Zahlung einer eventuell vereinbarten Vertrags- oder Konventionalstrafe.

Bedingungen des Kaufvertrags

Bei einem Kaufvertrag im Außenhandel müssen sich die Vertragsparteien über folgende Punkte einigen:

1. Art, Beschaffenheit und Qualität der Ware,
2. Liefermenge,
3. Verpackung und Markierung,
4. Preis und eventuelle Preisnachlässe,
5. Lieferzeit,
6. Lieferungsbedingungen,
7. Zahlungsbedingungen,

8. Erfüllungsort und Gerichtsstand,

9. sonstige Abmachungen, wie z. B. Eigentumsvorbehalt, Verantwortlichkeit des Käufers für die Beschaffung der Importlizenz (falls erforderlich) usw.

Wie im Binnenhandel werden auch bei Auslandsgeschäften oft einheitliche Verkaufs- oder Einkaufsbedingungen, sog. „Allgemeine Geschäftsbedingungen", angewandt. Diese gelten jedoch nur, wenn sich Exporteur und Importeur bei Vertragsschluß darauf geeinigt haben. Neben den Allgemeinen Geschäftsbedingungen der einzelnen Firmen gibt es auch Bedingungen, die vom jeweiligen Fachverband einheitlich für einen ganzen Wirtschaftszweig, z. B. den Maschinenbau, die Elektroindustrie oder die Textilindustrie, aufgestellt wurden. Die UN-Wirtschaftskommission für Europa hat „Allgemeine Lieferbedingungen für den Export von Maschinen und Anlagen" ausgearbeitet, die viele Exporteure von Investitionsgütern ihren Angeboten zugrunde legen.

Der Verpackung und Markierung sowie den Lieferungsbedingungen und den Zahlungsbedingungen bei Auslandsgeschäften wurde je ein eigenes Kapitel gewidmet. Zum Erfüllungsort und Gerichtsstand sowie zum Eigentumsvorbehalt sollen im folgenden noch einige Anmerkungen gemacht werden.

Der *Erfüllungsort* ist nach deutschem Recht der Ort, an dem der Schuldner seine Leistung zu erbringen hat. Erfüllungsort für die Lieferung ist demnach der Sitz des Verkäufers und Erfüllungsort für die Zahlung der Sitz des Käufers. Verkäufer und Käufer können sich auch auf einen gemeinsamen Erfüllungsort, den vertraglichen Erfüllungsort, einigen. Der Erfüllungsort ist maßgebend für den Gerichtsstand und eventuell auch für das anzuwendende Recht.

Der *Gerichtsstand* ist nach deutschem Recht der Ort, an dem bei einem Rechtsstreit zu klagen ist. Die sachliche Zuständigkeit der Gerichte am Ort des Gerichtsstands hängt in der Regel vom Streitwert ab. Der allgemeine Gerichtsstand ist der Wohn- oder Geschäftssitz des Beklagten. Daneben gibt es besondere Gerichtsstände, zu denen auch der Gerichtsstand des Erfüllungsortes gehört. Bei der Festsetzung von Erfüllungsort und Gerichtsstand bedienen sich die Kaufleute meist der Formel: „Erfüllungsort und Gerichtsstand für beide Teile ist..." Die örtliche Zuständigkeit eines Gerichts kann ausschließlich oder zusätzlich vereinbart werden. Ist kein ausschließlicher Gerichtsstand vereinbart, so besteht die Möglichkeit, den Geschäftspartner auch an seinem allgemeinen Gerichtsstand, d. h. dem Ort, an dem er ansässig ist, zu verklagen.

Die deutschen Exporteure bevorzugen meist den eigenen Geschäftssitz als Gerichtsstand, da ihnen dann ein eventueller späterer Prozeß die wenigsten Umstände macht. Die Vereinbarung des eigenen Firmensitzes als ausschließlicher Gerichtsstand ist im Außenhandel jedoch nur dann zu empfehlen, wenn die deutschen Urteile im Ausland vollstreckbar sind oder der ausländische Geschäftspartner Vermögenswerte in der Bundesrepublik besitzt, in die gegebenenfalls vollstreckt werden kann. (Wenn die Vertragspartner in den Fällen, in denen dies möglich ist, einen Rechtsstreit vermeiden wollen, vereinbaren sie die Zuständigkeit eines Schiedsgerichts.)

Nach deutschem Recht kann sich der Verkäufer bei Kreditgeschäften dadurch sichern, daß er mit dem Käufer einen *Eigentumsvorbehalt* vereinbart. Auf diese Weise behält er sich das Eigentum an der verkauften Ware bis zur vollständigen Bezahlung des Kaufpreises vor. Kommt der Käufer mit der Zahlung in Verzug, so hat der Verkäufer das Recht, vom Vertrag zurückzutreten und die Herausgabe der Ware zu verlangen. Da der Weiterverkauf der Ware an einen gutgläubigen Dritten oder deren Weiterverarbeitung den gewöhnlichen Eigentumsvorbehalt unwirksam werden läßt, wird oft ein verlängerter Eigentumsvorbehalt vereinbart. Beim verlängerten Eigentumsvorbehalt tritt der Käufer der Ware die beim Wiederverkauf entstehende Forderung an den Verkäufer ab bzw. übereignet ihm sicherungshalber die bei der Verarbeitung hergestellte neue Sache.

Im Außenhandel empfiehlt es sich für den Exporteur, vor Vereinbarung eines Eigentumsvorbehalts zu untersuchen, ob ein solcher nach ausländischem Recht wirksam ist bzw. welche Vorschriften dafür bestehen. In manchen Ländern muß der Eigentumsvorbehalt z. B. in ein öffentliches Register eingetragen werden.

Vertragsverletzung und Streitigkeiten

Bei allen Verträgen, so natürlich auch bei Verträgen zwischen Partnern verschiedener Nationalität, kommt es gelegentlich vor, daß einer der beiden Teile seine vertraglichen Verpflichtungen nicht erfüllt oder daß Meinungsverschiedenheiten zwischen den Partnern entstehen, z. B. über die Auslegung des Vertrages oder die Qualität der gelieferten Ware.

Bei Verzug des ausländischen Käufers hat der deutsche Exporteur grundsätzlich die Möglichkeit der *Klage*. Diese ist beim sachlich zuständigen Gericht des allgemeinen oder vertraglich vereinbarten Gerichtsstands zu erheben. Ein solcher Schritt kommt jedoch nur dann in Betracht, wenn der Streitwert entsprechend hoch ist und der Beklagte über entsprechende Vermögenswerte verfügt. Prozesse gegen Ausländer bringen stets besondere Schwierigkeiten mit sich. Bei der Klage vor einem ausländischen Gericht spielen vor allem die Rechts-, Sprach- und Mentalitätsunterschiede eine Rolle. Daneben kann es für den Kläger schwierig sein, einen geeigneten Anwalt[1] im Ausland zu finden. Das ausländische Gericht und der ausländische Anwalt verlangen meist einen Kostenvorschuß. Vor Erteilung einer Prozeßvollmacht an einen ausländischen Anwalt ist es stets ratsam, die Erfolgsaussichten, die vermutlichen Prozeßkosten und die Honorarfrage zu klären. Erfolgt andererseits die Klage vor einem deutschen Gericht, so können sich dadurch Probleme ergeben, daß deutsche Urteile im Land des Prozeßgegners nicht vollstreckt werden. In manchen Ländern können deutsche Urteile überhaupt nicht vollstreckt werden, in anderen Ländern werden sie erst vollstreckt, nachdem sie von einem Gericht des betreffenden Staates für vollstreckbar erklärt worden sind (Exequaturverfahren).

Im September 1968 wurde im Rahmen des Ministerrats der Europäischen Gemeinschaften ein Übereinkommen über die gerichtliche Zuständigkeit und die Vollstreckung gerichtlicher Entscheidungen in Zivil- und Handelssachen unterzeichnet. Der erste Teil des Übereinkommens regelt die internationale Zuständigkeit der Gerichte der Vertragsstaaten. Personen, die ihren Wohn- oder Geschäftssitz innerhalb der Europäischen Gemeinschaften haben, sind grundsätzlich vor den Gerichten des Staates zu verklagen, in dem dieser Sitz liegt. Daneben sind auch besondere Gerichtsstände, wie z. B. der Gerichtsstand des Erfüllungsortes, vorgesehen. Im zweiten Teil befaßt sich das Übereinkommen mit der Anerkennung und Vollstreckung gerichtlicher Entscheidungen, wobei das Verfahren gegenüber dem bis dahin üblichen Exequaturverfahren wesentlich vereinfacht und beschleunigt wurde.

Wenn bei einem Vertrag Streitfälle auftreten, bei denen grundsätzlich ein *Vergleich* in Frage kommt, kann oft eine gütliche Regelung durch die Parteien selbst oder durch Vermittlung eines Geschäftsfreundes, einer Handelskammer oder einer anderen Stelle herbeigeführt werden. Sollte dies nicht möglich sein, haben die Parteien die Wahl zwischen einem ordentlichen Gerichtsverfahren und einem Schiedsgerichtsverfahren. Außenhandelskaufleute ziehen in solchen Fällen in der Regel die Schlichtung durch ein Schiedsgericht dem Verfahren vor einem ordentlichen Gericht vor. Das Schiedsverfahren, auch Arbitrage genannt, wird in kürzerer Zeit und mit geringeren Kosten abgewickelt als ein Prozeß und hat außerdem den Vorteil, daß anschließend eine Fortsetzung der Geschäftsbeziehungen möglich ist.

Die Zuständigkeit eines Schiedsgerichts wird stets durch freie Vereinbarung der Beteiligten begründet. Meist nehmen die Parteien eine Schieds- oder Arbitrageklausel in ihren Vertrag auf und verpflichten sich dadurch, bei allen sich aus dem Vertrag ergebenden Streitigkeiten ein bestimmtes Schiedsgericht anzurufen. Es gibt ständige Schiedsgerichte, zu denen auch das

---

[1] In Außenhandelsangelegenheiten erfahrene ausländische Anwälte können durch die Industrie- und Handelskammern namhaft gemacht werden.

Schiedsgericht der Internationalen Handelskammer gehört, und Gelegenheitsschiedsgerichte, die nur bei Bedarf zusammentreten. Streitfälle können von einem oder mehreren Schiedsrichtern entschieden werden.

Die Entscheidung im Schiedsverfahren wird Schiedsspruch genannt. In der Regel wird der Schiedsspruch von der verlierenden Partei erfüllt, sobald er ihr zugestellt worden ist. Sollte sich die verlierende Partei der Erfüllung des Schiedsspruches entziehen wollen, so hat die obsiegende Partei zwei Möglichkeiten. Sie kann versuchen, durch Einschaltung geeigneter Stellen auf die verlierende Partei einen moralischen Druck auszuüben, oder sie kann die Vollstreckung des Schiedsspruchs durch ein ordentliches Gericht beantragen. Die gerichtliche Vollstreckung eines Schiedsspruchs ist jedoch nur als letzter Ausweg anzusehen.

Die Vollstreckbarkeit ausländischer Schiedssprüche wird durch internationale Übereinkommen geregelt (Übereinkommen der Vereinten Nationen über die Anerkennung und Vollstreckung ausländischer Schiedssprüche vom 10. 6. 1958, Europäisches Übereinkommen über die internationale Handelsschiedsgerichtsbarkeit vom 21. 4. 1961).

Schiedsgericht der Internationalen Handelskammer

Das ständige Schiedsgericht der Internationalen Handelskammer spielt eine bedeutende Rolle bei der Beilegung von Streitigkeiten aus Verträgen zwischen Partnern verschiedener Nationalität. Die Anrufung dieses Schiedsgerichts ist nicht auf Mitglieder der Internationalen Handelskammer beschränkt. Die Internationale Handelskammer empfiehlt allen, die die Dienste des Schiedsgerichts in Anspruch nehmen wollen, folgende Schiedsklausel in ihre Verträge aufzunehmen: „Alle aus dem gegenwärtigen Vertrag sich ergebenden Streitigkeiten werden nach der Vergleichs- und Schiedsordnung der Internationalen Handelskammer von einem oder mehreren gemäß dieser Ordnung ernannten Schiedsrichtern endgültig entschieden."

Wenn ein Vergleich nach der Vergleichsordnung herbeigeführt werden soll, wird eine aus drei Mitgliedern bestehende *Vergleichskommission* eingesetzt. Je ein Mitglied hat die gleiche Staatsangehörigkeit wie die beiden Parteien, das dritte Mitglied — der Vorsitzende der Kommission — besitzt eine andere Staatsangehörigkeit. Die Vergleichskommission prüft den Fall und macht Vorschläge für eine gütliche Regelung, die die Parteien annehmen oder ablehnen können. Falls ein Vergleich nicht zustande kommt oder die Beteiligten von vornherein den Versuch zur Herbeiführung eines solchen nicht unternehmen wollen, wird die Angelegenheit an das *Schiedsgericht* verwiesen, das dann einen Schiedsrichter ernennt. Jede Partei kann aber auch ihren eigenen Schiedsrichter wählen; das Schiedsgericht bestimmt daraufhin einen dritten als Vorsitzenden der Schiedskommission. Der einzelne Schiedsrichter oder der Vorsitzende der Schiedskommission kommt stets aus einem anderen Land als die Parteien selbst. Der Streitfall wird vom Schiedsrichter bzw. von den drei Schiedsrichtern genau untersucht, wobei die Parteien angehört, Zeugen hinzugezogen und Sachverständigengutachten eingeholt werden können. Nach Abschluß der Untersuchungen ergeht der Schiedsspruch, gegen den es keine Einspruchsmöglichkeiten gibt.

VI. Verpackung und Markierung

Wahl der Verpackung

Bei der Auswahl einer geeigneten Exportverpackung sind vor allem die folgenden Gesichtspunkte von Bedeutung:

1. Art, Beschaffenheit, Gewicht und Abmessungen der zu versendenden Güter. Handelt es sich um feste, pulverförmige, flüssige oder gasförmige Güter? Sind die Güter zerbrechlich, korrosionsempfindlich, feuergefährlich, ätzend oder explosiv? Sind sie besonders schwer oder sperrig?
2. Transportart und Transportweg. Mit welchen Transportmitteln wird die Beförderung durchgeführt? Erfolgt die Beförderung im kombinierten Verkehr unter Verwendung von Paletten oder Containern? Wie lange ist der Transportweg? Welche klimatischen Bedingungen herrschen während des Transports? Muß die Sendung häufig umgeschlagen werden? Sind Zwischenlagerungen notwendig?
3. Gegebenheiten im Bestimmungsland. Wie sind die dort herrschenden klimatischen Bedingungen? Welche Umschlags- und Lagereinrichtungen stehen zur Verfügung? Wie sind die Transportverhältnisse?

Bestimmte Güter benötigen keine Verpackung, z. B. Schüttgut, wie Getreide und Kohle, mit Tankern befördertes Rohöl und Automobile, die auf Spezialschiffen transportiert werden. Manchmal genügt auch eine teilweise Verpackung. So werden z. B. bei bestimmten Schwergütern nur die empfindlichen Teile durch Holzverschläge, Holzdeckel u. dgl. geschützt.

Seemäßige Verpackung

Als seemäßig bezeichnet man eine Verpackung, die den Anforderungen einer Seereise gewachsen ist.

Eine Überseelieferung durchläuft in der Regel folgende Phasen:

1. Lagerung des verpackten Gutes beim Hersteller bis zum Versand.
2. Transport zum Seehafen mit Bahn und/oder Lkw.
3. Lagerung im Schuppen des Seehafens.
4. Umschlag auf das Seeschiff.
5. Seereise zum Bestimmungshafen.

6. Löschung im Bestimmungshafen und Weitertransport bis zum endgültigen Bestimmungsort. Eventuell Lagerung im Bestimmungshafen und beim Empfänger bis zur Verwendung.

Bei allen diesen Phasen treten für die Exportgüter verschiedenartige Belastungen auf, z. B. durch Stapeldruck, Klimaeinflüsse, Seewassereinwirkung, rauhe Behandlung beim Umschlag usw. Dazu kommt noch die Gefahr der Beraubung, d. h. der Entwendung von Waren durch gewaltsame Öffnung eines Verpackungsbehälters, und die ungünstigen Lösch-, Lagerungs- und Transportbedingungen in manchen überseeischen Ländern.

Seemäßige Verpackung muß so beschaffen sein, daß sie den Überseegütern ausreichenden Schutz vor Beschädigung und Beraubung gibt. Gleichzeitig sollte sie aber so leicht und raumsparend wie möglich sein, da sie sonst frachtverteuernd wirkt. Schwere Verpackung kann auch eine höhere Zollbelastung zur Folge haben. Dies ist dann der Fall, wenn im Einfuhrland der Zoll auf Grund des Bruttogewichts berechnet wird. Die Kostenfrage spielt bei der Verpackung natürlich ebenfalls eine wichtige Rolle. Hohe Verpackungskosten verteuern die Ware und beeinträchtigen ihre Wettbewerbsfähigkeit. Einsparungen bei der Verpackung dürfen jedoch nicht auf Kosten der Sicherheit der Güter gehen.

Bei der Verpackung von Exportgütern ist es für den Exporteur in jedem Falle wichtig, die ihm eventuell vom Importeur erteilten Verpackungsanweisungen sowie die behördlichen Vorschriften des Einfuhrlandes genau zu beachten.

Innere und äußere Verpackung

Für die *innere Umschließung* der Güter werden Kraftpapier, Wellpappe, Kunststoff-Folien, Faltschachteln u. dgl. verwendet. Wichtig ist, darauf zu achten, daß die Güter in der äußeren Verpackung nicht hin- und herrutschen können. Freie Räume müssen daher mit Holzwolle, Papierwolle oder Formeinsätzen aus Pappe bzw. Schaumstoff ausgefüllt werden. Elektrogeräte schützt man z. B. durch Schaumstoff-Formteile, die den Abmessungen des betreffenden Geräts genau angepaßt sind. Die Verwendung von Heu und Stroh als Verpackungshilfsmittel ist nach den Vorschriften vieler Länder verboten.

Als *äußere Verpackung* werden am häufigsten Kisten, Lattenverschläge und Pappkartons verwendet.

Die typische Exportkiste ist die *Vollholzkiste*. Es gibt Vollholzkisten verschiedener Größen und Ausführungen. Besonders große und stabile Vollholzkisten sind die sog. Schwergutkisten für Schwergüter, wie z. B. Werkzeugmaschinen. Neben den Vollholzkisten gibt es auch Kisten aus Sperrholz und Holzfaserplatten. Die Stabilität der Versandkisten kann durch eine Stahlband- oder Drahtumschnürung wesentlich erhöht werden.

Zum Schutz des Inhalts werden die Kisten mit feuchtigkeitsabweisenden Papieren (z. B. Ölpapier, Wachspapier oder bituminiertem Papier), Kunststoff-Folien oder Zinkblech ausgeschlagen. Für den Versand besonders empfindlicher Güter nach tropischen Ländern verwendet man auch verlötete Blecheinsätze.

Latten- oder Holzverschläge können den Inhalt natürlich nicht in der gleichen Weise schützen wie Holzkisten. Sie kommen daher in erster Linie für verhältnismäßig unempfindliche Güter, wie Badewannen, Waschbecken, Stahlrohre usw., in Frage. Aber auch empfindliche Güter, wie Maschinen, Glas und Keramikwaren, werden oft in Lattenverschlägen versandt; sie müssen jedoch entsprechend verpackt und gegen Stöße und Erschütterungen gesichert werden. Auch die Lattenverschläge versieht man meist mit einer Stahlbandumschnürung.

Neben den einfachen Pappkartons, die z. B. für den Luftversand in Frage kommen, hat die moderne Verpackungsindustrie besonders stabile *Versandbehälter aus Pappe* entwickelt, die den Beanspruchungen einer Seereise durchaus gewachsen sind. Man bezeichnet sie als Panzerkartons oder — je nach dem verwendeten Pappmaterial — als Vollpappekisten oder Wellpappekisten (Wellkisten). Die verwendeten Pappen sind naßfest imprägniert oder durch Kunststoffbeschichtung wasserabweisend gemacht und besitzen eine große Festigkeit. Zum Verschließen der Panzerkartons werden wasserfeste Klebestoffe und wasserundurchlässige, z. B. bituminierte Klebestreifen verwendet. Stahlbänder oder faserverstärkte Klebebänder geben den Kartons zusätzlichen Schutz.

Andere Außenverpackungen sind Fässer und Drums, Korbflaschen, Hobbocks, Säcke und Ballen. Versandfässer sind aus Holz oder Eisenblech und haben die charakteristische bauchige Form. Drums sind eiserne Trommeln mit geraden Seiten. Korbflaschen oder Demijohns sind Glasballons, die durch einen Eisenblechkorb oder eine Holzkiste geschützt sind. (Glasflaschen in Weidenkörben sind für den Überseeversand nicht geeignet.) Bei den Hobbocks handelt es sich um rechteckige Gefäße aus Eisenblech, die u. a. für den Versand von Farben und Fetten verwendet werden. Säcke können aus Sackgewebe, z. B. Jute, oder Papier sein. Die Papiersäcke für den Überseeversand sind stets mehrfache Papiersäcke, d. h., sie bestehen aus mehreren Lagen Papier übereinander, von denen die äußeren Lagen wasserfest imprägniert sind. Verpackung in Ballen kommt hauptsächlich für Baumwolle, Schafwolle und Stoffe in Frage. Die Ballen werden mit Kraftpapier, Ölpapier, Folien,

4 *

Sackleinwand usw. umhüllt und mit Bandeisen umschnürt. Säcke und Ballen müssen mit Handzipfeln versehen sein, damit man sie bequem anfassen kann. Auf diese Weise wird vermieden, daß die Hafenarbeiter ihre berüchtigten Handhaken (Stauerhaken) verwenden.

Korrosionsschutz

Rostempfindliches Metall muß vor Korrosion bewahrt werden. Die gebräuchlichste Methode besteht darin, die zu schützenden Metallflächen mit einer Schicht von Öl, Fett oder Wachs zu versehen oder mit einem Schutzlack zu überziehen. Für die Umhüllung korrosionsgefährdeter Güter und zum Auslegen von Transportbehältern, in denen diese versandt werden, gibt es besondere, chemisch aktive VCI-Papiere und -Folien. Diese tragen eine verdampfende, korrosionshemmende Substanz (VCI = volatile corrosion inhibitor), die sich als Schutzschicht auf den Metallflächen niederschlägt. Korrosionsschäden durch Kondenswasserbildung in luftdicht abgeschlossenen Räumen, z. B. verlöteten Blecheinsätzen und verschweißten Kunststoff-Folien, können dadurch verhindert werden, daß man chemische Trockenmittel beigibt oder die im abgesperrten Raum enthaltene Luft durch ein nicht korrosives Gas, z. B. Stickstoff, ersetzt.

Zwei besondere Korrosionsschutz-Verfahren sind das Tauchverfahren und das Cocoon-Einspinnverfahren. Beim Tauchverfahren werden z. B. chirurgische Instrumente oder Schneidwerkzeuge in eine flüssige Heißtauchmasse getaucht. Die Masse erstarrt an der Luft und ergibt einen dünnen elastischen Film, der sich später leicht ablösen läßt. Beim Cocoon-Verfahren versieht man den Gegenstand mit einer Gewebe- oder Papierumhüllung, auf die mit einer Spritzpistole flüssiger Kunststoff aufgetragen wird. Dieser bildet nach dem Erkalten eine schützende Haut. Wenn die Verpackung besonders wasserdampfdicht und widerstandsfähig sein soll, verwendet man als Träger für den Cocoon Alu-Verbundfolie. Diese Kombination ist jedoch sehr teuer.

Paletten und Container

Paletten sind genormte, mit Füßen versehene Ladeplatten, die vor allem dazu verwendet werden, mehrere kleinere Kolli, z. B. Pappkartons, zu einer größeren Einheit zusammenzufassen. Daneben werden auch schwere Einzelstücke (z B. Motoren) auf Paletten transportiert, um die Handhabung zu erleichtern. Das Ladegut wird mit der Palette zu einer „palettierten" Einheit verbunden, die leicht durch Gabelstapler bewegt werden kann. Der Gabelstapler kann die Palette von allen Seiten aufnehmen. Die Stapelfähigkeit beladener Flachpaletten hängt von der Ladung ab. Für Güter, die wegen ihrer Form oder Beschaffenheit nicht stapelbar sind, verwendet man im

Eisenbahnverkehr Box- und Gitterboxpaletten, die so konstruiert sind, daß sie übereinander gestapelt werden können.

Container oder Behälter sind genormte Mehrwegkisten, d. h. Kisten, die immer wieder verwendet werden können. Die Übersee-Container, die aus Stahl, Leichtmetall, Sperrholz oder Fiberglas angefertigt werden, haben etwa die Größe eines Güterwagens. Sie sind kran- und stapelbar. Die International Standards Organization (ISO) hat international einheitliche Normen für Container geschaffen.

Bei containerisierter Ladung genügt in der Regel eine leichte Verpackung, z. B. in Pappschachteln. Die Ladung muß im Inneren des Containers so verstaut werden, daß sie sich nicht verschieben kann. Der leerbleibende Raum wird durch aufblasbare Gummikissen oder auf andere Weise ausgefüllt. Schwere Einzelstücke, wie z. B. Maschinen, müssen sorgfältig verkeilt und verzurrt werden. Um einen Gewichtsausgleich zu erreichen, setzt man die Maschinen auf eine Bohlenkonstruktion.

Neben den normalen, geschlossenen Containern gibt es oben offene Container, mit Kühlaggregaten ausgerüstete Kühlcontainer und Tankcontainer. Bei Verwendung besonderer, flexibler Innenhüllen können auch gewöhnliche Container für den Transport flüssiger und pulverförmiger Stoffe genutzt werden.

Paletten und Container werden im kombinierten Verkehr eingesetzt. Ihre Hauptvorteile sind die Ersparnisse bei den Verpackungs- und Umschlagskosten sowie die Beschleunigung des Umschlags.

Kollo-Markierung

Eine sorgfältige Markierung der Kolli ist notwendig, damit die Sendung ihren Bestimmungsort auf dem vorgeschriebenen Weg erreicht, kein Teil der Sendung falschläuft oder verlorengeht und die Sendung sachgemäß behandelt wird. Wie bei der Verpackung müssen auch bei der Beschriftung die Anweisungen des Importeurs und die Vorschriften des Einfuhrlandes genau beachtet werden.

Die Markierung wird auf mindestens zwei Seiten des Kollos angebracht. Man verwendet dafür Schablonen und eine wasserfeste Farbe. Die Größe der Markierungen sollte mindestens 5 cm, bei großen Kolli 12—14 cm betragen.

Jedes Kollo muß mit folgenden *Angaben versehen* werden:

1. Kennmarke des Empfängers,
2. Auftragsnummer des Empfängers,
3. Seriennummer des Kollos,
4. Bestimmungshafen, evtl. auch Endbestimmungsort.

Außerdem können folgende Angaben erforderlich sein: Ursprungsland, Brutto-, Netto- und Taragewicht sowie die Außenabmessungen des Kollos. Bei Kolli über 1000 kg ist die Angabe des Bruttogewichts vorgeschrieben.

Die eigentliche Versandmarkierung wird meist noch durch *Vorsichtsmarkierungen* ergänzt, die Hinweise für die Behandlung des Versandgutes geben. Von sonstigen Markierungen, z. B. Inhaltsangabe oder Reklame, wird abgeraten, da sie evtl. geeignet sind, Diebe anzulocken. Hinweise für die Behandlung der Güter sollten außer in deutscher Sprache auch in der Sprache des Bestimmungslandes oder in englischer Sprache gegeben werden. Zweckmäßig ist die Verwendung der üblichen Zeichen und Symbole, die den Hafenarbeitern aller Länder bekannt sind.

Besondere Vorschriften gelten für den Versand gefährlicher Güter, d. h. explosiver, feuergefährlicher, ätzender oder radioaktiver Stoffe. Diese müssen bei den Reedereien vorher angemeldet und besonders gekennzeichnet werden.

Verpackungs- und Markierungsvorschriften

Auskunft über die in den einzelnen Ländern geltenden Verpackungs- und Markierungsvorschriften geben neben den ausländischen Importeuren u. a. die offiziellen Vertretungen des betreffenden Landes, die Industrie- und Handelskammern, die Banken und die internationalen Speditionen. Diese Vorschriften sind auch in den „Konsulats- und Mustervorschriften" — kurz „K und M" genannt — enthalten. Die Konsulats- und Mustervorschriften sind ein von der Handelskammer Hamburg herausgegebenes Export-Nachschlagewerk, das jährlich erscheint und jeweils bis zur Neuauflage durch Nachträge auf dem laufenden gehalten wird.

VII. Dokumente

Handelsrechnung

Die „normale" Rechnung im Außenhandel bezeichnet man als Handelsrechnung oder Handelsfaktura, um sie von den anderen Arten von Rechnungen, wie z. B. der Zollfaktura, zu unterscheiden. Sie wird auf dem Rechnungsvordruck des Exporteurs ausgestellt und enthält üblicherweise folgende *Angaben:*

1. Name und Anschrift des Exporteurs,
2. Name und Anschrift des Importeurs,
3. Rechnungsnummer und -datum,
4. Auftragsnummer,
5. Versanddatum und Versandart,
6. Anzahl, Art und Markierung der Kolli, eventuell auch Maße und Gewichte,
7. genaue Bezeichnung und Menge der Ware,
8. Einzel- und Gesamtpreis sowie eventuelle Nebenkosten,
9. Zahlungsbedingungen und sonstige Angaben.

Die Handelsrechnung ist zwar in erster Linie für den Importeur bestimmt, da sie aber andererseits im Einfuhrland oft für amtliche Zwecke, vor allem für die Festsetzung des Einfuhrzolls, benötigt wird, muß sie genau nach den *Vorschriften des Einfuhrlandes* aufgemacht werden. Nach diesen Vorschriften kann verlangt sein: die Angabe bestimmter Einzelheiten, eine bestimmte Anzahl von Ausfertigungen, die Unterschrift des Exporteurs, eine bestimmte Erklärung des Exporteurs (z. B. daß die Waren ihren Ursprung in der Bundesrepublik Deutschland haben, daß die in der Rechnung gemachten Angaben wahr sind, daß die Preise mit den im Exportland üblichen Preisen übereinstimmen), die Beglaubigung der Rechnung durch die Industrie- und Handelskammer und/oder die Legalisierung (konsularische Beglaubigung) durch ein Konsulat des Importlandes.

Proforma-Rechnung

Die Proforma-Rechnung ist eine nur „der Form halber" ausgestellte Rechnung, die aber die gleichen Angaben wie die Handelsrechnung enthält. Sie wird z. B. dann verwendet, wenn eine normale Handelsrechnung nicht in Frage kommt, wie im Falle von Konsignations- und Mustersendungen. Außerdem werden Angebote oft in der Form einer Proforma-Rechnung abgegeben, damit der Kaufinteressent genaue Angaben über den Betrag erhält, den er beim Kauf der betreffenden Ware aufwenden muß. Eventuell benötigt der Importeur die Proforma-Rechnung auch zur Beantragung einer Einfuhrlizenz. Soll die Zahlung durch Akkreditiv erfolgen, so informiert die Proforma-Rechnung den Importeur über die Höhe des zu eröffnenden Akkreditivs.

Zollfaktura und Konsulatsfaktura

Die *Zollfaktura* ist eine besondere, für die Zollbehörde des Einfuhrlandes bestimmte Rechnung, die der Importeur bei der Anmeldung der Ware zur Verzollung vorlegen muß. Sie ist vom Exporteur auf dem vom Einfuhrland vorgeschriebenen Vordruck auszustellen und rechtsgültig zu unterschreiben. Die Unterschrift des Exporteurs muß in vielen Fällen durch einen „witness" (Zeugen) beglaubigt werden. In der Zollfaktura wird neben dem Exportpreis, dem Ursprungsland und den übrigen die Sendung betreffenden Einzelheiten meist auch die Angabe des Inlandspreises im Exportland verlangt, damit sich das Importland vor Dumping schützen kann. Sollte nämlich festgestellt werden, daß der Inlandspreis im Exportland höher ist als der Exportpreis, so wird der Einfuhrzoll nach dem Inlandspreis berechnet.

Zollfakturen werden vor allem für Exporte nach Ländern des britischen Commonwealth (jedoch nicht nach Großbritannien) benötigt. Die Zollfaktura trägt in diesen Ländern die Bezeichnung „Combined Certificate of Value and Origin". Außerdem schreiben auch noch einige andere Länder Zollfakturen vor. So muß z. B. nach den Einfuhrbestimmungen der Vereinigten Staaten für alle eingeführten Waren im Werte von über 500 US-$, die dem Wertzoll unterliegen, eine „Special Customs Invoice" vorgelegt werden.

Die *Konsulatsfaktura* ist wie die Zollfaktura eine besondere Rechnung für Zollzwecke. Sie muß vom Exporteur ebenfalls auf dem vorgeschriebenen Vordruck ausgestellt werden und enthält praktisch die gleichen Angaben wie die Zollfaktura. Im Unterschied zu dieser muß aber die Konsulatsfaktura von einem Konsulat des Einfuhrlandes legalisiert werden. Für die Legalisierung berechnet das Konsulat eine Konsulatsgebühr. Konsulatsfakturen werden von einer Reihe mittel- und südamerikanischer Staaten verlangt.

Ursprungszeugnis[1]

Viele Länder schreiben bei Einfuhren die Vorlage eines Ursprungszeugnisses vor. Auch in der Bundesrepublik ist in bestimmten Fällen ein Ursprungszeugnis erforderlich. Das Ursprungszeugnis wird von einer dazu berechtigten

---
[1] Vgl. Anlage 1.

Stelle im Exportland ausgestellt und bescheinigt den Ursprung der darin näher bezeichneten Ware.

Am 1. 7. 1969 wurden in allen Mitgliedstaaten der EWG einheitliche Vordrucke für Ursprungszeugnisse eingeführt. Sie gelten für Waren, die aus dem Gebiet der Europäischen Gemeinschaften stammen, sowie für Drittlandswaren, und sie werden sowohl für Exporte innerhalb der Gemeinschaft als auch für Exporte nach Drittländern einschließlich der mit den Europäischen Gemeinschaften assoziierten Länder verwendet. Der Vordrucksatz besteht aus dem Ursprungszeugnis, dem Antrag auf Ausstellung eines Ursprungszeugnisses und einer oder mehreren Durchschriften.

Die in der Bundesrepublik zur Ausstellung von Ursprungszeugnissen berechtigten Stellen sind die Industrie- und Handelskammern, die Zollstellen, die Handwerkskammern und die Landwirtschaftskammern. Ein deutscher Exporteur, der ein Ursprungszeugnis benötigt, füllt den Vordrucksatz im Durchschreibeverfahren aus und unterschreibt den Antrag (nicht das Ursprungszeugnis!). Das ausgefüllte Ursprungszeugnis und den von ihm unterschriebenen Antrag reicht er bei der zuständigen Stelle ein. Gegebenenfalls muß der Antragsteller Unterlagen vorlegen, aus denen sich der Ursprung der Waren ergibt. Die betreffende Stelle unterschreibt das Ursprungszeugnis und behält den vom Exporteur unterschriebenen Antrag als Beleg. Ursprungszeugnisse sind öffentliche Urkunden. Wer vorsätzlich bewirkt, daß unrichtige Angaben in einem Ursprungszeugnis bescheinigt werden, macht sich strafbar.

Bei Waren, die ihren Ursprung in der Bundesrepublik haben, wird das Ursprungsland im einheitlichen EWG-Ursprungszeugnis als „Bundesrepublik Deutschland (Europäische Gemeinschaften)" bezeichnet. Es kann auch die Bezeichnung „Europäische Gemeinschaften" allein verwendet werden, vorausgesetzt, daß diese von den Behörden des Einfuhrlandes akzeptiert wird. Wenn der Ursprung der Ware in den Europäischen Gemeinschaften durch mehrere in verschiedenen Mitgliedstaaten ausgeführte Be- oder Verarbeitungsvorgänge begründet ist, darf nur die Bezeichnung „Europäische Gemeinschaften" verwendet werden. Im Falle von Waren, die ihren Ursprung in Drittländern einschließlich der mit der EWG assoziierten Staaten haben, wird nur der Name des Landes angegeben.

Nach dem in der EWG geltenden Ursprungsbegriff ist das Ursprungsland einer Ware das Land, in dem die Ware vollständig gewonnen oder hergestellt worden ist. Sind an der Herstellung zwei oder mehrere Länder beteiligt, so gilt das Land als Ursprungsland, in dem die letzte wesentliche und wirtschaftlich gerechtfertigte Be- oder Verarbeitung stattgefunden hat. (Die Be- oder Verarbeitung hat also eine „Nationalisierung" der Ware zur Folge.)

Warenverkehrsbescheinigung

Die Warenverkehrsbescheinigung wurde speziell für den Warenverkehr innerhalb der EWG geschaffen. Sie bescheinigt, daß sich die darin aufgeführten Waren im ausführenden EWG-Mitgliedsland zollrechtlich im freien Verkehr befinden und daher im einführenden EWG-Mitgliedsland Anspruch auf Gemeinschaftspräferenz haben. Als im freien Verkehr befindlich gelten die in dem betreffenden Land erzeugten Waren sowie Waren aus Drittländern, die ordnungsgemäß verzollt worden sind. Die Warenverkehrsbescheinigung ist vom Exporteur auszufüllen und der Zollstelle vorzulegen, die eine Bescheinigung auf dem Formular vornimmt.

Durch die Einführung des gemeinschaftlichen Versandverfahrens (siehe S. 156) am 1. 1. 1970 wurde die Warenverkehrsbescheinigung in den meisten Fällen überflüssig, weil sich auf Grund des angewandten Versandverfahrens (externes oder internes) ohne weiteres feststellen läßt, ob es sich um unverzollte Drittlandswaren oder um Waren des freien Verkehrs in der EWG handelt. Lediglich die Warenverkehrsbescheinigungen DD 3 und DD 5 werden weiterhin benötigt.

Die *Warenverkehrsbescheinigung DD 3* wird verwendet, wenn die Waren nicht unmittelbar oder mit einem durchgehenden Frachtbrief von einem Mitgliedstaat in einen anderen befördert werden, also beim gebrochenen Durchfuhrverkehr durch Österreich oder die Schweiz. Bei diesem Verfahren ist stets eine Nämlichkeitssicherung erforderlich.

Die *Warenverkehrsbescheinigung DD 5* ist für Fische bestimmt, die von Schiffen eines Mitgliedstaates auf hoher See gefangen wurden und im Hafen eines anderen Mitgliedstaates an Land gebracht werden.

Weiterhin benötigt werden auch die Warenverkehrsbescheinigungen für den *Warenverkehr zwischen der EWG und den assoziierten Ländern und Gebieten,* wie z. B. AB 1 für die assoziierten abhängigen Überseegebiete, AY 1 für die assoziierten afrikanischen Staaten und Madagaskar sowie AG 1 und AG 3 für Griechenland.

Speditions-, Transport- und Versicherungsdokumente

Speditionsdokument ist die Spediteur-Übernahmebescheinigung.

Transportdokumente sind: Eisenbahnfrachtbrief und Frachtbriefdoppel, Kraftwagen-Frachtbrief, Luftfrachtbrief, Ladeschein, Kaiempfangsschein, Steuermannsquittung und Konnossement. (Manche Länder schreiben eine konsularische Legalisierung der Konnossemente vor.)

Versicherungsdokumente sind die Versicherungspolice und das Versicherungszertifikat.

Diese Dokumente werden im Kapitel „Spedition, Lagerung und Transport" (S. 89 ff.) und im Kapitel „Transportversicherung" (S. 106 ff.) eingehender behandelt.

Sonstige Dokumente

Packliste: Detaillierte Aufstellung aller Frachtstücke mit Marke, Nummer, Art, Gewicht und Inhalt. Falls diese Angaben nicht in der Handelsrechnung enthalten sind, erleichtert die Packliste die Verzollung. Sie kann vom Einfuhrland aber auch verbindlich vorgeschrieben sein.

Gewichtszertifikat: Amtliche Gewichtsfeststellung durch einen dazu ermächtigten Wiegebetrieb.

Gesundheitszeugnis: Behördliche Bescheinigung, daß Pflanzen, Saaten, lebende Tiere oder tierische Erzeugnisse frei von Krankheiten sind.

Analysenzertifikat: Eine amtliche Bescheinigung, aus der die Zusammensetzung von chemischen Substanzen ersichtlich ist.

Außerdem gibt es noch Desinfektionszertifikate, Reinheitsatteste usw.

Nach den Vorschriften des Einfuhrlandes kann die konsularische Legalisierung der Gesundheitszeugnisse, Analysenzertifikate oder anderer Bescheinigungen erforderlich sein.

Begleitpapiervorschriften und Vordrucke

Über die in den einzelnen Ländern geltenden Begleitpapiervorschriften informieren den Exporteur die bereits auf S. 54 genannten Stellen sowie die „Konsulats- und Mustervorschriften" der Handelskammer Hamburg. Die benötigten Vordrucke sind bei den Industrie- und Handelskammern erhältlich, sie können aber auch direkt von den Formularverlagen bezogen werden.

VIII. Lieferungsbedingungen

Bedeutung der Lieferungsbedingungen

Die Lieferungsbedingungen regeln die Pflichten von Verkäufer und Käufer im Zusammenhang mit der Lieferung, vor allem die Verteilung der Kosten und den Gefahrenübergang. Darüber hinaus bilden sie die Basis für die Preiskalkulation. Bei der Kalkulation berücksichtigt der Verkäufer alle Kosten, die er auf Grund der vereinbarten Lieferungsbedingungen übernehmen muß.

Incoterms

Die im Außenhandel üblichen Lieferungsbedingungen, z. B. CIF und FOB, werden in den verschiedenen Ländern unterschiedlich ausgelegt, wodurch zwischen Exporteur und Importeur leicht Mißverständnisse und Streitigkeiten entstehen können. Um den Außenhandelskaufleuten die Möglichkeit zu geben, diese Schwierigkeiten zu vermeiden, veröffentlichte die Internationale Handelskammer im Jahre 1936 einheitliche Regeln für die Auslegung bestimmter im internationalen Handel gebräuchlicher Lieferklauseln (International Commercial Terms), kurz „Incoterms 1936". Im Jahre 1953 erschien eine revidierte Fassung, die „Incoterms 1953".

Die Incoterms haben rein privaten Charakter und gelten nur, wenn ihre Anwendung von Verkäufer und Käufer vereinbart wurde. Es steht den Parteien frei, diese Regeln ihrem Vertrag zugrunde zu legen; sie können aber auch Änderungen und Ergänzungen vereinbaren. Die Anwendung der Incoterms bei internationalen Kaufverträgen hat den Vorteil, daß vollkommene Klarheit bezüglich der Verkäufer- und Käuferpflichten besteht. Bei Verträgen, die nicht auf der Basis der Incoterms geschlossen werden, werden die Lieferklauseln jeweils nach nationalen Usancen ausgelegt. Eine Übersicht über die verschiedenen Auslegungsregeln in einer Reihe von Ländern geben die „Handelsüblichen Vertragsformeln" (Trade Terms — Termes Commerciaux)[1], die die Internationale Handelskammer erstmals 1928 zusammengestellt und 1953 in verbesserter Form neu herausgebracht hat.

Icoterms 1953

Die Pflichten von Verkäufer und Käufer bei den Incoterms 1953 werden im folgenden kurz definiert. Der volle Wortlaut — englischer Originaltext mit

---

[1] Die „Trade Terms" dürfen nicht mit den „terms of trade" (siehe S. 118) verwechselt werden.

französischer bzw. deutscher Übersetzung — ist in Druckschrift Nr. 166 der Internationalen Handelskammer enthalten.

Ex works (factory, warehouse, mill, mine, plantation, etc.)
Ab Werk (Fabrik, Lagerhaus, Mühle, Grube, Pflanzung usw.)

Der Verkäufer muß dem Käufer die Ware zur vereinbarten Zeit in seinem Werk oder Lager zur Verfügung stellen. Er trägt bis zu diesem Zeitpunkt alle Kosten und Gefahren.

Der Käufer muß die Ware abnehmen, sobald sie ihm in der genannten Weise zur Verfügung gestellt worden ist, und trägt von diesem Zeitpunkt an alle Kosten und Gefahren.

FOR/FOT (named point of departure)
Frei Waggon (benannter Abgangsort)

Bei Waggonladungen muß der Verkäufer einen Waggon beschaffen und beladen, bei Stückgut muß er die Ware der Eisenbahn übergeben. Er trägt alle Kosten und Gefahren bis zur Übergabe des beladenen Waggons oder der Stückgüter an die Eisenbahn.

Der Käufer trägt alle Kosten und Gefahren von dem Zeitpunkt an, an dem der beladene Waggon oder die Stückgüter der Eisenbahn übergeben worden sind.

FAS (named port of shipment)
Frei Längsseite Schiff (benannter Verschiffungshafen)

Der Verkäufer muß die Ware längsseits des vom Käufer angegebenen Seeschiffes im benannten Verschiffungshafen bringen. Er trägt alle Kosten und Gefahren, bis die Ware längsseits des Schiffes geliefert worden ist.

Der Käufer muß den notwendigen Schiffsraum beschaffen und den Verkäufer rechtzeitig benachrichtigen. Er trägt alle Kosten und Gefahren von dem Zeitpunkt an, an dem die Ware längsseits des Schiffes gebracht worden ist.

FOB (named port of shipment)
Frei an Bord (benannter Verschiffungshafen)

Der Verkäufer muß die Ware an Bord des vom Käufer angegebenen Seeschiffes im benannten Verschiffungshafen bringen. Er trägt alle Kosten und Gefahren, bis die Ware die Reling des Schiffes überschritten hat.

Der Käufer muß den notwendigen Schiffsraum beschaffen und den Verkäufer rechtzeitig benachrichtigen. Er trägt alle Kosten und Gefahren von dem Zeitpunkt an, an dem die Ware im Verschiffungshafen die Reling des Schiffes überschritten hat.

C&F (named port of destination)
Kosten und Fracht (benannter Bestimmungshafen)

Im Gegensatz zu CIF wird bei C&F die Versicherung nicht vom Verkäufer gedeckt. Sonst sind die Pflichten von Verkäufer und Käufer die gleichen wie bei CIF.

CIF (named port of destination)
Kosten, Versicherung und Fracht (benannter Bestimmungshafen)[1]

Der Verkäufer muß den Seefrachtvertrag schließen und die Ware an Bord des Schiffes bringen. Er trägt alle Gefahren, bis die Ware im Verschiffungshafen die Reling des Schiffes überschritten hat, zahlt die Fracht bis zum benannten Bestimmungshafen und schließt auf eigene Kosten eine Versicherung zugunsten des Käufers ab.

Der Käufer trägt alle Kosten von dem Zeitpunkt an, an dem die Ware die Reling des Schiffes im Verschiffungshafen überschritten hat. Er übernimmt alle während des Seetransports entstehenden Kosten mit Ausnahme von Fracht und Versicherung sowie die Kosten für die Verbringung der Ware an Land, sofern diese nicht bereits in der Fracht inbegriffen sind. (Bei Lieferung „CIF landed" gehen die Kosten für die Verbringung der Ware an Land zu Lasten des Verkäufers.)

Freight or carriage paid to (named point of destination)
Frachtfrei (benannter Bestimmungsort)

Diese Klausel wird nur bei Transporten auf Straße, Schiene und Binnenwasserwegen angewandt. Der Verkäufer muß die Ware auf seine Kosten an den vereinbarten Bestimmungsort versenden, trägt aber die Gefahren nur bis zur Übergabe der Ware an den ersten Frachtführer.

Der Käufer muß alle nach Ankunft der Ware anfallenden Kosten tragen. Die Gefahren trägt er von dem Zeitpunkt an, an dem die Ware dem ersten Frachtführer übergeben worden ist.

Ex ship (named port of destination)
Ab Schiff (benannter Bestimmungshafen)

Der Verkäufer muß dem Käufer die Ware zur vereinbarten Zeit an Bord des Schiffes im Bestimmungshafen zur Verfügung stellen. Er trägt bis zu diesem Zeitpunkt alle Kosten und Gefahren.

---

[1] Die u. a. im Geschäft mit Indien und Pakistan üblichen Erweiterungen der CIF-Klausel, wie CIF & I, CIF & C und CIFCI, wurden nicht in die Incoterms aufgenommen. Der Preis CIF & I (interest) schließt die Bankzinsen bis zur Fälligkeit der Tratte, der Preis CIF & C (commission) die Einkaufsprovision des Exporteurs als „Indentnehmer" mit ein. Die Preisstellung CIFCI enthält sowohl die Provision wie die Zinsen.

Der Käufer muß die Ware abnehmen, sobald sie ihm in der genannten Weise zur Verfügung gestellt worden ist, und trägt von diesem Zeitpunkt an alle Kosten und Gefahren.

Ex quay (named port)
Ab Kai (benannter Hafen)

Der Verkäufer muß dem Käufer die Ware zur vereinbarten Zeit am Kai des benannten Hafens zur Verfügung stellen. Er trägt bis zu diesem Zeitpunkt alle Kosten und Gefahren.

Der Käufer muß die Ware abnehmen, sobald sie ihm in der genannten Weise zur Verfügung gestellt worden ist, und trägt von diesem Zeitpunkt an alle Kosten und Gefahren.

Es sind zwei Ex-quay-Klauseln üblich:

1. *Ex quay (duty paid) — Ab Kai verzollt*
   Kosten und Gefahren gehen erst nach der Verzollung auf den Käufer über.

2. *Ex quay (duties on buyer's account) — Ab Kai unverzollt*
   Kosten und Gefahren gehen schon vor der Verzollung auf den Käufer über.

Die Klauseln C&F, CIF und „frachtfrei" sind Zwei-Punkt-Klauseln, da der Verkäufer die Kosten bis zu einem bestimmten Punkt übernimmt, das Risiko jedoch an einem anderen Punkt auf den Käufer übergeht. Alle übrigen Klauseln sind Ein-Punkt-Klauseln, bei denen Kostenpunkt und Risikopunkt zusammenfallen.

Internationale Regeln 1967

Im Jahre 1967 hat die Internationale Handelskammer Definitionen für zwei weitere in internationalen Kaufverträgen verwendete Lieferklauseln veröffentlicht, die nachstehend ebenfalls kurz skizziert werden. Diese Klauseln sind von besonderer Bedeutung im kontinentaleuropäischen Verkehr, besitzen aber gegenwärtig noch nicht den gleichen Wert wie die Incoterms.

Delivered at frontier (named place of delivery at frontier)
Geliefert Grenze (benannter Lieferort an der Grenze)

Der Verkäufer muß dem Käufer die Ware zur vereinbarten Zeit am benannten Lieferort an der Grenze zur Verfügung stellen. Er trägt bis zu diesem Zeitpunkt alle Kosten und Gefahren. (Entspricht der in der Praxis häufigen Klausel „frei Grenze" oder „franko Grenze".)

Delivered (named place of destination in the country of importation) duty paid

Geliefert (benannter Bestimmungsort im Einfuhrland) verzollt

Der Verkäufer muß dem Käufer die Ware zur vereinbarten Zeit am benannten Bestimmungsort im Einfuhrland zur Verfügung stellen. Er trägt bis zu diesem Zeitpunkt alle Kosten und Gefahren. (Entspricht der in der Praxis häufigen Klausel „frei Haus verzollt".)

Amerikanische Lieferklauseln

In den Vereinigten Staaten wurden bereits im Jahre 1919 einheitliche Lieferklauseln, die „American Foreign Trade Definitions", aufgestellt. Im Jahre 1941 brachte die Amerikanische Handelskammer zusammen mit dem „National Council of American Importers" und dem „National Foreign Trade Council" eine revidierte Fassung heraus, die „Revised American Foreign Trade Definitions 1941". Diese Definitionen, die in vielen Punkten von den Incoterms abweichen, finden im gesamten amerikanischen Wirtschaftsraum Anwendung.

IX. Zahlungsbedingungen

Festsetzung der Zahlungsbedingungen

Während der Verkäufer die Zahlung zum frühestmöglichen Zeitpunkt erhalten möchte, wünscht der Käufer im allgemeinen ein möglichst langes Zahlungsziel. Dies gilt auch für den Außenhandel. Welche Zahlungsbedingungen dann tatsächlich zur Anwendung gelangen, hängt weitgehend von der Situation auf dem jeweiligen Markt ab. Bei einem Käufermarkt, d. h. einem Markt, auf dem die Nachfrager das größere Gewicht haben, überwiegen die „weichen", also für den Importeur günstigen Zahlungsbedingungen. Bei einem Verkäufermarkt, d. h. einem Markt, auf dem die Anbieter die stärkere Position haben, überwiegen die „harten", also für den Exporteur günstigen Konditionen. Neben der Wettbewerbslage sind bei der Festsetzung der Zahlungsbedingungen vor allem folgende Gesichtspunkte entscheidend: die Bonität des Käufers, die politischen und wirtschaftlichen Verhältnisse im Käuferland („Bonität des Käuferlandes"), die Handelsbräuche und etwaige im Verkäufer- oder Käuferland geltende Devisenbestimmungen.

Nichtdokumentäre Konditionen

Nichtdokumentäre Konditionen sind Zahlungsbedingungen, bei denen keine Dokumente gefordert werden. Es handelt sich dabei praktisch um die gleichen Bedingungen, die auch im Binnenhandel üblich sind. Sie können Zahlung vor Lieferung, bei Lieferung oder nach Lieferung vorschreiben.

Zahlung vor Lieferung (z. B. Vorauskasse, Zahlung bei Auftragserteilung).

Da bei Vorauszahlungen der Importeur die ganze Finanzierungslast zu tragen hat, ist diese Zahlungsbedingung bei normalen Wettbewerbsverhältnissen verhältnismäßig selten. Es kommt jedoch auch vor, daß der Importeur von sich aus Vorauszahlung anbietet, um z. B. einen größeren Preisnachlaß zu erhalten, bevorzugt beliefert zu werden (bei langen Lieferfristen) oder — wenn er in der Währung des Exportlandes zahlen muß — einer Aufwertung dieser Währung bzw. einer Abwertung der eigenen Währung zuvorzukommen. Manchmal verlangt der Exporteur die Vorauszahlung eines Teils des Kaufpreises, also eine Anzahlung. (Anzahlungen kommen auch in Verbindung mit dokumentären Zahlungsformen vor.)

Will der Importeur eine Sicherheit dafür haben, daß er die geleistete Vorauszahlung oder Anzahlung zurückerhält, falls der Exporteur seinen Lieferverpflichtungen nicht nachkommt, so verlangt er vom Exporteur eine Bankgarantie in Höhe seiner Vorauszahlung oder Anzahlung (Vorauszahlungs- bzw. Anzahlungsgarantie).

Zahlung bei Lieferung (z. B. netto Kasse bei Erhalt der Ware, gegen Nachnahme).

Wenn Zahlung bei Erhalt der Ware vereinbart wird, ist der Importeur verpflichtet, den Rechnungsbetrag sofort bei Eingang der Sendung zu begleichen. Der Exporteur liefert die Ware an seinen Kunden, verschafft ihm also den Besitz derselben, ohne die Gewißheit zu haben, daß die Zahlung auch tatsächlich prompt erfolgt. Dagegen läßt der Exporteur bei Nachnahmesendungen den Rechnungsbetrag durch einen Dritten (z. B. die Post oder das Transportunternehmen) einziehen, der dem Importeur die Ware erst aushändigt, nachdem er gezahlt hat.

Einzelheiten über Paketsendungen ins Ausland mit Nachnahme sind bei der Deutschen Bundespost zu erfragen. Soweit im internationalen Eisenbahngüter- und Luftfrachtverkehr Nachnahmen möglich sind, erfolgen diese auf Grund des internationalen Eisenbahnfrachtbriefs bzw. des Luftfrachtbriefs. Die Einziehung von Nachnahmebeträgen im Ausland (auch in Übersee) kann der Exporteur ferner von einer internationalen Spedition, seinem ausländischen Vertreter oder der eigenen Niederlassung im Ausland durchführen lassen. Die Sendung wird in diesem Fall dem ausländischen Korrespondenten der Speditionsfirma, dem Vertreter oder der Niederlassung im Ausland mit der Anweisung zugesandt, sie nach Zahlung des Rechnungsbetrages an den Empfänger auszuliefern.

Zahlung nach Lieferung (z. B. 2 Monate Ziel, zahlbar innerhalb 30 Tagen nach Rechnungsdatum, zahlbar innerhalb 14 Tagen mit 2 % Skonto oder innerhalb 30 Tagen netto[1], gegen Drei-Monats-Akzept, gegen 60-Tage-Bankakzept).

Bei diesen Konditionen trägt der Exporteur die Last der Finanzierung. Er gewährt seinem Abnehmer einen Lieferantenkredit, entweder in Form eines offenen Ziels oder eines Akzeptkredits. Das offene Ziel, auch offener Buchkredit genannt, ist ein ungedeckter Kredit, der dem Exporteur keinerlei Sicherheit des Zahlungseingangs bietet. Der dem Importeur vom Exporteur eingeräumte Akzeptkredit ist durch das Wechselakzept des Importeurs gesichert. Durch die Akzepthergabe geht der Importeur eine wechselmäßige Verpflichtung ein.

Der Exporteur hat bei entsprechender Bonität grundsätzlich die Möglichkeit, das Importeurakzept bei seiner Bank zu diskontieren. Wird der Wechsel vom

---

[1] Die Gewährung von Skonto für prompte Zahlung ist praktisch nur bei Lieferungen in das benachbarte Ausland üblich.

Importeur bei Fälligkeit nicht eingelöst, läßt ihn die Bank, falls sie Wechselinhaber ist, protestieren und nimmt Rückgriff auf den Exporteur als Wechselaussteller, der dann seinerseits Wechselklage gegen den Akzeptanten erheben kann. Hier ist jedoch u. a. zu berücksichtigen, daß ein in der Bundesrepublik ergangenes Urteil im Ausland eventuell nicht vollstreckbar ist und daß bei einer Wechselklage im Ausland das zur Anwendung kommende Wechselrecht u. U. erheblich vom deutschen Wechselrecht abweicht. Außerdem ist die Wechselstrenge[1] nicht in allen Ländern die gleiche wie in Deutschland. Bei nicht ausreichendem Standing des Importeurs kann der Exporteur verlangen, daß die Bank des Importeurs die Wechselbürgschaft (Aval) übernimmt. Es kann auch gleich Lieferung gegen Bankakzept vereinbart werden; in diesem Fall muß der Importeur veranlassen, daß eine Bank die Tratte des Exporteurs akzeptiert.

Dokumentäre Konditionen

Bei den dokumentären Konditionen erfolgt die Zahlung (bzw. Akzeptierung eines Wechsels) gegen Vorlage der Dokumente. Dies sind Dokumente, die die Ware repräsentieren und/oder einen Nachweis über den Versand der Ware darstellen (z. B. Konnossement, Frachtbriefdoppel), Dokumente, die einen Versicherungsanspruch beinhalten, und die sonst noch benötigten Dokumente, wie Handelsrechnung, Zollfaktura, Ursprungszeugnis usw.

Es gibt folgende dokumentäre Konditionen: Kasse gegen Dokumente, Dokumente gegen Akzept, Wechselrembours und Dokumentenakkreditiv.

Kasse gegen Dokumente

Bei der Zahlungsform „Kasse gegen Dokumente", engl. „documents against payment" (D/P) oder „cash against documents" (CAD), übergibt der Exporteur seiner Bank die Dokumente mit der Anweisung, diese über ihre Korrespondenzbank im Einfuhrland dem Importeur gegen Zahlung des Rechnungsbetrages aushändigen zu lassen. (Mit dem Inkasso kann der Exporteur auch eine Speditionsfirma oder seine eigene Vertretung bzw. Niederlassung im Einfuhrland beauftragen.)

Nach der Bankpraxis vieler Länder ist es üblich, D/P-Inkassi mit einer bei Sicht zahlbaren Dokumententratte durchzuführen. (Als Dokumententratte oder dokumentäre Tratte bezeichnet man einen Wechsel, dem Dokumente beigefügt sind.) Die Inkasso-Sichttratte, die praktisch nur die Funktion einer Quittung hat, wird in der Bundesrepublik wegen der deutschen Wechselsteuer nach Möglichkeit vermieden. Ein von einem deutschen Exporteur auf

---

[1] Unter Wechselstrenge versteht man die strengen Formerfordernisse und Haftungsbestimmungen beim Wechsel sowie das schnelle und vereinfachte Gerichtsverfahren.

einen ausländischen Importeur gezogener Sichtwechsel, der von einer Bank in der Bundesrepublik ins Ausland versandt wird, muß zum halben Satz versteuert werden. Das gleiche gilt für einen ausländischen Sichtwechsel, der einer deutschen Bank zum Inkasso übersandt wird. (Im letzteren Fall ist es üblich, daß die deutsche Bank den Wechsel stillschweigend ablegt und das Inkasso ohne denselben vornimmt.) Im Überseegeschäft kommen bisweilen auch Inkassi vor, bei denen die Dokumente von einer Zieltratte begleitet sind. Hier darf die Bank im Einfuhrland die Dokumente dem Importeur ebenfalls erst nach erfolgter Zahlung überlassen. Trifft die Ware ein, bevor die Tratte fällig ist, so können Lagerkosten dadurch vermieden werden, daß der Importeur den Wechsel vorzeitig einlöst oder die Korrespondenzbank der Exporteurbank dem Importeur die Dokumente im Rahmen eines Kredits überläßt. Wenn die Korrespondenzbank dem Importeur die Dokumente ohne vorherige Bezahlung aushändigt, handelt sie auf ihr eigenes Risiko.

Die Zahlungsbedingung „Kasse gegen Dokumente" soll nur vereinbart werden, wenn sich der Exporteur darauf verlassen kann, daß der Importeur bei Eintreffen der Dokumente willens und in der Lage ist, dieselben zu honorieren. Durch die Nichtaufnahme von Dokumenten sind schon vielen deutschen Exporteuren größere Verluste entstanden. Es kommt auch vor, daß zweifelhafte Firmen in Übersee die schwierige Lage des Exporteurs bei D/P-Inkassi in der Weise ausnützen, daß sie nach Ankunft der Ware ungerechtfertigte Beschwerden vorbringen und drohen, die Einlösung der Dokumente zu verweigern, wenn ihnen der Exporteur den verlangten größeren Preisnachlaß nicht gewährt.

Bei Nichteinlösung von Dokumenten läßt der Exporteur zunächst die Ware einlagern und versichern und bemüht sich dann, einen anderen Käufer zu finden. Wenn die Ware nicht innerhalb kurzer Zeit anderweitig verkauft werden kann, bleibt meist keine andere Wahl als der Rücktransport auf Kosten des Exporteurs oder — wenn der Rücktransport wegen der Verderblichkeit der Ware oder der großen Entfernung nicht in Frage kommt — die Versteigerung an Ort und Stelle. Es ist dabei schon öfters vorgekommen, daß Importeure, die sich zuerst nicht zur Übernahme der Dokumente gemeldet hatten, die Ware bei der Auktion billig ersteigerten bzw. durch einen Strohmann ersteigern ließen.

Dokumente gegen Akzept

Bei der Zahlungsform „Dokumente gegen Akzept", engl. „documents against acceptance" (D/A), übergibt der Exporteur seiner Bank die Dokumente und eine auf den Importeur gezogene Zieltratte mit der Anweisung, die Dokumente über ihre Korrespondenzbank im Einfuhrland dem Importeur nach Akzeptierung der Tratte aushändigen zu lassen. Die D/A-Dokumententratte ist ein Nachsicht- oder Zeitsichtwechsel, dessen Laufzeit sich nach dem handelsüblichen Ziel richtet (Usance-Wechsel).

Durch Anwendung dieser Zahlungsform wird gewährleistet, daß der Importeur die Dokumente erst dann bekommt, nachdem er sich durch Akzeptleistung zur Zahlung verpflichtet hat. Wird der Wechsel bei Fälligkeit nicht honoriert, ist keine warenmäßige Sicherheit mehr vorhanden, und die Lage des Exporteurs ist die gleiche wie bei Nichteinlösung eines gewöhnlichen, d. h. nichtdokumentären Wechsels. Der Exporteur kann jedoch zu seiner Sicherheit einen Bankaval verlangen.

Abwicklung des Dokumenteninkassos

Als Dokumenteninkasso bezeichnet man die Einziehung des Gegenwerts von Dokumenten entweder in bar oder in Form eines Akzepts bzw. eines Solawechsels. Mit der Durchführung des Inkassos beauftragt der Exporteur meist seine Bank, die dann ihrerseits eine Korrespondenzbank oder Filiale im Land des Importeurs einschaltet. Der Exporteur behält die Verfügungsgewalt über die versandte Ware, bis der Importeur Zahlung geleistet oder sein Akzept gegeben hat. Hier ist es jedoch wichtig, den Charakter der Transportdokumente zu berücksichtigen. Erfolgt der Transport der Ware z. B. mit der Eisenbahn, so darf der Exporteur seine Sendung nicht direkt an den Importeur adressieren, weil dieser als Empfänger die Ware ausgehändigt erhält, ohne das bei den Inkassodokumenten befindliche Frachtbriefdoppel vorzeigen zu müssen. In solchen Fällen ist es notwendig, daß der Exporteur seine Sendung an einen neutralen Empfänger, z. B. einen Spediteur, richtet, der sie dann zur Verfügung der ausländischen Bank hält, die im Auftrag der Exporteurbank das Inkasso durchführt. Bei Seeversand hingegen erhält der Importeur die Ware nur gegen Vorlage des Konnossements.

Das Dokumenteninkasso über die Bank wird wie folgt abgewickelt: Nach Versand der Ware übergibt der Exporteur seiner Bank einen Inkassoauftrag[1] zusammen mit den Versanddokumenten und gegebenenfalls einer auf den Importeur gezogenen Tratte. Der Inkassoauftrag wird auf einem Bankformular erteilt und muß u. a. Antwort auf folgende Fragen geben:

1. Sind die Dokumente gegen Zahlung oder Akzept auszuhändigen?
2. Soll Zahlung oder Akzeptübergabe „bei erster Präsentation" oder erst nach Ankunft des Dampfers erfolgen? Soll dem Importeur gestattet werden, die Waren vorher zu besichtigen?
3. Ist die akzeptierte Tratte von der Korrespondenzbank zurückzusenden, oder soll sie zum Einzug im Ausland verbleiben?

---

[1] Vgl. Anlage 2.

4. Welche Vorkehrungen sind im Falle der Nichtzahlung oder Nichtakzeptierung der Tratte zu treffen? Soll die Korrespondenzbank luftpostlich oder telegrafisch Nachricht geben? Wird Protest mangels Annahme oder mangels Zahlung gewünscht? Soll die Ware eingelagert werden? In welcher Höhe und gegen welche Risiken ist sie zu versichern? Dürfen Teilpartien gegen entsprechende Teilzahlungen freigegeben werden?

5. Kann dem Importeur, wenn er vorzeitig zahlt, ein Nachlaß gewährt werden und gegebenenfalls in welcher Höhe?

Auf Grund der vom Exporteur erteilten Weisungen stellt die Bank des Exporteurs (Einreicherbank) ihrerseits einen Inkassoauftrag an ihre ausländische Korrespondenzbank (Inkassostelle) aus und übermittelt ihn dieser zusammen mit den Dokumenten und der eventuell beiliegenden Tratte. Wenn sich unter den Inkassodokumenten Konnossemente befinden, so werden diese und, wenn möglich, auch die übrigen Dokumente aufgeteilt und in zwei Sätzen mit erster und zweiter Post versandt. Nach der Durchführung des Inkassos überweist die Inkassostelle den Inkassogegenwert abzüglich Provision und Spesen (falls diese nicht vom Importeur getragen werden müssen) an die Einreicherbank, die dann dem Exporteur eine Gutschrift erteilt.

Im Jahre 1956 brachte die Internationale Handelskammer „Einheitliche Richtlinien für das Inkasso von Handelspapieren" heraus, die seit dem 1. 1. 1958 auch von den deutschen Banken angewandt werden. Am 1. 1. 1968 trat eine revidierte Fassung der Richtlinien in Kraft. Durch die Revision sollten die Richtlinien auch für Großbritannien und die USA annehmbar gemacht und auf diese Weise die Hindernisse beseitigt werden, die bis zu diesem Zeitpunkt einer weltweiten Annahme entgegengestanden hatten.

Wechselrembours

Für den Exporteur handelt es sich beim Wechselrembours oder Rembourskredit praktisch um die Zahlungsform „Dokumente gegen Bankakzept", da er bei Vorlage der Dokumente das Akzept einer Bank erhält. Der Importeur andererseits muß sich von seiner Bank einen dokumentären Akzeptkredit einräumen lassen, auf Grund dessen sich die Bank bereit erklärt, dem Exporteur gegen Übergabe der Dokumente ihr Akzept zur Verfügung zu stellen (was selten vorkommt) oder zu veranlassen, daß das Akzept durch eine Bank im Land des Exporteurs oder in einem dritten Land gegeben wird. Der Exporteur kann das Bankakzept bei der akzeptierenden Bank oder seiner Hausbank diskontieren lassen und erhält auf diese Weise sofort Bargeld.

Der hier beschriebene Wechselrembours ist in der Praxis selten. Meist verlangt der Exporteur, daß ihm die Eröffnung eines Rembourskredits durch die Bank des Importeurs verbindlich angezeigt wird. Dies geschieht in der Form eines unwiderruflichen Dokumentenakkreditivs.

Dokumentenakkreditiv[1]

Ein *Akkreditiv* ist das Versprechen einer Bank, für Rechnung eines Kunden einem Dritten, meist unter Einschaltung einer anderen Bank, bei Erfüllung bestimmter Bedingungen und innerhalb einer bestimmten Zeit eine bankübliche Leistung, z. B. Zahlung oder ein Akzept, zur Verfügung zu stellen. Die Akkreditive im internationalen Warenhandel sind stets Dokumentenakkreditive oder dokumentäre Akkreditive, bei denen die Zahlung des Akkreditivbetrags gegen Dokumente erfolgt. Daneben gibt es nichtdokumentäre Akkreditive (Bar-Akkreditive), die fast immer auf den Reiseverkehr beschränkt sind.

Beim Dokumentenakkreditiv gibt es in der Regel vier *Beteiligte:* den Importeur, die Bank des Importeurs, die Bank des Exporteurs (Korrespondenzbank oder Filiale der Importeurbank) und den Exporteur.

Der Importeur (Akkreditiv-Auftraggeber) beauftragt seine Bank, ein Akkreditiv zugunsten des Exporteurs (Begünstigten) zu eröffnen, das bei der Bank des Exporteurs verfügbar sein soll. Die Bank des Importeurs (eröffnende Bank) eröffnet das Akkreditiv und sendet — je nach Anweisung des Auftraggebers — eine briefliche (luftpostliche) oder telegrafische Eröffnungsanzeige an die Bank des Exporteurs. Diese benachrichtigt den Begünstigten von der Akkreditiveröffnung oder erteilt ihm eine Akkreditivbestätigung (falls das Akkreditiv bestätigt werden soll) und wird daher entweder als avisierende oder als bestätigende Bank bezeichnet.

Die *Rechtsbeziehungen* zwischen den Beteiligten gestalten sich dabei wie folgt:

1. Zwischen dem Exporteur und dem Importeur besteht ein Kaufvertrag. Das auf diesem beruhende Warengeschäft ist das sog. Grundgeschäft, das vom Bankgeschäft — dem Akkreditiv — streng zu trennen ist.
2. Zwischen dem Importeur und seiner Bank besteht ein Geschäftsbesorgungsvertrag. Der Importeur haftet der Bank gegenüber als Schuldner.
3. Die Bank des Importeurs gibt dem Exporteur ein abstraktes, vom Grundgeschäft losgelöstes Zahlungsversprechen.
4. Zwischen der Bank des Importeurs und der Bank des Exporteurs besteht ebenfalls ein Geschäftsbesorgungsvertrag.
5. Wenn das Akkreditiv durch die Bank des Exporteurs bestätigt wird, gibt diese dem Exporteur ebenfalls ein abstraktes Zahlungsversprechen.

Das Dokumentenakkreditiv ist entweder widerruflich oder unwiderruflich. Ein *widerrufliches* Akkreditiv kann jederzeit ohne Anzeige an den Begün-

---
[1] Vgl. Anlage 3.

stigten abgeändert oder annulliert werden. Beim *unwiderruflichen* Akkreditiv ist dies nur mit Zustimmung des Begünstigten möglich. (In der Regel verlangt der Exporteur die Stellung eines unwiderruflichen Akkreditivs.) Die unwiderruflichen Akkreditive sind stets befristet, d. h., die Vorlage der Dokumente muß spätestens an dem angegebenen Verfalltag erfolgen. Die widerruflichen Akkreditive brauchen nicht befristet zu sein. Wenn kein Verfalltag angegeben ist, werden sie 6 Monate nach dem Datum der Anzeige an den Begünstigten als erloschen angesehen.

Es gibt unwiderrufliche und bestätigte sowie unwiderrufliche und unbestätigte Akkreditive. (Widerrufliche Akkreditive sind stets unbestätigt.) Wenn die Bank des Exporteurs ein unwiderrufliches Akkreditiv *bestätigt,* geht sie die gleiche Verpflichtung ein wie die eröffnende Bank. Bei einem *unbestätigten* Akkreditiv erhält der Begünstigte von der Bank in seinem Land lediglich eine Eröffnungsanzeige, ohne daß die Bank eine Verpflichtung zur Leistung übernimmt. Um die Bankgebühren so niedrig wie möglich zu halten, verlangt der Exporteur nur dann eine Bestätigung durch seine Bank, wenn eine solche für die Sicherheit des Akkreditivs notwendig ist. Das unwiderrufliche und unbestätigte Akkreditiv ist daher die in der Praxis am häufigsten vorkommende Akkreditivform.

Akkreditive können bei der Bank im Lande des Begünstigten oder im Ausland *zahlbar* gestellt sein. Ein bei der Bank *im Lande des Begünstigten* zahlbares Akkreditiv wird dem Begünstigten in folgender Weise zur Verfügung gestellt:

1. Der Begünstigte erhält den Akkreditivbetrag bei Vorlage der Dokumente von seiner Bank bar ausgezahlt oder auf Konto gutgeschrieben. Nach der Bankpraxis vieler Länder muß er eine Sichttratte auf die avisierende bzw. bestätigende Bank ziehen und bei dieser zusammen mit den Dokumenten einreichen. In der Bundesrepublik wird dieses Verfahren nicht angewandt, da eine solche Sichttratte der vollen Wechselsteuer unterliegen würde.

2. Der Begünstigte wird ermächtigt, auf die Bank in seinem Land eine Zieltratte auszustellen, die diese bei Übergabe der Dokumente akzeptiert und meist auch gleich diskontiert (Remboursakkreditiv).

Ist das Akkreditiv *im Ausland* zahlbar gestellt, so kann es wie folgt benutzt werden:

1. Der Begünstigte wird angewiesen, eine Sichttratte in fremder Währung auf die eröffnende Bank, eine Bank in einem dritten Land oder den Akkreditiv-Auftraggeber zu ziehen, die dann von der Bank des Begünstigten bei Vorlage der Dokumente negoziiert, d. h. angekauft werden kann. Zur Vermeidung der Wechselsteuer werden in der Bundesrepublik, soweit dies erlaubt ist, Quittungsformulare anstelle von Sichttratten verwendet.

(Hier tritt dann an die Stelle der Tratten-Negoziierung die Negoziierung der Dokumente.)

2. Der Begünstigte wird ermächtigt, eine Zieltratte in fremder Währung auf die eröffnende Bank, eine Bank in einem dritten Land oder den Akkreditiv-Auftraggeber auszustellen, die die Bank des Begünstigten bei Vorlage der Dokumente negoziieren kann. In den ersten beiden Fällen handelt es sich ebenfalls um ein Remboursakkreditiv. (Die eröffnende Bank bzw. die Bank in einem dritten Land akzeptiert die Zieltratte des Begünstigten, sobald sie die Dokumente erhält.)

Akkreditive, bei denen die Bank des Begünstigten Währungstratten bzw. Dokumente negoziiert, werden *negoziierbare* Akkreditive genannt. Soweit Akkreditive die Ausstellung von Tratten durch den Begünstigten vorschreiben, wird diesem gestattet, seiner Unterschrift den Zusatz „without recourse" (ohne Obligo) hinzuzufügen und dadurch seine Haftung als Wechselaussteller auszuschließen[1].

Beim Akkreditiv hat der Exporteur den Vorteil, daß die Zahlung durch eine Bank — bei unwiderruflichen und bestätigten Akkreditiven sogar durch zwei Banken — garantiert wird. Der Importeur andererseits hat die Gewähr, daß der Exporteur das Geld erst nach Erfüllung der Akkreditivbedingungen erhält. Die Bank des Exporteurs muß genau prüfen, ob die vorgelegten Dokumente den Vorschriften des Akkreditivs entsprechen. Die Richtigkeit der in den Dokumenten enthaltenen Angaben über Art, Menge und Qualität der Ware erweist sich jedoch erst nach Ankunft der Sendung. Hier liegt für den Importeur ein gewisses Risiko, gegen das er sich gegebenenfalls dadurch schützen kann, daß er vom Exporteur die Vorlage eines von einem unabhängigen Dritten ausgestellten Abnahmezertifikats, Qualitätszeugnisses o. dgl. verlangt.

Siehe auch „Abwicklung eines unwiderruflichen und unbestätigten Dokumentenakkreditivs", S. 76.

Sonderfälle im Akkreditivgeschäft

Sonderfälle im Akkreditivgeschäft sind u. a. das übertragbare Akkreditiv, das Gegenakkreditiv, das deferred-payment-Akkreditiv, das revolvierende Akkreditiv und der Handelskreditbrief.

Wenn ein Akkreditiv von der eröffnenden Bank ausdrücklich als *übertragbar* bezeichnet wird, ist der Begünstigte berechtigt, die Bank in seinem Land anzuweisen, das ganze Akkreditiv oder einen Teil desselben auf einen ande-

---

[1] Hier handelt es sich um einen vertraglichen Haftungsausschluß, da nach deutschem Wechselrecht (WG Art. 9) der Aussteller seine Haftung auch durch Vermerke wie „ohne Obligo" oder eine ähnliche „Angstklausel" nicht ausschließen kann.

ren, den Zweitbegünstigten, oder auf mehrere Zweitbegünstigte im gleichen Land zu übertragen. Übertragbare Akkreditive kommen z. B. vor, wenn der Begünstigte Exporthändler ist und dem Hersteller der Ware durch Übertragung seiner Rechte aus dem Akkreditiv Gewißheit über den Eingang der Zahlung verschaffen will. Bei der Übertragung darf der Erstbegünstigte den Akkreditivbetrag reduzieren, die Gültigkeitsdauer des Akkreditivs verkürzen und seinen Namen an die Stelle des ursprünglichen Auftraggebers setzen. Alle übrigen Bedingungen des Akkreditivs müssen jedoch unverändert bleiben. (Der Unterschied zwischen dem Betrag, der übertragen wird, und dem Akkreditivbetrag stellt den Gewinn des Exporthändlers dar.)

Als *Gegenakkreditiv* (back-to-back credit) bezeichnet man ein separates Akkreditiv, das auf Grund eines anderen Akkreditivs (Original-Akkreditiv) eröffnet wird. So kann z. B. ein Transithändler von seinem ausländischen Abnehmer die Eröffnung eines Akkreditivs zu seinen Gunsten, zahlbar bei seiner Bank, verlangen und seine Bank beauftragen, auf der Basis dieses Akkreditivs ein Gegenakkreditiv zugunsten des ausländischen Lieferers der Ware hinauszulegen. Der Begünstigte des Original-Akkreditivs ist also der Auftraggeber des Gegenakkreditivs. (Das Gegenakkreditiv ist um den Gewinn des Transithändlers niedriger als das Original-Akkreditiv.)

Das *deferred-payment-Akkreditiv* wird dem Begünstigten nicht bei Vorlage der Dokumente, sondern zu einem späteren Zeitpunkt ausgezahlt.

Revolvierende Akkreditive (revolving credits) sind Akkreditive, die sich laufend erneuern. Sie werden eröffnet, wenn der Importeur regelmäßig Waren vom gleichen Exporteur bezieht. Während der Gültigkeitsdauer des Akkreditivs wird dem Exporteur ein bestimmter Betrag pro Zeitabschnitt (z. B. 10 000 US-$ pro Monat) zur Verfügung gestellt, den er in der üblichen Weise gegen Vorlage der Dokumente für die einzelnen Sendungen in Anspruch nehmen kann. Ist das revolvierende Akkreditiv kumulativ, so wird eine eventuell nicht voll ausgenutzte Tranche der folgenden Tranche zugeschlagen. Beim nichtkumulativen revolvierenden Akkreditiv verfällt der Teil der Tranche, der nicht innerhalb des festgesetzten Zeitabschnitts ausgenutzt wird.

Der in den angelsächsischen Ländern übliche *Handelskreditbrief* (commercial letter of credit) wird von der eröffnenden Bank direkt an den Begünstigten gerichtet und ermächtigt diesen, eine oder mehrere Währungstratten (z. B. in US-$ oder £-Sterling) bis zum angegebenen Höchstbetrag auf die eröffnende Bank zu ziehen. Diese verpflichtet sich zur Einlösung der Tratte bzw. Tratten, vorausgesetzt, daß gleichzeitig bestimmte Dokumente vorgelegt werden und die Ausstellung und Negoziierung der Tratte bzw. Tratten spätestens am genannten Verfalltag erfolgt. Nach der Negoziierung sendet die negoziierende Bank den Handelskreditbrief zusammen mit der Tratte oder den

Tratten und den Dokumenten an die eröffnende Bank zurück. Der Handelskreditbrief wird in der Regel über eine Bank im Land des Begünstigten geleitet, die ihn dann meist nicht an den Begünstigten weitergibt, sondern diesem nur ein Avis sendet und ihn auffordert, die Tratte und die Dokumente bei ihr zur Negoziierung einzureichen.

Einheitliche Richtlinien und Gebräuche für Dokumentenakkreditive

Die „Einheitlichen Richtlinien und Gebräuche für Dokumentenakkreditive" sind Regeln für die Abwicklung von Dokumentenakkreditiven durch die Banken, die von der Internationalen Handelskammer erstmals im Jahre 1933 aufgestellt und 1951 und 1962 revidiert wurden. Die letzte Revision trug vor allem den anglo-amerikanischen Usancen Rechnung, so daß die Richtlinien seither eine praktisch universelle Anwendung finden. In den Akkreditiven ist jeweils der Hinweis enthalten, daß die Abwicklung nach den „Einheitlichen Richtlinien" erfolgt.

Ergänzend zu den „Einheitlichen Richtlinien" hat die Internationale Handelskammer Standardformulare für die Eröffnung von Dokumentenakkreditiven geschaffen. Dies sind einheitliche Formulare für die telegrafische oder briefliche Eröffnungsanzeige, die die eröffnende Bank an die Bank im Lande des Begünstigten richtet.

Authority to Negotiate — Authority to Pay

Die „Authority to Negotiate" und die „Authority to Pay" sind Abarten des Akkreditivs, die vor allem im Handel mit dem Mittleren und Fernen Osten Verwendung finden. Bei der „Authority to Negotiate" veranlaßt der Importeur über seine Bank, daß deren Korrespondenzbank im Exportland ermächtigt wird, dokumentäre Tratten, die der Exporteur auf Grund des Geschäfts auf den Importeur zieht, zu negoziieren. Bei der „Authority to Pay" wird die Korrespondenzbank ermächtigt, vom Exporteur auf sie gezogene dokumentäre Sichttratten einzulösen. (In der Bundesrepublik werden auch hier wieder Sichtziehungen aus wechselsteuerlichen Gründen nach Möglichkeit vermieden.) Die Bank im Exportland sendet dem Exporteur eine Benachrichtigung, weist ihn aber ausdrücklich darauf hin, daß die Ermächtigung jederzeit widerrufen oder abgeändert werden kann und daß weder die Bank des Importeurs noch sie selbst irgendeine Haftung übernimmt[1]. Außerdem erfolgt bei der „Authority to Negotiate" die Negoziierung der Tratten „with recourse", also unter dem Obligo des Ausstellers. Die unwiderruflichen Authorities, die in der Praxis ebenfalls verwendet werden, kommen praktisch dem Akkreditiv gleich.

---

[1] Im Unterschied zu den „Authorities" haftet beim widerruflichen Akkreditiv die eröffnende Bank, solange sie das Akkreditiv nicht widerruft.

Abwicklung eines unwiderruflichen und unbestätigten Dokumentenakkreditivs

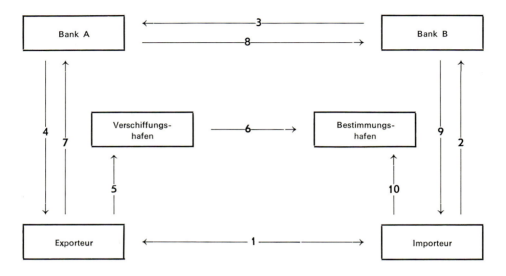

1. Exporteur und Importeur vereinbaren Zahlung durch ein unwiderrufliches und unbestätigtes Dokumentenakkreditiv.

2. Der Importeur (Auftraggeber) beauftragt seine Bank (Bank B), das Akkreditiv zugunsten des Exporteurs (Begünstigten) zu eröffnen. Er verwendet zu diesem Zweck einen Vordruck der Bank („Auftrag zur Stellung eines Akkreditivs"), in dem er alle Einzelheiten des zu eröffnenden Akkreditivs angibt (Akkreditivbetrag, Begünstigter, Bank des Begünstigten, Gültigkeitsdauer, daß das Akkreditiv unwiderruflich und unbestätigt sein soll, ob briefliche oder telegrafische Eröffnung gewünscht wird, gegen welche Dokumente die Zahlung erfolgen soll, ob Teilsendungen erlaubt sind oder nicht usw.).

3. Die Bank B (eröffnende oder akkreditivstellende Bank) belastet den Auftraggeber auf einem besonderen Konto, dem Akkreditiv-Verpflichtungs-Konto, mit dem Akkreditivbetrag und auf seinem laufenden Konto mit ihrer Provision und den Spesen. (Die Bank B könnte auch sofort das laufende Konto des Importeurs mit dem Akkreditivbetrag belasten. Außerdem besteht die Möglichkeit, daß die Bank das Akkreditiv im Rahmen eines dem Importeur gewährten Kredits eröffnet.) Daraufhin sendet die Bank B das Akkreditiv-Eröffnungsschreiben an ihre Korrespondenzbank (Bank A), bei der das Akkreditiv zahlbar sein soll. Die Bank A wird angewiesen, den Begünstigten von der Eröffnung des Akkreditivs unverbindlich in Kenntnis zu setzen.

4. Nach Eingang des Akkreditiv-Eröffnungsschreibens der Bank B benachrichtigt die Bank A (avisierende Bank) den Begünstigten von der Akkreditivstellung.

5. Der Exporteur veranlaßt den Versand der Waren und beschafft die im Akkreditiv vorgesehenen Dokumente.

6. Die Sendung befindet sich an Bord des Seeschiffes auf dem Weg zum Bestimmungshafen.

7. Der Exporteur reicht die Dokumente (Konnossement, Versicherungspolice oder -zertifikat, Handelsrechnung usw.) in der im Akkreditiv vorgeschriebenen Anzahl bei der Bank A ein. Wenn die Dokumente rechtzeitig vorgelegt werden und den Akkreditivbedingungen genau entsprechen, zahlt die Bank A die Akkreditivsumme an den Exporteur aus bzw. schreibt sie ihm gut.

8. Die Bank A belastet das Konto der Bank B mit dem Akkreditivbetrag sowie mit ihrer Provision und den Spesen, soweit diese nicht vom Begünstigten zu zahlen sind, und sendet der Bank B die Dokumente. Der Dokumentenversand erfolgt in zwei Teilen mit erster und zweiter Luftpost.

9. Nach Eingang der Dokumente nimmt die Bank B die Gegenbuchung auf dem Konto der Bank A vor und belastet das laufende Konto des Importeurs unter Stornierung der Buchung auf dem Akkreditiv-Verpflichtungs-Konto. Anschließend händigt die Bank B die Dokumente dem Importeur aus.

10. Der Importeur nimmt gegen Vorlage des Konnossements die Sendung in Empfang und beantragt die zollamtliche Abfertigung.

X. Forderungseinzug und Kreditversicherung

Einziehung von Auslandsforderungen

Wenn ein ausländischer Importeur, dem ein offenes Zahlungsziel gewährt wurde, nicht rechtzeitig zahlt, sendet ihm der Exporteur — wie auch im Binnenhandel üblich — eine Mahnung. Reagiert der säumige Kunde auf die erste Mahnung nicht, so folgen weitere Mahnungen, in denen er in immer dringlicherem Ton aufgefordert wird, die fällige Zahlung zu leisten. In der letzten Mahnung setzt der Gläubiger dem Schuldner eine Frist und droht mit weiteren Schritten für den Fall, daß dieser die Frist nicht einhält.

Die Schritte, die der Exporteur unternehmen kann, um den säumigen Schuldner im Ausland zur Zahlung zu veranlassen, sind im wesentlichen folgende:

1. Einschaltung der offiziellen Vertretung seines Landes oder einer anderen Stelle im Lande des Schuldners zu dem Zweck, einen moralischen Druck auf den Schuldner auszuüben.
2. Übergabe der Forderung an eine Bank, eine Auslandshandelskammer, ein Inkassobüro oder einen Rechtsanwalt zum Einzug.
3. Beantragung eines Zahlungsbefehls gegen den Schuldner, falls dies in dem betreffenden Land möglich ist. (In den angelsächsischen Ländern sind z. B. Zahlungsbefehle unbekannt.)
4. Erhebung einer gerichtlichen Klage gegen den Schuldner.

Ausfuhrkreditversicherung

Im Außenhandel kann eine Forderung sowohl als Folge der Insolvenz oder der Zahlungsunwilligkeit des Käufers (wirtschaftliches Risiko) als auch durch staatliche Maßnahmen und politische Ereignisse (politisches Risiko) uneinbringlich werden. Der Exporteur hat im wesentlichen folgende Möglichkeiten, sich gegen diese Risiken zu schützen:

1. Vereinbarung „harter" Zahlungsbedingungen, soweit die Wettbewerbsverhältnisse auf dem Auslandsmarkt dies zulassen,
2. Übertragung des Delkredere auf einen Vertreter bzw. Kommissionär im Ausland oder auf einen Factor,
3. Abschluß einer Ausfuhrkreditversicherung.

Es gibt eine private und eine staatliche Ausfuhrkreditversicherung. Die *private* Ausfuhrkreditversicherung wird ausschließlich für Forderungen gegen private Schuldner im Ausland gewährt und deckt nur das wirtschaftliche Risiko. Die *staatliche* Ausfuhrkreditversicherung versichert neben Forderungen gegen private ausländische Schuldner auch Forderungen gegen ausländische Regierungen und öffentlich-rechtliche Körperschaften wobei sich die Deckung auf das wirtschaftliche und das politische Risiko erstreckt. (Bei der staatlichen Ausfuhrkreditversicherung wird das politische Risiko stets nur gemeinsam mit dem wirtschaftlichen Risiko versichert.) Private deutsche Kreditversicherungsgesellschaften, die sich mit der Exportkreditversicherung befassen, sind die „Gerling-Konzern Speziale Kreditversicherungs-AG", Köln, und die „Allgemeine Kreditversicherungs-AG", Mainz. Die staatliche Ausfuhrkreditversicherung in der Bundesrepublik wird in Form von Bundesgarantien und Bundesbürgschaften gewährt.

Bundesgarantien und Bundesbürgschaften

In der Bundesrepublik Deutschland übernimmt der Bund Ausfuhrgarantien und Ausfuhrbürgschaften sowie Garantien und Bürgschaften zur Deckung von Fabrikationsrisiken. Daneben gibt es noch eine Reihe von Sonderdeckungen, z. B. Garantien für deutsche Kapitalanlagen im Ausland und Garantien und Bürgschaften für gebundene (d. h. an deutsche Lieferungen gebundene) Finanzkredite an das Ausland.

Bundesgarantien kommen in Frage bei Geschäften deutscher Exporteure mit privaten ausländischen Firmen, *Bundesbürgschaften* bei Geschäften mit ausländischen Regierungen und sonstigen Körperschaften des öffentlichen Rechts. Die Bearbeitung dieser Garantien und Bürgschaften hat der Bund einem Konsortium, bestehend aus der „Hermes Kreditversicherungs-AG", Hamburg, und der „Deutschen Revisions- und Treuhand-AG', Frankfurt am Main, übertragen. Federführend für beide Gesellschaften ist die Hermes[1]; Anträge auf Gewährung von Ausfuhrgarantien und -bürgschaften sind ausschließlich an diese zu richten. Über die Anträge entscheidet der interministerielle Ausschuß für Ausfuhrgarantien und Ausfuhrbürgschaften, in dem neben dem Bundesministerium für Wirtschaft das Bundesministerium der Finanzen und das Auswärtige Amt vertreten sind. Die Tätigkeit des Ausschusses wird durch Richtlinien der Bundesregierung geregelt

Die *Ausfuhrgarantien* decken das wirtschaftliche Risiko, d. h. die Uneinbringlichkeit der Forderung infolge Zahlungsunfähigkeit des ausländischen Schuldners, und das politische Risiko, d. h. die Uneinbringlichkeit der Forderung infolge staatlicher Maßnahmen des Schuldnerlandes oder politischer

---

[1] In der Praxis werden die Bundesgarantien und -bürgschaften oft als „Hermes-Deckung", „Hermes-Versicherung" o. ä. bezeichnet. Dabei darf jedoch nicht übersehen werden, daß die Ausfuhrkreditversicherung durch den Bund gewährt wird und die Hermes lediglich die Abwicklung übernimmt.

Ereignisse. Staatliche Maßnahmen sind u. a. Zahlungsverbote und Moratorien, Konvertierungs- und Transferbeschränkungen. Unter die Deckung fallen auch Kursverluste, die bei Konvertierung und Transferierung von Fremdwährungsbeträgen entstehen, die in nicht vereinbarter Währung hinterlegt wurden. Kursverluste bei der im Liefervertrag vereinbarten Währung sind dagegen nicht gedeckt. Politische Ereignisse sind kriegerische Auseinandersetzungen, Aufruhr und Revolution. Beschlagnahme der Ware durch ausländische Stellen sowie Verlust, Vernichtung oder Beschädigung der Ware infolge politischer Ereignisse sind nur gedeckt, soweit diese Gefahren nicht anderweitig versichert werden konnten.

Garantien zur Deckung von Ausfuhrrisiken können als Einzelgarantie, als revolvierende Garantie oder als Sammelgarantie gewährt werden. Die Einzelgarantie kommt für eine bestimmte Forderung aus einem Ausfuhrvertrag in Frage, die revolvierende Garantie für eine Mehrzahl von Forderungen aus laufenden Lieferungen an einen ausländischen Abnehmer und die Sammelgarantie für eine Vielzahl von Forderungen aus laufenden Lieferungen an eine Vielzahl von ausländischen Abnehmern.

Die *Ausfuhrbürgschaften* decken das Risiko der Uneinbringlichkeit der Forderung. Uneinbringlichkeit liegt vor, wenn der ausländische Schuldner die Forderung 6 Monate nach Fälligkeit noch nicht beglichen oder die Dokumente 6 Monate nach Ankunft der Ware noch nicht aufgenommen hat. Die Deckung erstreckt sich auch auf Beschlagnahme, Verlust, Vernichtung oder Beschädigung der Ware infolge politischer Ereignisse, soweit diese Gefahren nicht anderweitig versichert werden konnten.

Garantien und Bürgschaften zur Deckung von *Fabrikationsrisiken* kommen grundsätzlich nur bei der Fabrikation von Gütern in Frage, die eine Spezialanfertigung oder eine lange Herstellungsfrist erfordern. Sie werden für den Fall gewährt, daß dem deutschen Hersteller der Ware wegen Verfalls des Vermögens des ausländischen Bestellers oder aus im Ausland liegenden politischen Gründen die Fertigstellung und Versendung der Ware unmöglich ist oder nicht mehr zugemutet werden kann und er bei der anderweitigen Verwertung der in Fertigung begriffenen, aber noch nicht versandten Ware einen Ausfall an seinen Selbstkosten erleidet. Im Rahmen der Fabrikationsrisikodeckung kann auch das Embargorisiko versichert werden. Hierbei handelt es sich um das Risiko des Eingriffs der Bundesregierung in abgeschlossene Ausfuhrverträge. Die Deckung beschränkt sich auf Maßnahmen der Bundesregierung, die auf Grund des Außenwirtschaftsgesetzes zum Schutze der Sicherheit und der auswärtigen Interessen der Bundesrepublik durch Rechtsverordnung erlassen werden.

Gegenstand der Deckung sind bei Ausfuhrgarantien und Ausfuhrbürgschaften die im Vertrag mit dem ausländischen Schuldner für Lieferungen und

Leistungen als Preis vereinbarte Geldforderung, bei Garantien und Bürgschaften zur Deckung des Fabrikationsrisikos die Selbstkosten der im Liefervertrag mit dem ausländischen Besteller vereinbarten Lieferungen und Leistungen.

Der Garantie- bzw. Bürgschaftsnehmer ist in jedem Fall mit einer bestimmten Quote am Ausfall selbst beteiligt. Die Selbstbeteiligung beträgt für das wirtschaftliche Risiko 20 %, für das Zahlungsverbots- und Moratoriumsrisiko (ZM-Risiko) sowie das Konvertierungs- und Transferrisiko (KT-Risiko) 15 %, für die sonstigen politischen Risiken 10 % und für das Fabrikationsrisiko 15 %.

XI. Finanzierung

Arten der Finanzierung

Die Frage der Finanzierung von Außenhandelsgeschäften steht in engem Zusammenhang mit den Zahlungsbedingungen. Je nach den vereinbarten Zahlungsbedingungen ergibt sich für den Exporteur oder den Importeur die Notwendigkeit, Mittel zur Überbrückung der Zeitspanne zwischen dem Auftragseingang und der Zahlung bzw. zwischen der Leistung der Zahlung und dem Eingang des Wiederverkaufserlöses oder — bei Investitionsgütern — des von diesen erbrachten Ertrages bereitzustellen. Die Finanzierung kann vom Exporteur oder Importeur allein oder zusammen mit einem Kreditinstitut durchgeführt werden. Sie ist je nach Art der Waren (Konsum- oder Investitionsgüter) kurz-, mittel- oder langfristig.

Die *kurzfristige* Finanzierung wird meist vom Exporteur übernommen. Soweit der Exporteur Refinanzierung benötigt, kann er diese bei ausreichender Bonität von seiner Hausbank erhalten. Die Bank stellt dem Exporteur die benötigten Mittel entweder im Rahmen der ihm eingeräumten Kontokorrent-Kreditlinie bzw. eines Darlehens zur Verfügung oder gewährt ihm eine auf das einzelne Geschäft bezogene Finanzierung in Form eines Dokumentenvorschusses oder eines Diskontkredits. Der Dokumentenvorschuß ist ein Kredit, der durch Dokumente, welche der Bank zur Durchführung eines Inkassoauftrags übergeben werden, belegt wird; er ist aus dem Erlös des Inkassoauftrags zu tilgen. Der Prozentsatz der Beleihung der Dokumente wird von Fall zu Fall festgelegt. Als Diskontkredit bezeichnet man den Ankauf einer zu einem späteren Zeitpunkt fällig werdenden Wechselforderung des Exporteurs durch seine Bank. Eventuell kann der Exporteur seine Forderung gegen den ausländischen Abnehmer auf dem Weg der Forfaitierung, die anschließend besprochen wird, an ein Factoring-Unternehmen oder eine Bank verkaufen. Deutsche Exporteure haben ferner die Möglichkeit, bestimmte kurzfristige Geschäfte mit Hilfe der Privatdiskont-AG (siehe S. 84) zu finanzieren.

Die kurzfristige Finanzierung durch den Importeur erfolgt in der Weise, daß dieser Vorauszahlung oder sofortige Barzahlung leistet. Natürlich kann auch der Importeur bei entsprechender Bonität Refinanzierung durch seine Hausbank in Anspruch nehmen, entweder eine allgemeine Finanzierung in Form eines Kontokorrentkredits bzw. Darlehens oder eine auf das einzelne Geschäft bezogene Finanzierung, die z. B. darin besteht, daß die Bank das vom

Exporteur geforderte Akkreditiv im Rahmen eines dem Importeur eingeräumten Kredits eröffnet oder dem Importeur im Zusammenhang mit einem Remboursgeschäft einen Akzeptkredit gewährt.

Die *mittel- und langfristige* Finanzierung übersteigt häufig die finanzielle Leistungsfähigkeit der Geschäftspartner selbst, so daß sich entweder der Exporteur oder der Importeur an eine Bank oder ein anderes Kreditinstitut wenden muß. In der Bundesrepublik gibt es zwei Kreditinstitute, die besonders auf die mittel- und langfristige Exportfinanzierung bzw. -refinanzierung spezialisiert sind, nämlich die AKA Ausfuhrkredit-Gesellschaft mbH (siehe S. 85) und die Kreditanstalt für Wiederaufbau (siehe S. 87). Die Kreditanstalt für Wiederaufbau gewährt in bestimmten Fällen Finanzierungen im Anschluß an die Kredite der AKA. Sie ist auch die Entwicklungsbank des Bundes, über die die Bundesregierung auf Grund bilateraler Entwicklungshilfeabkommen langfristige Mittel für die Finanzierung von Projekten in Entwicklungsländern zur Verfügung stellt. Die AKA Ausfuhrkredit-Gesellschaft mbH und die Kreditanstalt für Wiederaufbau finanzieren nicht nur die deutschen Exporteure, sondern gewähren auch Kredite direkt an ausländische Importeure zum Ankauf von Exportgütern in der Bundesrepublik (Abnehmerfinanzierung). Lieferungen im Rahmen der multilateralen Entwicklungshilfe werden von den internationalen Entwicklungshilfeorganisationen (Weltbank, Internationale Finanz-Corporation, Internationale Entwicklungsorganisation) finanziert.

Forfaitierung

Unter Forfaitierung versteht man den regreßlosen Ankauf von Wechsel- und Buchforderungen, d. h., der Käufer der Forderung verzichtet vertraglich gegenüber dem Verkäufer derselben auf das Recht des Rückgriffs bei Nichteinlösung des Wechsels bzw. Nichteingang der Forderung. Diese Form der Finanzierung, die dem englischen „non-recourse financing" entspricht, wird von den Factoring-Unternehmen und bestimmten Banken angewandt.

Einer allgemeinen Forfaitierung von Exportforderungen durch die Banken steht in der Bundesrepublik der Umstand entgegen, daß der Exporteur die ihm gewährte Bundesgarantie oder -bürgschaft nicht auf das finanzierende Kreditinstitut übertragen kann. Zwar werden von der AKA und der Kreditanstalt für Wiederaufbau bundesgarantierte und bundesverbürgte Ausfuhrforderungen finanziert, der Exporteur bleibt aber Gläubiger der Garantie bzw. Bürgschaft und tritt nur seinen Anspruch aus derselben ab. Den Banken ist diese Basis für eine Finanzierung à forfait im allgemeinen zu unsicher, um so mehr, als der Bund verschiedene Einreden gegen den Exporteur geltend machen kann[1]. Die Exportwirtschaft fordert daher schon seit langem eine abstrakte Bundesdeckung, die frei übertragbar ist.

Privatdiskont-AG

Als Privatdiskonten bezeichnet man die Akzepte erstklassiger Banken, die zu einem Vorzugssatz, dem Privatdiskontsatz, diskontiert werden. Zur Pflege des Privatdiskontmarktes, der früher einmal eine wichtige Rolle gespielt hatte, gründeten interessierte Kreditinstitute im Jahre 1959 die Privatdiskont-AG mit Sitz in Frankfurt am Main. Die Privatdiskont-AG kauft und verkauft DM-Akzepte der zum Privatdiskontmarkt zugelassenen Akzeptbanken. Soweit sich die Deutsche Bundesbank am Handel mit Privatdiskonten beteiligt, bedient sie sich ausschließlich der Vermittlung der Privatdiskont-AG.

Die Zulassung als Akzeptbanken erhalten nur Kreditinstitute mit einem haftenden Eigenkapital von mindestens 6 Mill. DM. Die Privatdiskonten müssen der Finanzierung von Einfuhr-, Ausfuhr- oder Transithandelsgeschäften, der Finanzierung des grenzüberschreitenden Lohnveredelungsverkehrs oder der Finanzierung internationaler Warengeschäfte zwischen zwei außerdeutschen Ländern dienen. Zu diesen Finanzierungen gehören auch die Finanzierung von Verkäufen aus ausländischen Konsignationslagern und Finanzierungen auf Grund von DM-Rembourskrediten. Die Restlaufzeit, d. h. die Zeit zwischen der Diskontierung und dem Verfall, darf nicht mehr als 90 Tage betragen. Die Aussteller der Wechsel müssen Firmen unzweifelhafter Bonität sein, ein das Geschäft rechtfertigendes Standing haben und über ein haftendes Eigenkapital von mindestens 500 000 DM verfügen. Die Akzeptbanken sind verpflichtet, von den Ausstellern die Offenlegung ihrer wirtschaftlichen Verhältnisse zu verlangen. Die einzelnen Privatdiskonten müssen über mindestens 100 000 DM lauten und sollen den Betrag von 1 Mill. DM nicht übersteigen. Der Wechselbetrag soll durch 5000 teilbar sein. Auf der Vorderseite der Wechselformulare ist oben am Rand ein Vermerk über das Grundgeschäft anzubringen. Der Privatdiskontsatz liegt unter dem Diskontsatz der Deutschen Bundesbank. Er wird an allen Börsentagen an der Frankfurter Börse notiert, und zwar für „lange Sicht" (60 bis 90 Tage) und für „kurze

---

[1] Am 15. 3. 1969 trat in der Bundesrepublik ein zunächst bis März 1970 befristetes und als „Forfaitierung" bezeichnetes Verfahren in Kraft, das in begrenztem Umfang und unter gewissen Voraussetzungen den Verkauf von bundesgarantierten oder bundesverbürgten Auslandsforderungen an Kreditinstitute bei gleichzeitigem Übergang der Garantie oder Bürgschaft auf das Kreditinstitut (bzw. Gewährung einer neuen Garantie oder Bürgschaft) ermöglicht. Grundlage des Verfahrens ist die Bereitschaft des Bundes, die Ausfuhrdeckung gegenüber dem forfaitierenden Kreditinstitut zu verbessern. Für die Risikodifferenz zwischen der normalen Ausfuhrdeckung und der verbesserten Deckung gegenüber dem Kreditinstitut muß der Exporteur eine Regreßverpflichtung übernehmen. Es handelt sich hier also nicht um eine echte Forfaitierung, da bei einer solchen der Exporteur frei von jedem Obligo wäre.

Sicht" (30 bis 59 Tage). Für jede Notierung werden der Geldsatz, zu dem die Privatdiskont-AG Privatdiskonten hereinnimmt, der Briefsatz, zu dem sie Privatdiskonten abgibt, und der Mittelsatz (die Mitte zwischen Geldsatz und Briefsatz) festgestellt.

AKA Ausfuhrkredit-Gesellschaft mbH

Im Jahre 1952 gründete ein Konsortium der führenden deutschen Bankinstitute die Ausfuhrkredit-AG (AKA) in Frankfurt am Main. Sie übernahm die Aufgabe, den deutschen Export durch Gewährung mittel- und langfristiger Kredite zu fördern. Bis zu diesem Zeitpunkt war die mittel- und langfristige Finanzierung von Exportgeschäften allein von der Kreditanstalt für Wiederaufbau als Nebenaufgabe im Rahmen einer Rediskontlinie der damaligen Bank deutscher Länder durchgeführt worden. Im Jahre 1966 wurde die Ausfuhrkredit-AG in eine GmbH umgewandelt und firmiert jetzt „AKA Ausfuhrkredit-Gesellschaft mbH". Im Zusammenhang mit der Umfirmierung des Instituts wurde das Konsortium erweitert; u. a. wurden die Girozentralen (die zentralen Kreditinstitute der öffentlichen Sparkassen) in den Kreis der Konsorten aufgenommen.

Für die Finanzierung durch die AKA kommen ausschließlich fest abgeschlossene Verträge mit ausländischen Abnehmern über Lieferungen und Dienstleistungen in Betracht. Einen Teil des benötigten Betrages muß der Exporteur in jedem Fall selbst aufbringen (Selbstfinanzierungsquote). Die mit den zu finanzierenden Geschäften verbundenen politischen und wirtschaftlichen Ausfuhrrisiken und eventuell auch das fabrikatorische Risiko sind bei Krediten mit einer Laufzeit von länger als 24 Monaten grundsätzlich durch eine Garantie oder Bürgschaft des Bundes abzusichern. Eine entsprechende Sicherstellung kann auch bei Krediten mit Laufzeiten von 12 bis 24 Monaten verlangt werden. Für die Durchführung der Finanzierung stehen der AKA hauptsächlich zwei Kreditlinien zur Verfügung: der Plafond A und der Plafond B. Daneben gibt es noch einen Plafond C.

Der *Plafond A* ist eine Rediskontlinie der AKA bei den im AKA-Konsortium vertretenen Banken.

Die Kredite aus dem Plafond A haben eine Laufzeit zwischen 12 Monaten und 8 Jahren. Sie können bis zu dem Forderungsbetrag eingeräumt werden, der durch eine Ausfuhrgarantie oder -bürgschaft des Bundes gedeckt ist. Die Selbstfinanzierungsquote des Kreditnehmers entspricht daher seiner Selbstbeteiligung bei der Ausfuhrkreditversicherung. Bei Geschäften, die nicht durch eine Bundesdeckung abgesichert sind, hat sich der Kreditnehmer mit der üblichen Selbstfinanzierungsquote an der Finanzierung zu beteiligen.

Die Plafond-A-Kredite werden den Exporteuren im Einvernehmen mit den dem Konsortium der AKA angehörenden Banken von der AKA direkt zur Verfügung gestellt. Ihre Mobilisierung erfolgt durch Solawechsel des Kreditnehmers, die dieser an die Order der AKA stellt und bei der AKA zur Diskontierung einreicht. Die AKA kann die diskontierten Solawechsel bei den Konsortialbanken rediskontieren. Die Konsortialbanken haben ihrerseits die Möglichkeit, die Plafond-A-Solawechsel, die lombardfähig sind, bei der Deutschen Bundesbank lombardieren, d. h. beleihen zu lassen.

Bis zum Jahre 1963 mußten die Solawechsel der Kreditnehmer entsprechend der Laufzeit des Kredits alle 3 Monate prolongiert werden, wobei für den Kreditnehmer neben der mit der Wechselausstellung und -versendung verbundenen Arbeit jeweils die Wechselsteuer für den Prolongationsabschnitt anfiel. Seit September 1963 gestattet die AKA den Kreditnehmern bei Plafond-A-Krediten, ihre Sichtwechsel ohne Angabe eines Verfalldatums einzureichen. Eine Prolongation muß nur dann vorgenommen werden, wenn eine Lombardierung bei der Deutschen Bundesbank erforderlich werden sollte, was bisher nur selten vorkam. In einem solchen Fall ergänzt die AKA die betreffenden Abschnitte in der Weise, daß sie die für die Lombardierung vorgeschriebene Höchstlaufzeit von 3 Monaten aufweisen. Der Kreditnehmer muß dann wie früher 10 Tage vor Fälligkeit einen versteuerten Prolongationsabschnitt einreichen.

Zur Sicherung der Plafond-A-Kredite müssen die Forderungen aus dem Vertrag, der dem Kredit zugrunde liegt, und die Ansprüche gegen den Bund auf Grund der Ausfuhrgarantie oder -bürgschaft an die AKA abgetreten werden. Die Kreditkosten für den Kreditnehmer bestehen bei Plafond-A-Krediten aus einer Provision für die Bereitstellung des Kredits, den Zinsen, die sich nach dem jeweils für Plafond-A-Kredite festgesetzten Zinssatz richten, und der Wechselsteuer, die in der Regel nur einmal anfällt.

Der *Plafond B* ist eine Rediskontlinie der AKA bei der Deutschen Bundesbank. Die Kredite aus dem Plafond B werden vornehmlich für Exporte nach Entwicklungsländern gewährt. Sie haben eine Laufzeit von 12 bis 48 Monaten. Die Selbstfinanzierungsquote beträgt bei diesen Krediten grundsätzlich 30 % des Fakturenwertes.

Die Plafond-B-Kredite werden den Exporteuren auf Grund einer Kreditzusage der AKA von ihrer Hausbank gewährt. Die Mobilisierung der Kredite erfolgt durch Solawechsel des Kreditnehmers, die dieser an die Order seiner Hausbank stellt und bei seiner Hausbank zur Diskontierung einreicht. Die Hausbank kann die Solawechsel im Bedarfsfall bei der AKA rediskontieren. Die AKA hat dann ihrerseits die Möglichkeit, die Plafond-B-Solawechsel, die zentralbankfähig sind, an die Deutsche Bundesbank zum Diskont weiterzureichen.

Die Solawechsel bei Plafond-B-Krediten haben ausnahmslos eine Höchstlaufzeit von 3 Monaten. Abschnitte mit offenem Verfalldatum sind hier nicht zulässig, so daß alle drei Monate ein Prolongationswechsel ausgestellt werden muß.

Als Sicherheit für Plafond-B-Kredite verlangt die AKA neben der Abtretung der Forderungen aus dem Vertrag und der Ansprüche gegen den Bund auf Grund der Ausfuhrkreditversicherung auch die Zession der Forderungen der Hausbank aus dem Kreditvertrag, den diese auf Grund der Kreditzusage der AKA mit dem Exporteur abschließt. Die Kreditkosten für den Kreditnehmer bei Plafond-B-Krediten setzen sich zusammen aus der Bereitstellungsprovision, den Zinsen, die 1,5 % über dem Diskontsatz der Deutschen Bundesbank liegen, und der Wechselsteuer für den ersten Solawechsel und jeden weiteren Prolongationsabschnitt.

Aus dem *Plafond C* finanziert die AKA die Übernahme von Forderungen deutscher Exporteure gegen ausländische Abnehmer im Rahmen der sog. Forfaitierung (siehe Fußnote S. 84) und gewährt Kredite an ausländische Kreditnehmer zur Finanzierung deutscher Exporte (gebundene Finanzkredite). Bei diesen Krediten handelt es sich also um eine Abnehmerfinanzierung.

Bei langfristigen Ausfuhrgeschäften, die von der AKA nicht allein finanziert werden können, gewährt die Kreditanstalt für Wiederaufbau Anschlußfinanzierungen. Voraussetzung ist, daß es sich um die Lieferung von Investitionsgütern nach Entwicklungsländern handelt, für die eine Ausfuhrdeckung des Bundes vorliegt.

Kreditanstalt für Wiederaufbau

Die Kreditanstalt für Wiederaufbau (KfW oder KW) wurde im Jahre 1948 als Körperschaft des öffentlichen Rechts in Frankfurt am Main errichtet. Durch Änderung des Gesetzes über die Kreditanstalt für Wiederaufbau wurde die KW im Jahre 1961 zur Entwicklungsbank des Bundes bestellt.

Die KW befaßt sich mit der Investitionsfinanzierung im Inland und der Exportfinanzierung. Sie gewährt auch ungebundene, d. h. nicht an deutsche Lieferungen gebundene Finanzkredite an ausländische Darlehensnehmer und Kredite zur Förderung von Investitionen und Niederlassungen deutscher Unternehmen in Entwicklungsländern. Als Entwicklungsbank des Bundes übernimmt sie die bankmäßige Abwicklung der offiziellen deutschen Kapitalhilfe an Entwicklungsländer. Für die Durchführung dieser Finanzierungsaufgaben stehen der KW neben den eigenen Mitteln und solchen, die über den Kapitalmarkt beschafft werden, Mittel des ERP-Sondervermögens[1] und Bundeshaushaltsmittel zur Verfügung. (Die Mittel aus dem Bundeshaushalt dienen überwiegend zur Finanzierung der deutschen Entwicklungshilfe.)

Die KW betätigte sich schon verhältnismäßig früh auf dem Gebiet der Exportfinanzierung. Von 1950 bis 1952 war sie die einzige Finanzierungseinrichtung in der Bundesrepublik, die langfristige Exportkredite gewährte. Seit Gründung der AKA übernimmt die KW die Finanzierung von Exportgeschäften mit langfristigen Zahlungszielen, die die Lieferung von Investitionsgütern nach Entwicklungsländern zum Gegenstand haben, soweit diese von den Banken oder der AKA nicht allein finanziert werden können. Voraussetzung für die Finanzierung durch die KW ist die Deckung des Geschäfts durch eine Bundesgarantie oder -bürgschaft. Die Kredite an deutsche Exporteure werden von der KW bis zur Höhe des durch die Bundesgarantie oder -bürgschaft gedeckten Betrages gewährt. Der Exporteur muß die Forderung gegen den Abnehmer sowie seine Ansprüche aus der Garantie oder Bürgschaft an die KW abtreten. Der Kredit wird dem Exporteur nicht direkt, sondern über seine Hausbank zur Verfügung gestellt, die dafür die volle Haftung gegenüber der KW übernimmt. (Die Kreditanträge an die KW sind stets über die jeweilige Hausbank einzureichen.)

Die KW gewährt auch langfristige Kredite direkt an ausländische Besteller, vor allem in den Entwicklungsländern. Die Kredite an ausländische Importeure werden gegebenenfalls unter Einschaltung von Banken im Bestellerland gegeben. Mit dem Bestellerkredit wird die Exportforderung des deutschen Lieferers in voller Höhe abgedeckt; dieser haftet jedoch der KW in Höhe seiner Selbstbeteiligung bei der Bundesgarantie oder -bürgschaft.

---

[1] Die von den deutschen Käufern für amerikanische Lieferungen im Rahmen des „European Recovery Program" — des Europäischen Wiederaufbauprogramms (Marshall-Plan) — entrichteten Entgelte wurden als „Gegenwertmittel" auf besondere Konten eingezahlt und der deutschen Wirtschaft wieder als Kredite zur Verfügung gestellt. Seit 1949 bilden die Gegenwertmittel ein Sondervermögen des Bundes, das vom Bundesschatzministerium verwaltet wird.

XII. Spedition, Lagerung und Transport

Speditionsgeschäft

Spediteur ist nach § 407 HGB, „wer es gewerbsmäßig übernimmt, Güterversendungen durch Frachtführer[1] oder Verfrachter von Seeschiffen für Rechnung eines anderen (des Versenders) im eigenen Namen zu besorgen." Der Spediteur ist demnach Transportmittler, er kann die Beförderung aber auch selbst ausführen. In diesem Fall gilt er nach dem HGB als Frachtführer. Dies trifft auch dann zu, wenn der Spediteur einen Transport zu festen Sätzen übernimmt (Spedition mit festen Spesen) oder die Güter verschiedener Versender auf Grund eines für seine eigene Rechnung geschlossenen Frachtvertrages befördern läßt (Sammelladungsspedition). Oft betätigt sich der Spediteur auch als Lagerhalter.

Die den Spediteur betreffenden Bestimmungen des HGB werden durch die „Allgemeinen Deutschen Spediteur-Bedingungen" (ADSp) weitgehend ergänzt und abgeändert. Die ADSp gelten praktisch für alle Geschäfte, die Spediteure für ihre Kunden übernehmen, also auch für die Spedition mit festen Spesen, die Sammelladungsspedition und die Lagerung. (Ausgenommen ist u. a. der Güterfernverkehr.)

Speditionsunternehmen, die auf den Verkehr mit dem Ausland spezialisiert sind, werden „internationale Speditionen" genannt. Sie übernehmen Sendungen auf Grund der ihnen von Exporteuren oder Importeuren erteilten Speditionsaufträge und schließen Frachtverträge mit Verkehrsunternehmen. Sie können aber auch einen Teiltransport oder den gesamten Transport selbst durchführen. Auf Verlangen des Versenders stellt der Spediteur eine Spediteur-Übernahmebescheinigung aus, in der er die Übernahme der Sendung bestätigt und sich verpflichtet, diese unwiderruflich an einen bestimmten Empfänger weiterzuleiten oder zur Verfügung einer bestimmten Firma (in der Regel des Käufers) zu halten. Die Weisung des Versenders kann nur gegen Rückgabe der Originalbescheinigung widerrufen oder abgeändert werden. Die internationale Spediteurorganisation FIATA (Fédération Internationale des Associations des Transporteurs et Assimilés) hat eine einheitliche Spediteur-Übernahmebescheinigung, das FCR (Forwarding Agent's Certificate of Receipt), geschaffen.

---

[1] § 425 HGB: „Frachtführer ist, wer es gewerbsmäßig übernimmt, die Beförderung von Gütern zu Lande oder auf Flüssen oder sonstigen Binnengewässern auszuführen." Dem Frachtführer entspricht in der Seeschiffahrt der Verfrachter.

Zu den Transportleistungen des Spediteurs gehört auch die *Rollfuhr.* Darunter versteht man die An- und Abfuhr von Gütern, die mit einem anderen Transportmittel, z. B. der Bahn oder dem Flugzeug, versandt werden sollen bzw. angekommen sind, innerhalb einer Ortschaft oder der Nahzone von 50 km. (Rollfuhraufträge im Eisenbahngüterverkehr übernehmen auch die von der Deutschen Bundesbahn bestellten bahnamtlichen Rollfuhrunternehmen, die jedoch keine Spediteure sind.) Im *Sammelladungsverkehr* stellt der Spediteur aus mehreren kleineren Sendungen eine Sammelladung zusammen und übergibt diese dem Transportunternehmen, das dafür eine niedrigere Fracht berechnet. Die auf diese Weise erzielte Frachtersparnis gibt der Spediteur zum Teil an seinen Kunden weiter. Die Verteilung der einzelnen Partien an die verschiedenen Empfänger erfolgt durch den Empfangs- oder Adreßspediteur, an den die Sammelladung gerichtet wird.

Die internationalen Speditionen erledigen für ihre Auftraggeber auch viele wichtige Nebenarbeiten, wie z. B. die Buchung von Frachtraum, den Abschluß von Versicherungen, die Beschaffung von Dokumenten usw. Sie verfügen entweder über eigene Niederlassungen im Ausland, oder sie stehen mit ausländischen Korrespondenzspediteuren in Verbindung, die in ihrem Auftrag Sendungen übernehmen und weiterbehandeln sowie andere speditionsmäßige Leistungen, wie Verzollungen und Inkassoaufträge, in ihren Ländern ausführen.

Nach den ADSp *haftet* der Spediteur abweichend von den Bestimmungen des HGB nur für eigenes Verschulden und auch dann nur in begrenzter Höhe. Andererseits verpflichten die ADSp den Spediteur, für Rechnung und zugunsten des Versenders eine Speditionsversicherung und — wenn der Spediteur auch die Rollfuhr besorgt — eine Rollfuhrversicherung abzuschließen. Bei Abschluß dieser Versicherungen, über die ein Speditionsversicherungsschein (SVS) und ein Rollfuhrversicherungsschein (RVS) ausgestellt werden, entfällt die persönliche Haftpflicht des Spediteurs. An ihre Stelle tritt die Haftung des SVS/RVS-Versicherers, der Schäden nach Maßgabe der gesetzlichen Spediteurhaftung und darüber hinaus vergütet. Falls der Kunde dem Spediteur den Abschluß einer Spediteurversicherung ausdrücklich untersagt („Verbotskunde"), haftet der Spediteur zwar persönlich, aber nur in der in den ADSp vorgesehenen Höhe.

Besondere Arten von Speditionen im internationalen Güterverkehr sind die Seehafenspediteure, die Grenzspediteure und die Messespediteure. Die in den Seehäfen ansässigen Seehafenspediteure sind meist reine Vermittlungs- oder Bürospediteure. Sie veranlassen die Anlieferung der Güter im Seehafen und die Weiterleitung der ankommenden Güter, den Umschlag von Landtransportmitteln auf Seeschiffe und umgekehrt sowie die Zusammenstellung und Verteilung von Sammelladungen. Die Grenzspediteure besorgen den Warenumschlag an der Grenze und erledigen die Einfuhr-, Ausfuhr- und Zollformalitäten. Sie sind vor allem Zollspezialisten. Messespediteure übernehmen alle Speditionsarbeiten im Zusammenhang mit in- und ausländischen Messen und Ausstellungen, einschließlich der Zollabfertigung.

Lagergeschäft

Lagerhalter ist nach § 416 HGB, „wer gewerbsmäßig die Lagerung und Aufbewahrung von Gütern übernimmt". Der Lagerhalter hat Anspruch auf Lagergeld. Das Lagergeschäft wird von Spediteuren, Transportunternehmen sowie den staatlichen und privaten Lagerhausgesellschaften betrieben. Die Lagerhäuser befinden sich an den großen Umschlagplätzen des Warenverkehrs, vor allem in den Seehäfen. Für bestimmte Güter sind besondere Lagereinrichtungen erforderlich, so z. B. Getreidesilos für Getreide und Kühlhäuser für leichtverderbliche Waren.

Wenn nichts anderes vereinbart ist, muß der Lagerhalter die Güter der einzelnen Einlagerer getrennt aufbewahren (Sonderlagerung). Die Vermischung von Gütern der gleichen Art und Qualität (Sammellagerung) ist nur mit Zustimmung der Einlagerer zulässig. Im letzteren Falle entsteht ein Miteigentum der Einlagerer entsprechend ihren Anteilen an der Gesamtmenge.

Während der Lagerung führt der Lagerhalter alle eventuell zur Erhaltung der Güter notwendigen Maßnahmen durch (Lüftung, Temperaturkontrolle, Umschütten von Getreide, Schädlingsbekämpfung usw.). Weitere Nebenleistungen des Lagerhalters sind: Feststellung der Menge und Qualität, Verpacken und Umpacken, Trocknen, Reinigen und Sortieren der Ware usw. Der Lagerhalter muß dem Einlagerer (und auf Anweisung auch dessen Kunden) gestatten, die eingelagerten Waren zu besichtigen, Proben zu entnehmen und die Pflege der Waren selbst zu übernehmen. Der Einlagerer kann den Lagerhalter damit beauftragen, die Lagerwaren gegen Feuer, Einbruchdiebstahl, Wasserschäden usw. zu versichern.

Über die eingelagerten Waren stellt der Lagerhalter entweder einen Lagerempfangsschein oder einen Lagerschein aus. Der Lagerempfangsschein ist nur eine Empfangsbestätigung, der Lagerschein enthält darüber hinaus das Versprechen des Lagerhalters, die eingelagerten Waren gegen Rückgabe des Lagerscheins auszuliefern. Der Lagerschein kommt in der Praxis in der Form des Namenslagerscheins und des Orderlagerscheins vor. Der Namenslagerschein lautet auf den Namen des Einlagerers. Will dieser das Eigentum an der Lagerware auf einen anderen übertragen, so muß er seinen Herausgabeanspruch an den anderen abtreten. Der Orderlagerschein ist ein Traditionspapier, d. h. ein Papier, das die Ware vertritt. Die Übergabe des ordnungsgemäß indossierten Orderlagerscheins hat dieselbe Wirkung wie die

Übergabe der Ware selbst. Auf diese Weise wird die Veräußerung oder Verpfändung der gelagerten Güter erleichtert. Die Ausgabe von Orderlagerscheinen ist den vom Staat dazu ermächtigten Lagerhäusern vorbehalten. Wenn die gelagerte Ware in Teilmengen verkauft wird, stellt der Einlagerer auf Grund des Lagerscheins (Order- oder Inhaberlagerschein) sog. Lieferscheine an seine Kunden aus. Bei Vorlage der Lieferscheine erhalten diese vom Lagerhalter die darin angegebene Warenmenge. Der Lagerschein wird an den Lagerhalter zurückgegeben, der die ausgelieferten Mengen von der Gesamtpartie abschreibt.

Eisenbahngüterverkehr

Ausfuhr- und Einfuhrgüter werden mit der Eisenbahn nach und von den Seehäfen und Binnenwasserumschlagplätzen befördert. Die Eisenbahn besorgt auch den Güterverkehr über die grüne Grenze und — mittels Eisenbahnfähren — mit näher gelegenen überseeischen Ländern. So verbinden z. B. Fährdienste den Kontinent mit England und Skandinavien.

Kleinere Sendungen werden im Eisenbahngüterverkehr als *Stückgut,* größere Sendungen als *Wagenladungen* befördert. Im Bahnsammelgutverkehr stellen die Spediteure aus Stückgutsendungen verschiedener Versender Wagenladungen zusammen. Die Spediteure berechnen dabei ihren Kunden die sog. „Kundensätze", die unter den Frachtsätzen für Stückgut liegen. Nach der Schnelligkeit der Beförderung unterscheidet man im Güterverkehr zwei Beförderungsarten, nämlich *Frachtgut* und *Eilgut*. Beförderungsgut kann außerdem als *Expreßgut* aufgegeben werden, vorausgesetzt, daß es sich für diese Beförderungsart eignet.

Das Verladen und Ausladen der Stückgüter wird in der Regel von der Eisenbahn besorgt. Der Absender bzw. sein Spediteur liefert sie bei der Bahn auf oder übergibt sie dem bahnamtlichen Rollfuhrdienst. Wagenladungen müssen vom Absender verladen und vom Empfänger ausgeladen werden, sofern nicht die Eisenbahn diese Leistungen auf Antrag des Absenders oder Empfängers gegen Gebührenberechnung übernimmt. Unternehmer mit großem Güterumschlag verfügen meist über ein eigenes Anschlußgleis. Falls ein solches nicht zur Verfügung steht, kann der Eisenbahnwagen dem Betrieb mit Spezialfahrzeug, dem sog. Straßenroller, zum Zwecke der Be- oder Entladung zugeführt werden. Für die Be- und Entladung der Eisenbahnwagen im Wagenladungsverkehr wird eine Frist gesetzt, bei deren Überschreitung die Eisenbahn Wagenstandgeld erhebt.

Die *Frachten und Nebengebühren* für die Transportleistungen der Eisenbahnen werden nach den in jedem Staate geltenden Tarifen berechnet. Man unterscheidet u. a. zwischen Binnentarifen und internationalen Tarifen, die meist auf den Binnentarifen der Bahnen aufgebaut sind. Für die Tarifierung der Güter bestehen unterschiedliche Tarifklassen, die u. a. auf dem Wertklassenprinzip beruhen (hochwertige Güter sind auch im Transport teurer als geringerwertige Güter). Von den Regeltarifklassen ausgehend, bilden die Eisenbahnen Ausnahmetarife mit gegenüber dem Regeltarif ermäßigten Frachten. Solche Ausnahmetarife gibt es für den Binnenverkehr, für den grenzüberschreitenden Güterverkehr, für den Verkehr von und nach den Seehäfen und Binnenwasserumschlagplätzen. Zwischen zwei oder mehreren Staaten können internationale Tarife gebildet werden, die auf den Binnentarifen der beteiligten Bahnen einschließlich deren Ausnahmetarifen aufgebaut sind und u. U. gegenüber den Binnentarifen billigere Frachten ergeben. Diese internationalen Tarife ermöglichen die Vorausberechnung der Frachtentgelte auch für die ausländischen Strecken.

Jeder Sendung im innerdeutschen und im grenzüberschreitenden Eisenbahngüterverkehr muß der Absender einen Frachtbrief beigeben.

Der *internationale Frachtbrief* besteht aus 5 Teilen:

1. Frachtbrief (begleitet die Sendung und wird dem Empfänger zusammen mit dieser übergeben),
2. Frachtkarte (Abrechnungsblatt, auf dem alle Kosten ersichtlich sind; verbleibt bei der Empfangs- bzw. Übergangsbahn),
3. Empfangsschein (begleitet die Sendung und verbleibt bei der Empfangsbahn),
4. Frachtbriefdoppel (erhält der Absender),
5. Versandschein (verbleibt bei der Versandbahn).

Die Rechtsgrundlage für die Abwicklung des Eisenbahngüterverkehrs bilden im innerdeutschen Verkehr die Bestimmungen der Eisenbahn-Verkehrs-Ordnung (EVO) und im internationalen Eisenbahngüterverkehr diejenigen der CIM (Convention Internationale concernant le Transport des Marchandises par Chemins de Fer). Der Absender hat auf Grund bestimmter Vorschriften der EVO bzw. der CIM das Recht, den Frachtvertrag nachträglich abzuändern. Das Verfügungsrecht steht ihm jedoch nur zu, wenn er das von der Eisenbahn bescheinigte Frachtbriefdoppel vorlegt.

Im nationalen und internationalen Eisenbahngüterverkehr spielen *Paletten und Behälter* eine wichtige Rolle. Die Deutsche Bundesbahn sowie die Eisenbahnverwaltungen der meisten west- und osteuropäischen Länder nehmen am Europäischen Palettenpool teil. Pool-Paletten sind die in Abmessungen und Güte genormten Paletten des Europäischen Palettenpools. Es gibt Pool-Flachpaletten, Pool-Gitterboxpaletten und Pool-Boxpaletten. Sie werden den

Kunden von der Eisenbahn zur Verwendung im Stückgut- und Wagenladungsverkehr überlassen und mit Kunden, die mit der Eisenbahn eine besondere Vereinbarung getroffen haben, getauscht. Pool-Paletten können zwischen allen am Europäischen Palettenpool beteiligten Eisenbahnen verwendet werden.

Außer den Paletten gibt es zur sicheren Unterbringung der Güter u. a. noch Collico sowie Behälter. Collico sind zusammenlegbare Metallkisten der Deutschen Bundesbahn. Sie dienen der Beförderung von Kleingut, besonders im innerdeutschen Verkehr. Im internationalen Verkehr ist ihr Einsatz derzeit nur nach den Beneluxländern, Großbritannien, Österreich und der Schweiz möglich. In jedem Bundesbahndirektionsbezirk ist ein Collico-Kontor eingerichtet, dem die Vermietung der Collico obliegt.

Behälter sind roll- und kranbare Behältnisse, die nach den Bestimmungen der Eisenbahn gebaut sind. Man unterscheidet nach Ausmaßen und Bauart zwischen Kleinbehältern und Großbehältern. Für ihre Benutzung erhebt die Eisenbahn neben der Fracht eine Benutzungsgebühr. Die Vermietung erfolgt durch die Eisenbahn. Die Verwendung der Klein- und Großbehälter ist nach fast allen europäischen Ländern möglich. Die Weiterbeförderung mit Seeschiffen von deutschen Seehäfen kommt nur für Kleinbehälter und nur in bestimmten Verbindungen in Frage, so z. B. von Hamburg und Bremen aus nach Großbritannien und Irland. Soweit im Güterverkehr der europäischen Länder untereinander zur Verbindung der Eisenbahnen Schiffahrtslinien oder Eisenbahnfähren eingerichtet sind, können diese Verbindungslinien jedoch auf dem direkten Abfertigungswege auch für Behälter benutzt werden.

Zu den Großbehältern zählt eine besondere Bauart, die „pa-Behälter", die auf eigens konstruierten Tragwagen befördert werden („pa" ist die Abkürzung von porteur aménagé, der internationalen Bezeichnung für Behälter mit Tragwagen). Sie dienen vornehmlich dem Haus-Haus-Verkehr und werden nach Abnahme von den Tragwagen mit besonderen Straßenfahrzeugen zugestellt und abgeholt. Die Hauszustellung von pa-Behältern ist auf einige europäische Länder beschränkt und kann auch dort nur von bestimmten Bahnhöfen aus vorgenommen werden.

Güterkraftverkehr

Im Güterkraftverkehr werden Güter mit Kraftfahrzeugen über die grüne Grenze von Haus zu Haus befördert. Fährschiffe ermöglichen Kraftwagentransporte z. B. auch von und nach Großbritannien und den skandinavischen Ländern. Darüber hinaus bedient der Güterkraftverkehr die Bahnhöfe, Flughäfen, Binnen- und Seehäfen. Kraftfahrzeuge transportieren Eisenbahnbehälter und Übersee-Container im kombinierten Verkehr.

Man unterscheidet zwischen dem gewerblichen Güterkraftverkehr und dem Werkverkehr. Der *gewerbliche Güterkraftverkehr* wird von den Kraftwagenunternehmen und den Spediteuren durchgeführt. Auch die Deutsche Bundesbahn beteiligt sich am gewerblichen Güterkraftverkehr. Zum Teil führt sie Transporte mit eigenen Fahrzeugen durch, zum Teil beauftragt sie damit private Unternehmen. Als *Werkverkehr* bezeichnet man die Beförderung von Gütern mit Kraftfahrzeugen für eigene Zwecke eines Unternehmens. Ferner wird zwischen dem Güternahverkehr und dem Güterfernverkehr unterschieden. *Güternahverkehr* ist jede Beförderung von Gütern in fremdem Auftrag mit einem Kraftfahrzeug innerhalb der Grenzen eines Gemeindebezirks oder innerhalb der Nahzone, d. h. innerhalb eines Umkreises von 50 km vom Standort. *Güterfernverkehr* ist jede Beförderung von Gütern in fremdem Auftrag mit einem Kraftfahrzeug über die Grenzen der Nahzone hinaus oder außerhalb dieser Grenzen.

Die wichtigste internationale Organisation des Kraftverkehrs ist die „International Road Transport Union" (IRU), der nationale Organisationen aus über 30 Ländern angehören. Der Güterkraftverkehr der Bundesrepublik ist in der IRU durch den „Bundesverband des Deutschen Güterfernverkehrs" (BDF) in Frankfurt am Main und den „Bundesverband Werkverkehr" in Düsseldorf vertreten.

Die *Beförderungsbedingungen* im innerdeutschen Güterfernverkehr sind in der „Kraftverkehrsordnung" (KVO) enthalten. Für den grenzüberschreitenden Verkehr gelten die Bestimmungen der „Convention relative au Contrat de transport international des marchandises par route" (CMR) — Übereinkommen über den Beförderungsvertrag im internationalen Straßengüterverkehr —, die die meisten europäischen Länder angenommen haben. Jeder Sendung muß ein *Frachtbrief* beigefügt werden, und zwar im Binnenverkehr ein Frachtbrief nach der KVO und im internationalen Verkehr ein Frachtbrief nach der CMR, der von der IRU entworfen wurde und allgemein Verwendung findet.

Eine große Erleichterung im europäischen Güterkraftverkehr bedeutet die Einführung des „Carnets TIR" (siehe S. 159).

Luftfrachtverkehr

Der Luftfrachtverkehr innerhalb Europas und mit außereuropäischen Ländern gewinnt immer mehr an Bedeutung. Die wichtigsten Vorteile des Lufttransports sind die außerordentlich kurzen Transportzeiten und die hohe Transportsicherheit. Daher ist der Luftfrachtversand besonders für hochwertige, eilige, leichtverderbliche und transportempfindliche Güter geeignet. Daneben kommen aber grundsätzlich auch die meisten anderen Güter, soweit es sich nicht um ausgesprochene Massengüter handelt, für die Beförderung mit dem Flugzeug in Frage. Zwar sind die reinen Frachtkosten beim Luftversand meistens höher als beim Oberflächentransport, dafür werden aber Ersparnisse bei den Transportnebenkosten erzielt. So liegen z. B. die Verpackungs- und Versicherungskosten wesentlich niedriger als beim Seeversand, die Kosten des An- und Abtransports sind wegen des dichten Flughafennetzes in der Regel geringer als im Verkehr mit den Seehäfen, und die Lagerkosten können reduziert werden, da sich wegen der Schnelligkeit des Lufttransports eine größere Lagerhaltung erübrigt.

Es gibt zwei Arten von Lufttransportdiensten, nämlich die flugplanmäßigen *Liniendienste* der Linien-Luftverkehrsgesellschaften und die *Charterflüge*. Etwa 60 % der Luftfracht im Linienverkehr werden z. Z. in den Frachträumen der planmäßig verkehrenden Passagiermaschinen und etwa 40 % in reinen Frachtflugzeugen befördert, die die Luftverkehrsgesellschaften auf Strecken mit besonders großem Frachtaufkommen einsetzen. (Bestimmte Flugzeugtypen lassen sich in kürzester Zeit von der Passagierversion in die Frachtversion — und umgekehrt — umrüsten. Sie können daher tagsüber Passagiere und nachts Fracht befördern.) Fracht-Charterflüge werden von den Liniengesellschaften und bestimmten Chartergesellschaften durchgeführt, wobei letztere ihre Kapazität zum überwiegenden Teil den Liniengesellschaften und nur zu einem verhältnismäßig geringen Teil den Verladern direkt zur Verfügung stellen.

Zur Förderung eines sicheren, planmäßigen und wirtschaftlichen Luftverkehrs wurde 1945 die „International Air Transport Association" (IATA) gegründet. Der IATA gehören rund 100 Luftverkehrsgesellschaften an, die zusammen den überwiegenden Anteil am planmäßigen Luftverkehr bestreiten. Auf Verkehrskonferenzen legen die IATA-Mitglieder die internationalen Flugpreise und Frachtraten fest, die anschließend von den Regierungen genehmigt werden müssen.

Bei den *Frachtraten* der IATA unterscheidet man allgemeine Frachtraten (General Cargo Rates), Warenklassenraten (Class Rates) und Spezialraten (Specific Commodity Rates). Die allgemeinen Frachtraten unterteilen sich in Normalraten, Mengenrabatt-Raten und Mindestfrachtbeträge. Die Normalraten gelten für Sendungen mit einem Gewicht bis 45 kg (100 lbs). Für Sendungen ab 45 kg kommen die Mengenrabatt-Raten in Anwendung. Mindestfrachtbeträge werden erhoben, da auch die kleinste Sendung einen bestimmten Aufwand verursacht. Warenklassenraten gibt es nur für wenige Güter; sie bestehen aus der Normalrate und einem bestimmten Prozentsatz, um den diese erhöht oder ermäßigt wird. Die Spezialraten sind besonders niedrige Raten, die nur für den Transport genau beschriebener Güter zwischen bestimmten Plätzen in Frage kommen. Verlader, die regelmäßig größere Partien nach bestimmten Plätzen versenden, können eine Spezialrate beantragen. Außerdem sind noch die FAK(Freight All Kinds)-Raten und die Durchfrachtraten zu nennen. FAK-Raten werden bei größeren Sendungen, die der Verlader versandfertig auf Paletten bestimmter Abmessungen anliefert, unabhängig von der Art der Güter berechnet. Soweit im Tarif Durchfrachtraten vorgesehen sind, kommen diese in Betracht, wenn mehrere Luftverkehrsgesellschaften an einer Beförderung beteiligt sind; andernfalls werden für die Frachtberechnung Ratenkombinationen vorgenommen. (Die Durchfrachtraten sind im allgemeinen niedriger als die Addition der Raten für die einzelnen Teilstrecken.)

Der Abhol- und Zubringerdienst sowie die Abfertigung der Luftfrachtsendungen wird überwiegend durch die von der IATA konzessionierten *Luftfrachtspediteure* (IATA-Agenten) besorgt. Für Luftfrachtsendungen gibt es einen einheitlichen, von der IATA geschaffenen *Luftfrachtbrief*, der in drei Originalen mit beliebig vielen Kopien ausgestellt wird. Das 1. Original verbleibt bei der Luftverkehrsgesellschaft, das 2. begleitet die Sendung, und das 3. wird dem Absender als Verladebestätigung ausgehändigt. Dem Luftfrachtvertrag werden die Geschäftsbedingungen der jeweiligen Luftverkehrsgesellschaft zugrunde gelegt, die auf der Rückseite der Frachtbrief-Originale aufgeführt sind. Die Haftung der Luftverkehrsgesellschaften ist jedoch international durch das „Warschauer Abkommen" geregelt. In den relativ wenigen Ländern, die diesem Abkommen nicht beigetreten sind, gelten die nationalen gesetzlichen Bestimmungen.

Paletten und *Containern* kommt auch im Luftversand große Bedeutung zu. Um den Ladevorgang zu rationalisieren, wird die für einen Flug angelieferte Fracht auf Paletten verladen. Ein Zurrnetz oder ein „Iglu" verhindert, daß die palettierte Ladung verrutscht. Als Iglu bezeichnet man einen der Innenraumkontur des Flugzeuges angepaßten Glasfiberkasten, der über die Palette gestülpt und am Palettenrand befestigt wird. Die IATA hat einheitliche Maße für Paletten und Container festgelegt. Das IATA-Containerprogramm umfaßt 17 Standard-Container. Daneben gibt es eine Vielzahl von gesellschaftseigenen, nichtstandardisierten, jedoch bei der IATA registrierten und in ihren Abmessungen und Materialien unterschiedlichen Containerarten, die meist auf die speziellen Belange der einzelnen Gesellschaften (unterschiedliche Flugzeugtypen mit verschiedenen Laderaumabmessungen) zugeschnitten sind. Während jede der IATA angehörende Luftverkehrsgesellschaft bei Verladung in kundeneigenen Standard-Containern weltweit einheitliche Container-Rabatte plus Tara-Abzug gewährt, werden die nichtstandardisierten, gesellschaftseigenen Container den Kunden von den Gesellschaften leihweise zur Verfügung gestellt, wobei die Kunden keine Container-Rabatte sondern nur einen Tara-Abzug erhalten. Bei Einsatz von

Großraum-Frachtflugzeugen ist es auch möglich, Großcontainer im Luftverkehr zu befördern.

Frachtverkehr in der Binnenschiffahrt

Die Binnenschiffahrt ist für den Außenhandel ebenfalls wichtig, soweit die Binnenwasserwege eine Verbindung zu den großen Seehäfen oder zu Plätzen des Auslandes herstellen. Wegen der großen Ladekapazitäten der Schiffe und der niedrigen Frachtkosten eignet sich die Binnenschiffahrt in erster Linie für den Transport von Massengütern, wie z. B. Kohle, Erz, Getreide usw. Es werden jedoch auch Stückgüter und Container befördert.

Bei den Binnenschiffahrtsunternehmen unterscheidet man Schiffahrtsgesellschaften (Binnenreedereien) und Einzelschiffer (Partikulierschiffer). Als Transportmittel werden von Schleppern gezogene Kähne und Motorschiffe (Selbstfahrer) verwendet.

Der Beförderungsvertrag in der Binnenschiffahrt ist der Binnenschiffahrtsfrachtvertrag, der weitgehend dem Seefrachtvertrag entspricht. Anders als im Seefrachtgeschäft gibt es in der Binnenschiffahrt jedoch zwei Frachtdokumente, nämlich den Frachtbrief und den Ladeschein. Der Ladeschein wird auf Verlangen des Absenders vom Frachtführer ausgestellt und ist im Unterschied zum Frachtbrief ein Traditionspapier wie das Konnossement in der Seeschiffahrt. Die Haftung der Binnenschiffahrtsunternehmen wird in der Bundesrepublik durch das Binnenschiffahrtsgesetz geregelt.

Seefrachtverkehr

Der Seefrachtverkehr wird durch *Reedereien* und Einzelreeder betrieben. Nach § 484 HGB ist der Reeder Eigentümer eines ihm zum Erwerb durch die Seefahrt dienenden Schiffes. Die Reedereien sind heutzutage meist Aktienreedereien. Man unterscheidet zwischen Linienreedereien, die regelmäßige Fahrten zwischen bestimmten Häfen durchführen, und Trampreedern, die je nach Bedarf Transporte übernehmen, ohne an feste Strecken gebunden zu sein (Trampfahrt, freie Fahrt). Die Trampfahrt befaßt sich nur mit Schiffsladungen oder großen Teilladungen und dient daher vor allem der Beförderung von Massengütern.

Zusammenschlüsse von Reedereien werden *Schiffahrtskonferenzen* genannt. In den Konferenzen der Linienschiffahrt sind Reedereien zusammengeschlossen, die die gleichen Routen befahren (z. B. Ostasien-Konferenz, La-Plata-Konferenz, Westindien-Konferenz); sie sind Schiffahrtskartelle mit dem Zweck, durch Festsetzung einheitlicher Frachttarife den Wettbewerb unter den Mitgliedern zu regeln und den Wettbewerb durch „Außenseiter" (Outsiders) — d. h. Reedereien, die nicht zur Konferenz gehören — abzuwehren.

Um die Verlader an die Konferenz zu binden, bieten ihnen die Konferenzreedereien Frachtrabatte. Verlader, die während einer bestimmten Zeit ihre Sendungen ausschließlich mit Konferenzdampfern verschifft haben, erhalten eine nachträgliche Vergütung, den „Treurabatt". Da Treurabatte nicht sofort, sondern erst nach Ablauf einer festgesetzten Warteperiode ausgezahlt werden, spricht man auch vom „System der zurückgestellten Rabatte". Verladern, die einen längerfristigen Frachtvertrag mit der Konferenz abschließen, wird ein Sofortrabatt auf die normalen Konferenzraten gewährt, soweit ihnen nicht die niedrigeren Kontraktraten in Rechnung gestellt werden.

Der *Seefrachtvertrag* wird zwischen dem Verfrachter (Reederei) und dem Befrachter abgeschlossen. (Befrachter kann auch ein Spediteur sein.) Als Ablader bezeichnet man denjenigen, der die Güter der Reederei übergibt; dies ist entweder der Versender selbst (Urablader) oder dessen Spediteur. Die Vermittlung von Frachtverträgen besorgt der Schiffsmakler oder Schiffsagent. Während der Schiffsmakler in der Trampschiffahrt noch eine echte Vermittlungsfunktion hat, übernimmt er in der Linienschiffahrt hauptsächlich die Abwicklung des Frachtgeschäfts. Er bucht Ladung, zeichnet Konnossemente, nimmt Frachtzahlungen entgegen, erledigt die Hafenformalitäten usw.

Es gibt zwei Arten von Frachtverträgen, nämlich den Raumfrachtvertrag, auch „Chartervertrag" genannt, und den Stückgütervertrag. Die Raumfracht- oder Charterverträge beziehen sich entweder auf das ganze Schiff (Vollcharter) oder auf einen Teil des Schiffes (Teilcharter). Man unterscheidet ferner zwischen Reisecharter und Zeitcharter. Die Reisecharter, bei der der Reeder sein Schiff für den Transport einer bestimmten Ladung zur Verfügung stellt, ist die typische Trampcharter. Die Zeitcharter hingegen ist kein Seefrachtvertrag; hier handelt es sich um die Miete eines Schiffes für eine bestimmte Zeit, wobei Kapitän und Mannschaft entweder vom Schiffseigentümer übernommen oder vom Charterer selbst gestellt werden. Die Miete eines leeren Schiffes wird „bareboat charter" genannt. Mit dem auf Zeit gecharterten Schiff kann der Charterer eigene Transporte oder — als Ausrüster[1] — Transporte für Dritte durchführen. Es ist üblich, über den Chartervertrag eine schriftliche Urkunde, die „Charterpartie" (charter party), auszustellen, die von beiden Parteien unterzeichnet wird. Die Reisecharter nennt u. a. die vom Charterer zu zahlende Fracht (diese wird als „Lumpsum-Fracht", d. h. als Pauschalbetrag, berechnet), die Liegetage, die für die Be- und Entladung des Schiffes zur Verfügung stehen, und das Liegegeld, das bei Überschreiten dieser Fristen zu zahlen ist. Wenn der Befrachter weniger

---

[1] Als Ausrüster gilt nach § 510 HGB, wer ein ihm nicht gehörendes Schiff zum Erwerb durch die Seefahrt für seine Rechnung verwendet. Im Verhältnis zu Dritten wird er als Reeder angesehen. (Der Ausrüster nach § 510 HGB darf nicht mit dem ebenfalls als Schiffsausrüster bezeichneten Lieferer von Schiffsbedarf verwechselt werden!)

als die vorgesehene Gütermenge anliefert oder vom Vertrag zurücktritt, muß er „Fautfracht" (Fehlfracht, Reufracht) zahlen.

Der häufigste und daher wichtigste Frachtvertrag ist der Stückgütervertrag. Bei Stückgutsendungen empfiehlt es sich, rechtzeitig Frachtraum zu buchen. Die Buchung kann fest oder konditionell sein. Eine konditionelle Buchung erfolgt, wenn die Verhandlungen mit dem ausländischen Käufer noch nicht abgeschlossen sind. Der Exporteur sagt der Reederei die Ladung für den Fall zu, daß das Geschäft zustande kommt, und die Reederei verspricht, die Verschiffung der Ware zu einem bestimmten Frachtsatz vorzunehmen, wenn die Buchung innerhalb einer bestimmten Frist bestätigt wird.

Nach der Frachtraumbuchung erhält der Befrachter von der Reederei bzw. dem Schiffsagenten einen Schiffszettel in mehrfacher Ausfertigung, durch den die Kaiverwaltung oder der Kapitän angewiesen wird, die aufgeführten Güter auf Grund des abgeschlossenen Frachtvertrages anzunehmen. Der Schiffszettel begleitet die Güter, wenn diese vom Ablader an den Kai oder an das Schiff geliefert werden. Auf einem Exemplar des Schiffszettels wird dem Ablader eine Empfangsbestätigung für die Sendung erteilt. Bei Anlieferung am Kai wird diese Empfangsbestätigung „Kaiempfangsschein" (dock receipt, wharfinger's receipt), bei Anlieferung an das Schiff „Steuermannsquittung" (mate's receipt) genannt. Vor Übernahme der Kolli wird ihre äußere Beschaffenheit genau geprüft. Sollten dabei irgendwelche Mängel festgestellt werden, so wird das auf dem Empfangsschein vermerkt. Die Ausstellung des Konnossements erfolgt gegen Rückgabe des vorläufigen Empfangsscheins an die Reederei bzw. den Schiffsagenten. Etwaige Vermerke über äußere Mängel der Sendung werden auf das Konnossement übertragen.

Im Gegensatz zu den Charterfrachten, die sich nach Angebot und Nachfrage richten, sind die Stückgüterfrachten tariflich festgelegt. Bei diesen tarifierten Raten hat der Exporteur eine feste Kalkulationsbasis (Vorteil des Konferenzsystems!). Die Fracht für Stückgut wird nach folgender Formel berechnet: Frachteinheit $\times$ Frachtrate. Die Frachteinheit ist entweder 1 Tonne oder 1 cbm bzw. 1 engl. Tonne (1016 kg) oder 40 Kubikfuß. Bei sperrigen Gütern (mehr als 1 cbm Rauminhalt auf 1000 kg Gewicht) wird die Fracht auf Grund des Rauminhalts, bei schweren Gütern (weniger als 1 cbm Rauminhalt auf 1000 kg Gewicht) auf Grund des Gewichts festgesetzt („M/G" = Maß oder Gewicht in Schiffswahl). Bei der Vermessung der Seefrachtgüter wird „über alles" gemessen, d. h. auch über vorstehende Teile, Verstärkungsleisten usw. Bei hochwertigen Gütern erfolgt die Frachtberechnung nach dem Wert (Wertfracht). Bei besonders schweren oder sperrigen Kolli erheben die Reedereien einen Zuschlag zur normalen Fracht; deshalb ist bei Versand großer Maschinen, Apparate usw. zu überlegen, ob nicht durch Zerlegen derselben Fracht gespart werden kann. Für kleine Partien setzen die Reedereien Mindestfrachten (Minimalfrachten) fest.

Immer mehr Verlader nutzen die Vorteile des Containerverkehrs. Übersee-Container werden den Verladern von den Reedereien zur Verfügung gestellt, die einen Containerdienst unterhalten. Daneben gibt es die Containervermieter, wie z. B. die „Contrans-Gesellschaft für Übersee-Behälterverkehr" in Hamburg. Manche Verlader verfügen über eigene Container. Auch Paletten finden im Überseeverkehr häufig Verwendung. Die Übersee-Paletten sind jedoch meist Einwegpaletten, die nur für einen Transport bestimmt sind.

Konnossement[1]

Das Konnossement ist das *Frachtdokument des Seefrachtverkehrs,* das von der Reederei oder deren Vertreter meist in mehreren Originalen — dem Konnossementssatz — gezeichnet wird. Neben den Originalen können beliebig viele Konnossementskopien (non-negotiable copies) ausgefertigt werden. Das Konnossement ist ein Traditionspapier, mit dem über die schwimmende Ware verfügt werden kann. Durch Zeichnung des Konnossements bestätigt der Reeder, die darin näher bezeichnete Sendung erhalten zu haben, und verspricht, diese nach Ankunft im Bestimmungshafen gegen Rückgabe des kompletten Satzes Originalkonnossemente oder eines Teils desselben auszuliefern. Ist die Auslieferung gegen eines der Originale erfolgt, werden die übrigen dadurch ungültig. Es ist deshalb wichtig, darauf zu achten, daß der Verfügungsberechtigte den vollen Konnossementssatz erhält.

Wenn das Konnossement die Übernahme der Sendung „in äußerlich guter Beschaffenheit" bescheinigt, so bezeichnet man es als „rein". Als „unrein" gilt ein Konnossement, das einen Vermerk über irgendwelche äußeren Mängel der Sendung trägt. Die Angaben des Versenders über den Inhalt der Kolli kann der Verfrachter nicht nachprüfen. Er übernimmt dafür auch keine Gewähr. Bisweilen stellt der Reeder dem Versender auch bei mangelhaftem Zustand der Sendung ein reines Konnossement aus, wenn dieser einen Konnossements-Revers unterschreibt. In diesem Revers verpflichtet sich der Versender, für alle sich eventuell aus dem Zustand der Sendung ergebenden Folgen aufzukommen. Das Revers-Verfahren stößt jedoch vielfach auf Ablehnung.

Das Konnossement bestätigt entweder die Verladung der Sendung an Bord eines bestimmten Schiffes (Bordkonnossement) oder lediglich die Übernahme der Sendung zur späteren Verladung (Übernahme- oder Empfangskonnossement). Das Übernahmekonnossement kann nach der Verladung vom Reeder

---
[1] Vgl. Anlage 4.

mit dem Vermerk „Verladen an Bord des Dampfers..." (Bordbescheinigung) versehen werden. Ein Übernahmekonnossement mit einer solchen Bordbescheinigung gilt ebenfalls als Bordkonnossement.

Man unterscheidet ferner zwischen Namens- und Orderkonnossementen. Das Namenskonnossement lautet auf den Namen eines bestimmten Empfängers. Orderkonnossemente tragen entweder nur den Vermerk „an Order", worunter die Order des Versenders zu verstehen ist, oder sie sind an die Order des Empfängers oder einer Bank gestellt. Sie können durch Indossament (Blankoindossament) übertragen werden. Orderkonnossemente müssen die Angabe einer „Notify-Adresse", auch „Notadresse" genannt, enthalten, an die sich die Reedereivertretung im Bestimmungshafen nach Ankunft der Sendung wenden kann. Häufig wird der Käufer selbst oder dessen Spediteur als Notify-Adresse angegeben.

Einen breiten Raum nehmen auf dem Konnossement die Konnossementsbedingungen ein. Bei diesen handelt es sich zum größten Teil um „Freizeichnungsklauseln", d. h. Klauseln, durch die der Reeder seine Haftung einschränkt. Durch ein internationales Übereinkommen im Jahre 1924 wurden Regeln über Konnossemente, insbesondere über die Beschränkung der Freizeichnungsklauseln, aufgestellt (Haager Regeln). Eine Reihe von Ländern nahm diese Regeln in ihre Gesetzgebung auf. Im Jahre 1937 machte das „Gesetz zur Änderung von Vorschriften des HGB über das Seefrachtrecht" den wesentlichen Inhalt der Haager Regeln zu einem Bestandteil des deutschen Seerechts.

Sonderformen des Konnossements, Konnossementssurrogate und Parcel Receipt

Besondere Arten von Konnossementen sind u. a. Charter-Party-Konnossemente, Spediteur-Konnossemente, Durchkonnossemente und Sammelkonnossemente. Das Charter-Party-Konnossement wird auf Grund eines Chartervertrages ausgestellt und unterliegt dessen Bedingungen. Die Spediteurkonnossemente werden von Spediteuren (und nicht von Reedern) gezeichnet und gelten daher meist nicht als vollwertige Konnossemente. Durchkonnossemente kommen vor, wenn eine Sendung mit mehreren Dampfern oder im kombinierten Verkehr mit anderen Verkehrsmitteln (z. B. Seetransport mit anschließendem Bahntransport bis zum endgültigen Bestimmungsort) befördert werden soll. Sammelkonnossemente werden verwendet, wenn eine Exportfirma Lieferungen an verschiedene Kunden im gleichen Bestimmungsland durchführt oder ein Spediteur die Lieferungen verschiedener Versender an Empfänger im gleichen Bestimmungsland zu einer Sammelladung zusammenfaßt. Das Sammelkonnossement lautet an die Order des Exporteurvertreters bzw. des Korrespondenzspediteurs im Bestimmungshafen, der die Sammelladung nach Ankunft übernimmt und an die Empfänger verteilt. Die Sammelladung hat den Vorteil, daß dadurch die Mindestfrachten vermieden werden, die kleine Sendungen stark belasten.

Wenn aus einem Konnossement Teilpartien an verschiedene Käufer zu liefern sind, kann die Ausstellung von *Konnossementssurrogaten* (entweder Konnossements-Teilscheinen oder „Delivery Orders") erforderlich sein. Die Konnossements-Teilscheine werden vom Verfrachter oder dessen Vertreter gegen Rückgabe des Originalkonnossements für die einzelnen Partien ausgestellt. Die Auslieferung der Teilsendungen erfolgt dann gegen Vorlage der entsprechenden Teilscheine. Aussteller der Delivery Orders ist der Inhaber des Original-Konnossements; das Konnossement wird an den Verfrachter zurückgegeben, der die Delivery Orders mit seinem Akzept versieht und sich auf diese Weise verpflichtet, die Teilsendungen an die Inhaber der Delivery Orders auszuliefern. Delivery Orders können vom Konnossementsinhaber aber auch ohne Mitwirkung des Verfrachters ausgefertigt werden. Sie enthalten dann lediglich die Verpflichtungserklärung des Ausstellers zur Auslieferung der jeweiligen Teilpartie oder eine Auslieferungsanweisung an einen Dritten, z. B. an einen Lagerhalter, dem das Konnossement übergeben wurde. Die zuletzt genannten Delivery Orders sind keine Wertpapiere und gehören nicht zu den Konnossementssurrogaten.

Parcel Receipts oder Parcelscheine werden im Parcelversand anstelle von Konnossementen ausgestellt. Für den Parcelversand kommen kleine Kolli in Frage, die ein bestimmtes Maß oder Gewicht und einen bestimmten Wert nicht übersteigen. Diese werden an Bord des Schiffes in einem besonderen Raum (parcel room) unter Verschluß untergebracht. Die Parcelfrachten sind zwar verhältnismäßig hoch, sie liegen aber meist wesentlich niedriger als die Mindestraten für Konnossementssendungen.

Kombinierter Verkehr

Als kombinierten Verkehr bezeichnet man den Transport von größeren Ladeeinheiten, z. B. Paletten, Containern oder Lastkraftwagen-Anhängern, durch verschiedene Verkehrsträger. Auf diese Weise entsteht eine durchgehende Transportkette, die vom Lager des Exporteurs bis zum Lager des Importeurs reicht (Haus-Haus-Verkehr).

Wichtige *Formen des kombinierten Verkehrs* sind der Huckepackverkehr, das „Roll-on-Roll-off"-System und der Übersee-Containerverkehr. Unter Huckepackverkehr versteht man die Beförderung beladener Lastkraftwagen und Anhänger auf besonderen Eisenbahnwagen. Die Lastkraftwagen führen lediglich die An- und Abfuhr mit eigener Kraft durch. Beim Roll-on-Roll-off-System werden Anhänger, Sattelauflieger oder Container von Lastkraftwagen bzw. Sattelzugmaschinen an Bord eines Schiffes gebracht. Nach der Ankunft im Bestimmungshafen erfolgt die Entladung auf die gleiche Weise. Für den Umschlag sind also keine Krananlagen erforderlich. Im interkontinentalen Großcontainerverkehr können sämtliche Verkehrsarten kombiniert werden. Zur Zeit werden Großcontainer auf Schiene und Straße sowie mit Binnen- und Seeschiffen befördert. Bald dürften auch die Großraum-Frachtflugzeuge in die Container-Transportkette eingereiht werden.

Die *Abwicklung des Übersee-Containerverkehrs* soll durch folgendes Beispiel veranschaulicht werden: Eine Brauerei in Rosenheim bei München möchte einen Container mit Flaschenbier nach New York liefern. Der Container wird auf dem Gelände der Brauerei mittels Gabelstaplers beladen, verschlossen und versiegelt. Anschließend wird er auf einem Fahrgestell mit vorgespannter Sattelzugmaschine zum Container-Umschlagbahnhof (Container-Terminal) der Deutschen Bundesbahn in München gebracht. (Das Sattelkraftfahrzeug könnte den Container auch direkt zum Seehafen befördern.) In München erfolgt mittels vollhydraulisch arbeitender Portalhubwagen[1] oder anderer Spezialgeräte der Umschlag vom Sattelauflieger auf einen Container-Wagen der Bundesbahn. Der Container-Zug bringt den Container mit dem Flaschenbier zusammen mit vielen anderen Containern zum Hamburger Containerhafen. Dort werden wieder Portalhubwagen eingesetzt, die die Container von den Eisenbahnwagen entladen und auf der Lagerfläche in ladetechnisch geeigneter Reihenfolge stapeln. Auf Abruf heben die Portalhubwagen die Container von ihrer Stellfläche auf und bringen sie direkt neben das Containerschiff. Die modernen Vollcontainerschiffe sind Spezialschiffe, die ausschließlich Container befördern. Die Verladung der Container wird mittels besonderer Containerbrücken durchgeführt, die alle paar Minuten einen Container an Bord des Schiffes hieven. Die Container werden unter Deck und in zwei oder drei Lagen auf Deck gestapelt. Nach Ankunft des Schiffes in New York erfolgt die Entladung der Container abermals mit Hilfe von Containerbrücken und Spezialkränen. Der Container mit dem Flaschenbier wird dann mit der Eisenbahn und/oder einem Sattelkraftfahrzeug dem Empfänger ins Haus geliefert.

Die Container tragen dazu bei, den Umschlag beträchtlich zu beschleunigen und zu verbilligen, da anstelle einer großen Menge von Einzelkolli der verschiedensten Abmessungen nur noch wenige Großbehälter gehandhabt werden müssen. Die teueren Liegezeiten der Schiffe in den Häfen werden auf diese Weise wesentlich reduziert. Wegen der kürzeren Liegezeiten kann ein Containerschiff mehr Fahrten durchführen als ein normaler Stückgutfrach-

---

[1] Ein Portalhubwagen ist — wie der Name sagt — ein „Portal" auf Rädern mit einer lichten Höhe, die meist drei übereinander gestapelten Norm-Containern entspricht. Er kann Eisenbahn-Containerwagen oder Sattelauflieger „überfahren" und wird zum Be- und Entladen von Containern sowie zum Stapeln derselben auf den Abstellflächen verwendet.

ter. Weitere Vorteile des Containerverkehrs sind die Verpackungskostenersparnis und das verminderte Risiko der Beschädigung oder Beraubung während des Transports. Die sichere Beförderung containerisierter Güter hängt jedoch von der einwandfreien Beschaffenheit des Containers, der fachgerechten Verstauung der Ladung im Container-Inneren und der festen Verzurrung des Containers bei Beförderung an Deck ab.

Die Vorteile des Containerverkehrs können nur dann voll genutzt werden, wenn die notwendigen technischen Voraussetzungen gegeben sind. Die Schaffung dieser Voraussetzungen macht hohe Investitionen seitens der Häfen und der Verkehrsträger erforderlich.

XIII. Transportversicherung

Arten der Transportversicherung

Die Transportversicherung umfaßt die Güterversicherung, die Kaskoversicherung (Versicherung des Transportmittels) und die Frachtversicherung (Versicherung der Frachteinnahmen). Dieses Kapitel befaßt sich ausschließlich mit der Güterversicherung.

Kaufvertrag und Versicherung

Durch die im Kaufvertrag festgesetzten Lieferungsbedingungen wird genau der Punkt bestimmt, bis zu dem der Exporteur das Risiko zu tragen hat und ab dem es der Importeur übernimmt. Gegen dieses Risiko schützen sich Exporteur und Importeur, indem ersterer die Sendung bis zum Zeitpunkt des Gefahrenübergangs und letzterer sie ab diesem Zeitpunkt bei einer Versicherungsgesellschaft seiner Wahl auf eigene Kosten versichert. Auf Grund einer besonderen Vereinbarung kann jedoch entweder der Exporteur oder der Importeur Versicherung über die eigene Gefahrtragung hinaus „für Rechnung, wen es angeht", beim gleichen Versicherer von Haus zu Haus, d. h. für die gesamte Reise, decken. Eine Lieferklausel, nämlich CIF[1], bestimmt sogar ausdrücklich, daß der Exporteur das Risiko des Importeurs für eigene Rechnung mitversichern muß.

Sollte ein deutscher Importeur, der Waren im Ausland auf CIF-Basis gekauft hat, feststellen, daß die vom Exporteur beschaffte Versicherung bestimmte

---

[1] In den Incoterms 1953 werden die Pflichten, die der Exporteur bei CIF-Verträgen im Zusammenhang mit der Seeversicherung hat, wie folgt definiert: „A. Der Verkäufer hat: ... 5. auf eigene Kosten eine übertragbare Seeversicherungspolice gegen die durch den Vertrag bedingten Beförderungsgefahren zu beschaffen. Diese Versicherung muß bei zuverlässigen Versicherern oder Versicherungsgesellschaften auf der Grundlage der FPA-Bedingungen gemäß Anhang abgeschlossen werden und soll den CIF-Preis zuzüglich 10 % decken. Die Versicherung ist, wenn möglich, in der Währung des Vertrages abzuschließen. Sofern nichts anderes vereinbart ist, soll das Transportrisiko nicht die besonderen Risiken decken, die nur in einzelnen Geschäftszweigen üblich sind oder gegen die sich der Käufer besonders schützen will. Zu den besonderen Risiken, die im Vertrag zwischen Verkäufer und Käufer besonders berücksichtigt werden müssen, gehören Diebstahl, Plünderung, Auslaufen, Bruch, Absplittern, Schiffsschweiß, Berühren mit anderen Ladungen sowie sonstige Gefahren, die in bestimmten Branchen auftreten können. Auf Verlangen des Käufers muß der Verkäufer auf Kosten des Käufers die Versicherung gegen Kriegsgefahr in der Vertragswährung decken, sofern dies möglich ist."

Der oben erwähnte Anhang führt in Teil I die Versicherungsbedingungen verschiedener Länder auf, die der FPA-Deckung entsprechen und untereinander praktisch gleichwertig sind. Teil II enthält den vollen Wortlaut der englischen „Institute Cargo Clauses" (FPA), die eine Deckung von Haus zu Haus vorsehen. Wünscht der Importeur eine weiter gehende Deckung als FPA, so muß dies ausdrücklich im Vertrag vereinbart werden.

Risiken, die er versichert haben möchte, nicht deckt, so hat er die Möglichkeit, eine „Konditions-Differenz-Versicherung" bei einer deutschen Versicherungsgesellschaft abzuschließen. Die Konditions-Differenz-Versicherung füllt die Lücke zwischen der vom Exporteur abgeschlossenen CIF-Versicherung und der vom Importeur gewünschten weiter gehenden Deckung. Bei der Festsetzung der Prämie für die Konditions-Differenz-Versicherung gewährt die deutsche Versicherungsgesellschaft dem Importeur bei Vorlage der ausländischen Police einen Prämiennachlaß.

Falls dem deutschen Importeur bei einem CIF-Geschäft überhaupt nicht bekannt ist, zu welchen Bedingungen der ausländische Exporteur die CIF-Versicherung abgeschlossen hat, empfiehlt es sich für ihn, vorsorglich eine „CIF-Schutzversicherung" bei seiner Versicherungsgesellschaft zu nehmen. Bei Verlust oder Beschädigung der Ware zahlt seine Versicherungsgesellschaft auf Grund der CIF-Schutzversicherung genauso, als ob die ausländische Versicherung überhaupt nicht bestünde. Der Importeur ist jedoch verpflichtet, alle Rechte gegenüber der ausländischen Versicherungsgesellschaft zu wahren und den von dieser gezahlten Schadensbetrag den Versicherern der CIF-Schutzpolice unverzüglich nach Eingang zur Verfügung zu stellen. Für die CIF-Schutzversicherung wird dem Versicherungsnehmer zunächst die volle Prämie berechnet, er erhält aber bei Vorlage der ausländischen CIF-Police eine entsprechende Prämienrückgabe.

Neben der Import-Schutzversicherung bei CIF-Verträgen gibt es auch eine „Export-Schutzversicherung" für Lieferungen ab Werk, FAS, FOB und C&F. Zwar geht z. B. bei einer FOB- oder C&F-Lieferung das Transportrisiko auf den Importeur über, sobald die Ware die Reling des Seeschiffes im Verschiffungshafen überschritten hat, dem Exporteur können aber trotzdem noch finanzielle Verluste entstehen. Dies ist u. a. dann der Fall, wenn der Importeur, der die Sendung aus irgendeinem Grund überhaupt nicht oder nur ungenügend versichert hat, einen Verlust oder eine Beschädigung der Ware zum Anlaß nimmt, die Zahlung des Kaufpreises zu verweigern. Außerdem kann der Reeder auf Grund der Konnossementsbedingungen berechtigt sein, auch den Exporteur als Verlader bei Havarie-grosse-Fällen in Anspruch zu nehmen. Der Abschluß einer Export-Schutzversicherung bewahrt den Exporteur vor derartigen Verlusten.

Versicherungsvertrag

Der Versicherungsvertrag wird zwischen der Versicherungsgesellschaft (dem Versicherer) und dem Versicherungsnehmer geschlossen. Als Versicherten bezeichnet man denjenigen, zu dessen Gunsten die Versicherung genommen wird. Dies ist entweder der Versicherungsnehmer selbst oder eine dritte Person. Mit der Vermittlung von Transportversicherungen befassen sich die Versicherungsmakler und -vertreter. Sie besorgen für ihre Auftraggeber, die Versicherungsnehmer, geeigneten Versicherungsschutz und erhalten von den Versicherungsgesellschaften, denen sie Geschäfte zubringen, eine Vermittlungsgebühr.

Der erste Schritt zum Abschluß einer Transportversicherung ist die Stellung des Versicherungsantrags durch den Versicherungsnehmer. Die Versicherungsgesellschaft schließt den Vertrag, indem sie den Antrag annimmt, und stellt anschließend den Versicherungsschein, die Police, aus. Die Versicherung kann auch schon vor Ausstellung der Police durch eine vorläufige Deckungszusage in Kraft gesetzt werden.

Im Versicherungsvertrag verpflichtet sich der Versicherer, während der Dauer der Versicherung gegen Zahlung einer bestimmten Prämie alle Verluste und Schäden im vereinbarten bedingungsgemäßen Umfang bis zur Höhe der Versicherungssumme zu ersetzen. Die Prämie ist der Preis, den der Versicherungsnehmer dem Versicherer für die Übernahme des Risikos zahlen muß. Sie richtet sich u. a. nach der Art der Ware, ihrer Verpackung, der Art und Beschaffenheit des Transportmittels, der Höhe der Versicherungssumme, dem Umfang des Deckungsschutzes, dem Reiseweg, der Jahreszeit und der politischen Lage. Die Versicherungssumme kann auf Deutsche Mark oder Fremdwährung lauten. Sie muß den Warenwert und alle anfallenden Kosten einschließen. Wichtig ist auch die Mitversicherung des „imaginären Gewinns", d. h. des vom Importeur erwarteten Wiederverkaufsgewinns. (Nach den CIF-Bedingungen der Incoterms muß die vom Exporteur abzuschließende Versicherung 10 % imaginären Gewinn mit einschließen.)

Einzelversicherung und laufende Versicherung

Die Transportversicherung kann eine Einzelversicherung oder eine laufende Versicherung sein. Als Einzelversicherung bezeichnet man die Versicherung eines einzelnen Transports, über die vom Versicherer eine Einzelpolice ausgestellt wird. Zur laufenden Versicherung gehören die Generalpolice und die Abschreibepolice.

Die *Einzelpolice* hat folgenden Inhalt:

1. Art der versicherten Güter,
2. Anzahl, Verpackung, Markierung und Gewicht der Kolli,
3. Versicherungssumme,
4. Transportmittel,
5. Reiseweg,
6. Versicherungsbedingungen,

7. Name des Havarie-Kommissars, an den sich der Warenempfänger im Schadensfall zu wenden hat.

Einzelpolicen werden häufig in übertragbarer Form (mit Inhaberklausel) ausgestellt, wobei jeweils der Inhaber die Ansprüche aus der Versicherung geltend machen kann.

Die *Generalpolice*[1] deckt sämtliche Transporte einer bestimmten Warenart und die damit verbundenen Lagerungen. Der Versicherungsnehmer muß Datum, Transportmittel, Reiseweg, Warenart und Versicherungssumme der einzelnen Sendungen in ein Anmeldeheft eintragen und dieses dem Versicherer in regelmäßigen Zeitabständen vorlegen. Auf Grund der gemeldeten Sendungen berechnet der Versicherer die zu zahlende Prämie. Bei der Generalpolice sind auch Sendungen versichert, die bereits vor ihrer Anmeldung bei der Versicherungsgesellschaft von einem Schaden betroffen werden. Andererseits erwartet der Versicherer jedoch, daß der Versicherungsnehmer alle Sendungen in das Anmeldeheft einträgt, auch solche, die bereits wohlbehalten angekommen sind.

Die *Abschreibepolice* findet vor allem bei gleichwertigen Waren und Reisewegen Verwendung, für die eine einheitliche Prämie vereinbart werden kann. Bei Abschluß wird eine Abschreibesumme festgelegt, die etwa dem voraussichtlichen Gesamtwert aller zu versichernden Transporte innerhalb eines Jahres oder Halbjahres entspricht. Die Prämie für den gesamten Betrag ist im voraus zu entrichten. Am Schluß eines jeden Monats wird die Gesamtsumme aller durchgeführten Transporte dem Versicherer gemeldet und von der Abschreibesumme abgezogen. Wenn die Abschreibesumme erschöpft ist, wird sie durch Zahlung einer weiteren Prämie erneuert.

Bei einer laufenden Versicherung stellt der Versicherer auf Wunsch *Versicherungszertifikate* für die einzelnen Sendungen aus. Sie enthalten die gleichen Angaben wie die Einzelpolice und können wie diese übertragbar sein. Die Versicherungszertifikate dienen als Nachweis der bestehenden Versicherung gegenüber dem Käufer oder einer Bank und werden bei Exportlieferungen den übrigen Dokumenten beigefügt.

Havarie

Der Begriff „Havarie" (auch Haverei) kommt in der Binnen- und Seeschiffahrt vor. Man unterscheidet dabei die große, die besondere und die kleine Havarie.

Als große oder gemeinschaftliche Havarie bzw. *Havarie-grosse* bezeichnet man Schäden oder Aufwendungen, die durch eine zur Errettung von Schiff und Ladung aus gemeinsamer Gefahr notwendige und vom Kapitän ange-

---

[1] Vgl. Anlage 5.

ordnete Maßnahme verursacht werden. Solche Maßnahmen sind z. B. das Überbordwerfen der Ladung eines in Seenot geratenen Schiffes (Seewurf), freiwillige Strandung, das Fluten von Laderäumen zur Löschung eines Brandes, das Anlaufen eines Nothafens, die Anheuerung von Hilfsmannschaften usw. Die bei Fällen großer Havarie entstehenden Schäden und Kosten sind von den Beteiligten, d. h. dem Reeder und den Ladungseigentümern, gemeinsam zu tragen. Die Genannten haften nur mit Schiff, Fracht und Ladung, nicht persönlich. (In der deutschen Binnenschiffahrt ist die Fracht nicht beitragspflichtig.) Wenn eine Versicherung besteht, werden die Havariegrosse-Beiträge von der Versicherungsgesellschaft geleistet.

Besondere Havarie liegt vor, wenn durch ein zufällig eintretendes Ereignis (Schiffszusammenstoß, Strandung, Leckwerden des Schiffes, Ausbruch eines Brandes an Bord usw.) Schäden oder Verluste entstehen. Diese müssen von jedem Betroffenen gesondert getragen werden. Ist er versichert, so zahlt seine Versicherungsgesellschaft.

Unter *kleiner Havarie* versteht man die gewöhnlich in der Schiffahrt auftretenden Kosten, wie z. B. Lotsengeld, Hafengeld, Leuchtfeuergeld, Schlepplohn usw., für die der Verfrachter aufkommen muß. Diese Kosten werden jedoch bei der Festsetzung der Fracht berücksichtigt.

Seeversicherungsbedingungen

Versicherungsgrundlage bilden bei Überseetransporten die „Allgemeinen Deutschen Seeversicherungsbedingungen" (ADS) und die „Zusatzbestimmungen zu den ADS für die Güterversicherung". Die deutschen Versicherungsgesellschaften stellen jedoch auf Wunsch auch Policen auf Grund der „Institute Clauses", der Bedingungen der englischen Seeversicherer, aus. Die wichtigsten Seeversicherungsbedingungen sind:

1. Frei von Beschädigung außer im Strandungsfalle — englische Klausel: FPA (free from particular average)[1]. — Diese Bedingung deckt Totalverlust der ganzen Sendung oder einzelner Teile derselben, im Strandungsfalle auch Beschädigung. Dem Strandungsfalle werden gleichgeachtet: Brand, Sinken und Kentern des Schiffes, Beschädigung des Schiffes durch Eis und Kollision mit anderen Fahrzeugen. Eine Versicherung zu diesen Bedingungen kommt in der Regel für unempfindliche Waren in Frage oder für Güter, die z. B. auf Deck von Seeschiffen oder unverpackt verladen werden.

2. Frei von Beschädigung, wenn unter 3 % — englische Klausel: WA (with average)[2]. — Bei dieser Bedingung muß der Versicherer neben Totalverlust

---

[1] Institute Cargo Clauses (FPA): „Warranted free from particular average unless the vessel or craft be stranded, sunk or burnt..."

[2] Institute Cargo Clauses (WA): „Warranted free from average under the percentage specified in the policy..."

auch Teilverluste und Schäden ersetzen, wenn diese 3 % oder mehr der gesamten Versicherungssumme ausmachen. Der Versicherer setzt eine solche Freigrenze oder Franchise fest, weil er nicht für kleine Schäden haften will, die bei einer Seereise unvermeidlich sind. Außerdem sind Abnutzungsschäden oft von kleineren Transportschäden nur schwer zu unterscheiden. Wenn mit dem Zusatz „jedes Kollo eine Taxe" versichert wird, bezieht sich die Franchise nicht auf die Versicherungssumme für die ganze Sendung, sondern auf die für das einzelne Kollo. Jeder Schaden, der die Franchise übersteigt, wird voll vergütet (Integralfranchise). Bei der sog. „Abzugsfranchise" wird ein Schaden nur ersetzt, soweit er die angegebenen Prozente übersteigt. (Eine Abzugsfranchise gibt es z. B. bei Versand von Flüssigkeiten in Fässern.) Auf Grund besonderer Vereinbarung kann die WA-Versicherung gegen entsprechende Zusatzprämie auch ohne Franchise genommen werden (irrespective of percentage).

3. *All Risks.* — Diese Versicherung deckt alle durch äußere Ursachen entstandenen Schäden und Verluste. Ausgeschlossen sind das Kriegs- und Bürgerkriegsrisiko sowie die nicht versicherbaren Risiken.

Bei einer Versicherung zu den genannten Bedingungen werden auch Beiträge zur großen Havarie, Aufwendungen zur Abwendung und Minderung eines Schadens sowie die Kosten der Schadensfeststellung ersetzt.

Sonderrisiken, wie Bruch, Leckage[1], Rost und Oxydation usw., können bei einem entsprechenden Prämienaufschlag zusätzlich versichert werden. Dies gilt auch für das Kriegs- und Bürgerkriegsrisiko. Eine Versicherung des Kriegsrisikos ist nur bei Seereisen und Lufttransporten ins Ausland möglich. Bei Seetransporten werden die „DTV-Kriegsklauseln 1968" in die Police aufgenommen, die im wesentlichen den englischen „Institute War Clauses" entsprechen. Schäden und Verluste, die durch die natürliche Beschaffenheit der Güter, inneren Verderb, Selbstentzündung, Frost und Hitze, Reiseverzögerungen, Konjunkturschwankungen, Verstöße gegen behördliche Anordnungen sowie Vorsatz und grobe Fahrlässigkeit verursacht werden, sind nicht versicherbar.

Verfahren bei Seeschäden

Wenn Schiff oder Ladung auf der Reise von einem Unfall betroffen werden, muß der Kapitän des Schiffes im Bestimmungshafen oder einem Nothafen vor dem zuständigen Gericht unter Vorlage des Schiffstagebuchs eine beeidete Erklärung über den Hergang des Unfalls abgeben, die „Verklarung" oder „Seeprotest" genannt wird. Zweck dieses Verfahrens ist die Beweissicherung. Der Empfänger einer beschädigten Sendung wendet sich sofort an

---
[1] Teilverlust bei flüssigen Gütern durch Verdunsten und Aussickern.

den in der Police bzw. dem Versicherungszertifikat genannten Havariekommissar. Dieser besichtigt den Schaden an Ort und Stelle und stellt ein Havarie- oder Schadenzertifikat aus. Verklarung und Havariezertifikat dienen neben der Handelsrechnung, dem Konnossement und der Versicherungspolice bzw. dem Versicherungszertifikat zur Belegung des Versicherungsanspruches. Nach Prüfung der eingereichten Unterlagen zahlt der Versicherer die Schadenssumme. (Zahlungen an ausländische Versicherte in ausländischer Währung werden von den deutschen Versicherungsgesellschaften über ihre Zahlstellen im Ausland veranlaßt.)

Bei Leistungen durch den Versicherer gehen eventuelle Schadenersatzansprüche des Versicherungsnehmers gegen Dritte, z. B. den Reeder, automatisch auf den Versicherer über, so daß sich dieser gegebenenfalls an dem Dritten schadlos halten kann. Wenn kein tatsächlicher Totalverlust eingetreten ist, aber die Kosten für die Bergung von Schiff und Ladung deren Veräußerungswert in beschädigtem Zustand übersteigen würden (konstruktiver Totalverlust), kann der Versicherte abandonnieren, d. h. gegen Abtretung der versicherten Sache Zahlung der Versicherungssumme verlangen. Das gleiche gilt für verschollene oder von kriegführenden Mächten bzw. Seeräubern aufgebrachte Schiffe.

Fälle großer Havarie werden zumeist nach den „York-Antwerpener Regeln" (York-Antwerp Rules) abgewickelt, die im Jahre 1890 aufgestellt und 1924 sowie 1950 revidiert wurden. Die durch die große Havarie verursachten Schäden und Aufwendungen werden von einem gerichtlich vereidigten Sachverständigen, dem „Dispacheur", festgestellt und auf Schiff, Fracht und Ladung aufgeteilt. Die „Aufmachung der Dispache", d. h. die endgültige Feststellung der Havariebeiträge, nimmt meist längere Zeit in Anspruch. Deshalb liefert die Reederei von Havarie-grosse betroffene Güter erst dann aus, wenn sich die Empfänger durch Zeichnung eines Havarie-grosse-Verpflichtungsscheins — auch Havariebond genannt — verpflichtet haben, die auf sie entfallenden Beiträge zu zahlen, sobald sie dazu aufgefordert werden. Häufig muß ein Betrag vorausgezahlt werden, der dem voraussichtlichen Beitrag entspricht (Havarie-Einschuß). An die Stelle eines Bareinschusses kann auch die Bürgschaft der Versicherungsgesellschaft treten. Bei Havarie-grosse ist der Versicherer erst bei Vorlage der Dispache verpflichtet, die den Versicherten treffenden Havariebeiträge zu zahlen. Eventuell geleistete Bareinschüsse werden von den Versicherungsgesellschaften jedoch meist sofort bei Vorlage der Einschußquittung erstattet.

XIV. Handelsbilanz und Zahlungsbilanz

Handelsbilanz

Die Handelsbilanz (Warenhandelsbilanz) zeigt die Gesamtwerte der Warenausfuhr und der Wareneinfuhr eines Landes innerhalb eines bestimmten Zeitraums; sie ist der wichtigste Bestandteil der Zahlungsbilanz. Sind die Ausfuhren größer als die Einfuhren, so spricht man von einer aktiven Handelsbilanz, im umgekehrten Fall von einer passiven Handelsbilanz. Neben der Handelsbilanz, die den Warenverkehr eines Landes mit der gesamten übrigen Welt erfaßt, können auch noch andere Handelsbilanzen aufgestellt werden, wie z. B. die Bilanz des deutsch-französischen Handels und die Bilanz des Handels zwischen EWG und EFTA.

Zahlungsbilanz

Die Zahlungsbilanz ist eine Gegenüberstellung sämtlicher innerhalb eines bestimmten Zeitraums im Wirtschaftsverkehr mit dem Ausland entstandenen Forderungen und Verpflichtungen eines Landes. Die Forderungen und Verpflichtungen ergeben sich in der Hauptsache aus dem Warenverkehr, dem Dienstleistungsverkehr und dem Kapitalverkehr

Im einzelnen setzt sich die Zahlungsbilanz aus folgenden Teilbilanzen zusammen:

1. *Warenhandelsbilanz* (Bilanz der sichtbaren Ausfuhr und Einfuhr). Auf der Aktivseite erscheint der Gesamtwert der Warenausfuhr, auf der Passivseite der Gesamtwert der Wareneinfuhr.

2. *Dienstleistungsbilanz* (Bilanz der unsichtbaren Ausfuhr und Einfuhr). Die Dienstleistungsbilanz erfaßt neben den gegenüber dem Ausland erbrachten und vom Ausland in Anspruch genommenen Dienstleistungen auch die vom Ausland erhaltenen und an das Ausland gezahlten Kapitalerträge (Kapitalertragsbilanz). Aktivseite: Einnahmen im Dienstleistungsgeschäft mit dem Ausland einschließlich der vom Ausland erhaltenen Kapitalerträge. Passivseite: Ausgaben im Dienstleistungsgeschäft mit dem Ausland einschließlich der an das Ausland abgeführten Kapitalerträge. (Die Warenhandels- und die Dienstleistungsbilanz ergeben zusammen die Leistungsbilanz.)

3. *Übertragungsbilanz* (unentgeltliche Leistungen). Hier handelt es sich um Zahlungen an das Ausland und vom Ausland, die ohne Gegenleistung

bleiben. Man unterscheidet private Übertragungen, wie z. B. Überweisungen ausländischer Arbeitskräfte, Unterstützungszahlungen, Erbschaften usw., und öffentliche Übertragungen, wie z. B. Wiedergutmachung, Entwicklungshilfe, Zahlungen an internationale Organisationen, staatliche Unterstützungszahlungen usw. Aktivseite: unentgeltliche Leistungen des Auslandes. Passivseite: unentgeltliche Leistungen des eigenen Landes. (Die Leistungsbilanz und die Übertragungsbilanz bilden zusammen die Bilanz der laufenden Posten.)

4. *Kapitalbilanz* (Kapitalverkehrsbilanz). Sie besteht aus der Bilanz des langfristigen Kapitalverkehrs und der Bilanz des kurzfristigen Kapitalverkehrs.

Die Bilanz des *langfristigen Kapitalverkehrs* erfaßt die Kapitalanlagen von Inländern im Ausland und von Ausländern im Inland, wobei zwischen privaten und öffentlichen Anlagen unterschieden wird. Private langfristige Anlagen sind die Direktinvestitionen (Gründung von Tochtergesellschaften, Erwerb von Unternehmen und Beteiligung an Unternehmen), Portfolio-Investitionen (Erwerb von Aktien, festverzinslichen Wertpapieren und Investment-Zertifikaten), der Erwerb von Grundstücken und die Gewährung langfristiger Kredite und Darlehen. Öffentliche langfristige Anlagen sind z. B. Beteiligungen an internationalen Organisationen sowie staatliche Kredite und Darlehen an Entwicklungsländer. Aktivseite: Zunahme der langfristigen ausländischen Kapitalanlagen im Inland und Abnahme der eigenen langfristigen Kapitalanlagen im Ausland (Import von langfristigem Kapital). Passivseite: Zunahme der eigenen langfristigen Kapitalanlagen im Ausland und Abnahme der ausländischen langfristigen Kapitalanlagen im Inland (Export von langfristigem Kapital). (Faßt man die Bilanz der laufenden Posten und die Bilanz des langfristigen Kapitalverkehrs zusammen, so erhält man die „Grundbilanz". Die Grundbilanz gibt eher Aufschlüsse über längerfristige Tendenzen in der Zahlungsbilanz als die Gesamtbilanz unter Einschluß des kurzfristigen Kapitalverkehrs, da dieser oft sehr starken Schwankungen unterliegt.)

Unter den *kurzfristigen Kapitalverkehr* fallen die kurzfristigen privaten und öffentlichen Kapitalanlagen von Inländern im Ausland und von Ausländern im Inland, wie z. B. Sichteinlagen bei Banken, kurzfristige Kredite und Geschäfte mit Geldmarktpapieren. Aktivseite: Zunahme der kurzfristigen ausländischen Anlagen im Inland und Abnahme der eigenen kurzfristigen Anlagen im Ausland (Import von kurzfristigem Kapital). Passivseite: Zunahme der eigenen kurzfristigen Anlagen im Ausland und Abnahme der ausländischen kurzfristigen Anlagen im Inland (Export von kurzfristigem Kapital).

5. *Devisenbilanz.* Die Devisenbilanz zeigt die Veränderungen der Währungsreserven der Zentralbank[1]. Wenn sich aus den Salden der Teilbilanzen 1 bis 4 ein Überschuß ergibt, so müßten sich die Währungsreserven der Notenbank um den gleichen Betrag erhöht haben. Ergibt sich ein Defizit, so müßten die Währungsreserven um den gleichen Betrag abgenommen haben. In der Praxis ist dies jedoch nicht der Fall. Dies liegt einerseits an den nicht erfaßten Posten und den statistischen Ermittlungsfehlern und andererseits an der Tatsache, daß in vielen Fällen die Entstehung einer Forderung oder Verpflichtung und der eigentliche Zahlungsvorgang zeitlich auseinanderfallen. Zum rechnerischen Ausgleich der Zahlungsbilanz muß deshalb noch ein „Restposten" eingesetzt werden.

Die Zahlungsbilanz der Bundesrepublik Deutschland wird von der Deutschen Bundesbank aufgestellt, die Monats- und Jahresbilanzen veröffentlicht. Im Unterschied zu den Monatsbilanzen, die die Ausfuhr auf FOB- und die Einfuhr auf CIF-Basis erfassen, weist die Jahresbilanz auch die Einfuhr mit ihrem FOB-Wert aus. Der Differenzbetrag, die Transport- und Versicherungskosten der Einfuhr über See, wird in der Jahresbilanz den Dienstleistungen zugeschlagen, so daß der Saldo der laufenden Posten unverändert bleibt.

Bei Aufstellung der Zahlungsbilanz bedient sich die Deutsche Bundesbank verschiedener statistischer Quellen. Diese sind für den Warenverkehr die Außenhandelsstatistik des Statistischen Bundesamtes, für die Dienstleistungen, Übertragungen und den langfristigen Kapitalverkehr die Statistik der Deutschen Bundesbank über den Auslandszahlungsverkehr. Die nach den Meldevorschriften für den Zahlungsverkehr (siehe S. 149) gemachten Angaben werden durch Schätzungen, besonders über den Reiseverkehr und die Überweisungen der Gastarbeiter in ihre Heimatländer, ergänzt. Die Grundlage für die Ermittlung des kurzfristigen Kapitalverkehrs ist die Statistik der Deutschen Bundesbank über den Auslandsstatus der Kreditinstitute sowie über die kurzfristigen Forderungen und Verbindlichkeiten von gebietsansässigen Nichtbanken gegenüber dem Ausland. Über die kurzfristigen Kapitaltransaktionen öffentlicher Stellen mit dem Ausland werden zum Teil besondere Erhebungen angestellt. Die Devisenbilanz wird nach internen Unterlagen der Deutschen Bundesbank zusammengestellt.

Zahlungsbilanzgleichgewicht

Die Zahlungsbilanz befindet sich zwar rechnerisch stets im Gleichgewicht, von einem Zahlungsbilanzgleichgewicht kann man jedoch nur sprechen, wenn

---

[1] Die Währungsreserven der Deutschen Bundesbank setzen sich aus dem Goldbestand und den Auslandsforderungen der Bundesbank (abzüglich Auslandsverbindlichkeiten) zusammen. Zu den Auslandsforderungen gehören US-Dollar und sonstige frei konvertierbare Währungen sowie andere Forderungen der Bundesbank, z. B. Forderungen aus der Kreditgewährung an den Internationalen Währungsfonds im Rahmen der „Allgemeinen Kreditvereinbarungen".

sich die Forderungen und Verpflichtungen gegenüber dem Ausland in etwa die Waage halten und die Währungsreserven unverändert bleiben. Schließt die Zahlungsbilanz mit einem Überschuß oder einem Defizit ab, so liegt ein Zahlungsbilanzungleichgewicht vor. Ein Zahlungsbilanzüberschuß bedeutet, daß die Forderungen an das Ausland die Verpflichtungen gegenüber dem Ausland übersteigen; das Überschußland erhält Gold und Devisen von den Schuldnerländern, wodurch sich seine Währungsreserven vergrößern. Ein Zahlungsbilanzdefizit ergibt sich, wenn die Verpflichtungen gegenüber dem Ausland größer sind als die Forderungen an das Ausland; das Defizitland gibt Gold und Devisen an die Gläubigerländer ab, was eine Verringerung seiner Währungsreserven zur Folge hat. Eine Zahlungsbilanz, die einen Überschuß aufweist, wird auch als „aktiv", eine defizitäre Zahlungsbilanz dagegen als „passiv" bezeichnet.

Ein angemessener *Zahlungsbilanzüberschuß* ist durchaus wünschenswert. Ein Land wie die Bundesrepublik braucht Zahlungsbilanzüberschüsse, um ihren internationalen Verpflichtungen (Wiedergutmachung, Entwicklungshilfe usw.) nachkommen zu können. Ein Rückgang in der Binnenkonjunktur kann durch eine aktive Zahlungsbilanz zumindest teilweise ausgeglichen werden. Die wachsenden Währungsreserven geben einem Überschußland außerdem die Möglichkeit, eventuell später einmal auftretende Zahlungsbilanzdefizite zu überbrücken. Laufende hohe Überschüsse können jedoch zu Schwierigkeiten führen. Sie treten vor allem bei inflationären Preisentwicklungen in den Hauptabnehmerländern auf. Durch die hohen Exporte wird das Güterangebot auf dem Binnenmarkt verringert. Gleichzeitig nimmt als Folge der umfangreichen Zuflüsse von Devisen, die von den Empfängern in Inlandswährung umgetauscht werden, das Geld- und Kreditvolumen zu. Wenn bereits Vollbeschäftigung besteht, werden auf diese Weise durch die Zahlungsbilanzüberschüsse inflationäre Tendenzen ausgelöst bzw. verstärkt („importierte Inflation"). Auf der anderen Seite schrumpfen die Währungsreserven der Handelspartner, so daß sich diese Länder u. U. veranlaßt sehen, Import- oder Devisenbeschränkungen einzuführen. Um solche unangenehmen Folgen zu vermeiden, kann das Überschußland folgende Maßnahmen ergreifen:

1. Förderung des Kapitalexports,
2. Förderung der Einfuhr durch Abbau von Importrestriktionen, eventuell Erschwerung der Exporte,
4. Anpassung der eigenen Preisentwicklung an die Inflationsrate der anderen Länder (Anpassungsinflation),
4. Aufwertung (Revalvation) der eigenen Währung.

Ein gelegentliches *Zahlungsbilanzdefizit* führt kaum zu größeren Schwierigkeiten; hohe, häufig auftretende oder chronische Defizite gefährden jedoch die Währungsreserven eines Landes und stellen für dieses ein ernstes Problem dar. Die Maßnahmen, die ein Defizitland durchführen kann, sind im wesentlichen folgende:

1. Kreditaufnahme im Ausland (Kapitalimport). Der Internationale Währungsfonds und das Europäische Währungsabkommen sehen Währungskredite für Mitglieder vor, die vorübergehende Zahlungsbilanzschwierigkeiten haben. Außerdem gewähren die Zentralbanken untereinander Swap-Kredite (siehe S. 131). (Kredite stellen jedoch nur eine Überbrückungshilfe dar und sind kein Ersatz für wirksame korrektive Maßnahmen.)

2. Förderung der Exporte und Beschränkung der Importe. Hier ist jedoch zu bedenken, daß sich Einfuhrrestriktionen und künstliche, den Wettbewerb verfälschende Ausfuhrförderungsmaßnahmen störend auf die internationalen Wirtschaftsbeziehungen auswirken und Gegenreaktionen der anderen Länder hervorrufen können. Außerdem wird die Anwendung solcher Maßnahmen durch verschiedene internationale Vereinbarungen eingeschränkt oder untersagt. Wenn den ausländischen Erzeugnissen der Zugang zum heimischen Markt verwehrt und gleichzeitig die Ausfuhr der eigenen Erzeugnisse forciert wird, so spricht man von einer „beggar-my-neighbour policy". Eine solche Außenhandelspolitik schädigt die Nachbarstaaten, soweit sie sich nicht durch entsprechende Gegenmaßnahmen schützen.

3. Kredit- und finanzpolitische Maßnahmen zur Bremsung des Preisauftriebs. Wenn sich die Preise stabilisieren, verbessert sich die Wettbewerbsfähigkeit der inländischen Erzeugnisse auf den Auslandsmärkten.

4. Abwertung (Devalvation) der Währung.

Die Grundursachen der Zahlungsbilanzungleichgewichte in den verschiedenen Ländern sind die Unterschiede in der *Wettbewerbsfähigkeit* und in der *Preisentwicklung*. Wenn ein Land seine Preise stabil erhält, während die Preise in den übrigen Ländern steigen, erzielt das Land mit den stabilen Preisen immer höhere Überschüsse in der Leistungsbilanz, während die Länder mit der inflationären Preisentwicklung zunehmende Leistungsbilanzdefizite zu verzeichnen haben. Zwar kann ein Zahlungsbilanzgleichgewicht vorübergehend dadurch hergestellt werden, daß das Überschußland Kapital exportiert und die Defizitländer ausländische Kredite aufnehmen, letzten Endes läßt sich aber das gestörte Gleichgewicht nur durch die Aufwertung der Währung des Überschußlandes und/oder die Abwertung der Währungen der Defizitländer wiederherstellen[1]. (Da jede Auf- oder Abwertung einen

---

[1] Mitglieder des Internationalen Währungsfonds müssen bei einer Auf- oder Abwertung ihrer Währung die diesbezüglichen Vorschriften des Fonds beachten.

größeren Eingriff darstellt, der die Interessen der Wirtschaftsgruppen eines Landes in unterschiedlichem Maß berührt, entschließen sich die Regierungen meist erst dann zu einem solchen Schritt, wenn die Umstände diesen als unumgänglich erscheinen lassen.)

Eine *Aufwertung* hat zur Folge, daß die Ausländer für die Waren und Dienstleistungen des aufwertenden Landes in ihrer Währung mehr zahlen müssen, umgekehrt aber die ausländischen Waren und Leistungen in der Währung des aufwertenden Landes billiger werden: Die (sichtbaren und unsichtbaren) Exporte des aufwertenden Landes gehen zurück, die (sichtbaren und unsichtbaren) Importe nehmen zu. Durch eine *Abwertung* werden die Waren und Dienstleistungen des abwertenden Landes im Ausland billiger, die ausländischen Waren und Leistungen in diesem Land aber teurer: Die Exporte des abwertenden Landes nehmen zu, die Importe gehen zurück. Währungsaufwertungen und -abwertungen können zwar bestehende Zahlungsungleichgewichte beseitigen, wenn aber die Preisentwicklung in den einzelnen Ländern weiterhin unterschiedlich verläuft, entstehen neue Ungleichgewichte, die dann abermalige Wechselkurskorrekturen notwendig machen. (Siehe auch „IWF-Parität und Wechselkurs" S. 121.)

Terms of Trade

Die Zahlungsbilanzentwicklung wird auch durch die „terms of trade" oder „Austauschrelationen" beeinflußt. Hierunter versteht man das Verhältnis der Preise der Exportgüter zu den Preisen der Importgüter. Steigen die Exportpreise und/oder fallen die Importpreise, so verbessern sich die terms of trade, fallen die Exportpreise und/oder steigen die Importpreise, so verschlechtern sie sich. Die terms of trade geben Aufschluß über die Kaufkraft der Ausfuhrerlöse. Im Falle einer Verbesserung der terms of trade kann man mit dem Erlös der gleichen Ausfuhrmenge mehr Güter aus dem Ausland einführen. Bei einer Verschlechterung der terms of trade muß das Land eine größere Warenmenge ausführen, um die gleiche Menge Einfuhrwaren damit bezahlen zu können. Wenn die durchschnittlichen Exportpreise eines Landes konstant bleiben, während der Preisindex der Einfuhrgüter laufend ansteigt, so gerät das Land in die „Preisschere". Viele Rohstoffländer beklagen sich darüber, daß sie für ausländische Fertigwaren immer höhere Preise bezahlen müssen, die Ausfuhrpreise der Rohstoffe jedoch nicht im gleichen Maße steigen.

Bessere terms of trade bedeuten nicht in jedem Falle einen Vorteil. Sie sind z. B. dann nicht als günstig anzusehen, wenn sie auf eine Binneninflation oder eine Währungsaufwertung zurückzuführen sind, die die Konkurrenzfähigkeit der eigenen Erzeugnisse auf dem Weltmarkt beeinträchtigen.

XV. Währung und Devisen

Währungssysteme

Die wichtigsten Währungssysteme sind die Goldwährung (Goldstandard) und die Papierwährung.

Man unterscheidet zwei Arten der *Goldwährung,* nämlich die Goldumlaufswährung und die Goldkernwährung. Die Goldumlaufswährung ist dadurch gekennzeichnet, daß die umlaufenden Zahlungsmittel aus Goldmünzen bzw. aus Goldmünzen und in Gold konvertierbaren Banknoten bestehen. Die Goldkernwährung kann eine Goldbarren- oder Golddevisenwährung sein.

Bei einer *Goldbarrenwährung* sind keine Goldmünzen im Verkehr, die umlaufenden Zahlungsmittel sind aber in einem bestimmten Verhältnis durch Gold in Barrenform gedeckt. Die Zentralbank eines Landes mit Goldbarrenwährung ist verpflichtet, die umlaufenden Banknoten auf Verlangen in Barrengold umzutauschen. Das Währungssystem der USA ist eine modifizierte Goldbarrenwährung, bei der die Goldeinlösungspflicht der Zentralbank auf den internationalen Zahlungsverkehr beschränkt ist. Seit dem Jahre 1934 verkauft das amerikanische Zentralbanksystem Gold zum offiziellen Preis von 35 US-$ pro Feinunze, jedoch nur an ausländische Notenbanken. Die Zahlungsbilanzschwierigkeiten der USA und der daraus resultierende Goldabfluß haben jedoch die amerikanischen Goldreserven so zusammenschrumpfen lassen, daß sie bei weitem nicht mehr zur Deckung der kurzfristigen Dollar-Forderungen des Auslandes ausreichen. Die Goldeinlösungspflicht des amerikanischen Zentralbanksystems ist damit weitgehend zu einer Fiktion geworden. Eine feste Bindung der umlaufenden Zahlungsmittel an das Gold gab es in den USA bis zum März 1968; damals wurden die letzten Golddeckungsvorschriften für den Dollar aufgehoben.

Bei der *Golddevisenwährung* (Golddevisenstandard) besteht die Währungsdeckung aus Gold und Golddevisen, d. h. Devisen, die in Gold einlösbar sind. So war z. B. die Deutsche Reichsbank auf Grund des Bankgesetzes von 1924 verpflichtet, ihre umlaufenden Noten zu 40 % in Gold und Golddevisen zu decken, wobei drei Viertel des Deckungsbestandes aus Gold bestehen mußten. Als Gold-Devisen-Standard bezeichnet man auch das gegenwärtige internationale Währungssystem, bei dem die Währungsreserven der Notenbanken teils aus Gold und teils aus Devisen bestehen, ohne daß jedoch ein bestimmtes Deckungsverhältnis für die umlaufenden Zahlungsmittel vorgeschrieben ist.

Eine Währung ohne Deckungsvorschriften wird *Papierwährung* genannt. Zu den Papierwährungen gehört auch die Deutsche Mark. Die Deutsche Bundesbank verfügt zwar über große Gold- und Devisenvorräte, es gibt jedoch in der Bundesrepublik keine Bestimmungen über die Notendeckung. Der Binnenwert des Geldes (Kaufkraft im Inland) wird durch die staatliche Wirtschaftspolitik und die Kreditpolitik der Notenbank reguliert (manipulierte Papierwährung); der Außenwert der Währung (Kaufkraft im Ausland) hängt vom Wechselkurs ab.

Gold-Devisen-Standard

Der Gold-Devisen-Standard ist das Währungssystem in der westlichen Welt. Er basiert auf den Beschlüssen, die 1944 auf der Währungs- und Finanzkonferenz der Vereinten Nationen in Bretton Woods, New Hampshire (USA), gefaßt wurden und in der Satzung des Internationalen Währungsfonds (IWF) niedergelegt sind.

Wie bereits erwähnt, bestehen beim Gold-Devisen-Standard die Währungsreserven der einzelnen Länder aus Gold und Devisen, und zwar aus Gold in Barrenform, das im Tresor der jeweiligen Zentralbank oder abgesondert bei der Zentralbank eines anderen Landes liegt, und aus US-Dollar sowie anderen konvertiblen Devisen. Die Währungsreserven stellen „internationale Liquidität" dar, d. h. international akzeptable Zahlungsmittel, die zum Ausgleich von Zahlungsbilanzsalden verwendet werden können.

Das wichtigste internationale Zahlungsmittel ist noch immer das Gold. Über den US-Dollar sind die Währungen aller Mitgliedsländer des IWF an den Goldpreis von 35 $ pro Unze gebunden. Der US-Dollar ist die Leitwährung im westlichen Währungssystem; daneben spielt auch das Pfund noch eine gewisse Rolle als Leitwährung. US-Dollar- und Pfund-Sterling-Devisen stellen Forderungen gegen die Leitwährungsländer dar, die die Notenbanken der anderen Länder in ihre Währungsbestände aufnehmen. (Die Leitwährungen sind also gleichzeitig Reservewährungen.) Die US-Dollar- und Pfund-Sterling-Forderungen der anderen Zentralbanken können nur zunehmen, wenn die Reservewährungsländer Zahlungsbilanzdefizite haben. Zahlungsbilanzdefizite dieser Länder schaffen zwar einerseits internationale Liquidität, sind aber andererseits geeignet, das Vertrauen in die Leitwährungen zu untergraben.

Mangelndes Vertrauen in die Leitwährungen Dollar und Pfund hat wiederholt zu Unruhen an den Devisenmärkten und zur Flucht in das Gold und stabile Währungen, wie z. B. die D-Mark, geführt. Zur Stabilisierung des Goldpreises gründeten 1961 die Zentralbanken Belgiens, der Bundesrepublik Deutschland, Frankreichs, Großbritanniens, Italiens, der Niederlande, der

Schweiz und der USA den „Goldpool". Wenn der Goldpreis durch ein erhöhtes Goldangebot unter eine bestimmte Grenze abzusinken drohte, kauften die im Goldpool zusammengeschlossenen Zentralbanken eine entsprechende Menge Gold auf. Umgekehrt gaben sie Gold aus Zentralbankbeständen ab, wenn der Goldpreis im Begriff war, eine obere Grenze zu überschreiten. Im März 1968 mußte der Goldpool unter dem Druck der Spekulation die Abgabe von Gold einstellen. Die sieben noch aktiv am Goldpool beteiligten Länder — Frankreich war bereits ausgeschieden — beschlossen die Spaltung des Goldmarktes in einen freien Markt, auf dem sich der Goldpreis je nach Angebot und Nachfrage bildet, und einen offiziellen Markt der Notenbanken, auf dem nach wie vor der Preis von 35 $ pro Unze gilt. Der internationale Goldpool löste sich daraufhin auf.

Der Bedarf an internationaler Liquidität ist um so größer, je größer die Zahlungsbilanzungleichgewichte sind. Wenn alle Zahlungsbilanzen einigermaßen im Gleichgewicht wären, käme man mit einer geringen Menge an Liquidität aus. Da der Welthandel laufend zunimmt, andererseits aber kein Land bereit ist, eine ausgeglichene Zahlungsbilanz um den Preis einer internen Deflation mit Arbeitslosigkeit zu erkaufen, besteht ein wachsender Bedarf an internationaler Liquidität. In dem Maß, wie es den USA und Großbritannien gelingt, ihre Zahlungsbilanzen ins Gleichgewicht zu bringen, nimmt der Zugang von Devisenreserven in der übrigen Welt ab. Da die Goldproduktion (jedenfalls bei dem z. Z. gültigen offiziellen Preis) nicht in der Lage ist, die Lücke zu füllen, könnte sich ein Liquiditätsmangel ergeben, der geeignet wäre, den Welthandel zu beeinträchtigen. Um dies zu verhindern, hat der IWF Sonderziehungsrechte (siehe S. 183 f.) als zusätzliches Reservemedium geschaffen.

Von Währungsexperten wurde die Ansicht geäußert, daß die Spaltung des Goldmarktes und die Einführung der Sonderziehungsrechte als erste Schritte in Richtung auf eine „Demonetisierung" des Goldes, d. h. einer Abkehr vom Gold als internationalem Tauschmittel, anzusehen seien.

IWF-Parität und Wechselkurs

Die Bestimmungen des IWF sehen u. a. vor, daß grundsätzlich für die Währung eines jeden Mitgliedslandes eine Anfangsparität festgesetzt wird. (Einige Mitgliedsländer haben mit dem IWF noch keine Anfangsparität vereinbart.) Die IWF-Paritäten werden in Gold und in US-Dollar ausgedrückt, wobei das Gold hier praktisch nur die Funktion eines gemeinsamen Maßstabes hat („fiktive Goldparität"). Eine Änderung der vereinbarten Parität, d. h. eine Aufwertung oder Abwertung, soll grundsätzlich nur bei einem fundamentalen Ungleichgewicht in der Zahlungsbilanz und nur nach Absprache mit dem IWF vorgenommen werden. Änderungen über 10 % bedürfen der ausdrücklichen Zustimmung des IWF. Der IWF kann für eine gewisse Zeit auch frei schwankende Wechselkurse zulassen. (Der Kurs der D-Mark wurde am 29. 9. 1969 freigegeben; bis zum 27. 10. des gleichen Jahres, an dem die D-Mark aufgewertet wurde, konnte er sich je nach Angebot und Nachfrage auf dem Devisenmarkt frei einpendeln.)

Nach den Bestimmungen des IWF-Abkommens darf der Wechselkurs um nicht mehr als 1 % nach jeder Seite von der Parität abweichen. Diesen Spielraum bezeichnet man als *Bandbreite;* er wird von den Interventionspunkten begrenzt. Bei konvertiblen Währungen muß die Notenbank auf dem nationalen Devisenmarkt intervenieren, sobald der Dollarkurs den oberen Interventionspunkt zu überschreiten bzw. unter den unteren Interventionspunkt zu fallen droht. (Bei nichtkonvertiblen Währungen schreiben die Devisenbewirtschaftungsbestimmungen der betreffenden Länder feste Abrechnungskurse für die eigene Währung vor, die sich in den vom IWF vorgeschriebenen Margen halten.) Seit der oben erwähnten DM-Aufwertung gilt eine Parität von 1 US-\$ = 3,66 DM bzw. 1 DM = 27,3 US-Cents. Der untere Interventionspunkt gegenüber dem Dollar wurde bei 3,63 DM und der obere Interventionspunkt bei 3,69 DM festgesetzt. Das bedeutet, daß die Deutsche Bundesbank an der Frankfurter Devisenbörse US-Dollar gegen D-Mark kauft, wenn der Dollarkurs (Mittelkurs) unter 3,63 DM sinkt, und Dollar gegen D-Mark verkauft, wenn der Dollarkurs über 3,69 DM steigt. Die Bandbreite beträgt also 3 Pfennig oder 0,82 % sowohl nach unten wie nach oben, das sind 1,64 %, verglichen mit der nach den IWF-Bestimmungen zulässigen Bandbreite von 2 %[1]. (Interventionspunkte gibt es nur gegenüber dem Dollar; sie gelten ausschließlich für Kassageschäfte. Die Bundesbank kann aber auch bei anderen Währungen und auf dem Terminmarkt intervenieren.)

Das bestehende internationale Währungssystem erlaubt den Wechselkursen, d. h. den Preisen, die am Devisenmarkt für eine Währung in einer anderen zu zahlen sind, nur sehr begrenzte Schwankungsmöglichkeiten. Man spricht daher von *starren* oder *festen Wechselkursen.* Starre Wechselkurse haben den Nachteil, daß sie bei unterschiedlicher Preisentwicklung in den verschiedenen Ländern immer „unrealistischer" werden und zu Zahlungsbilanzungleichgewichten führen.

Verliert die Währung eines Landes durch inflationäre Preissteigerungen an Kaufkraft, während die Währungen der anderen Länder stabil bleiben, entspricht die ursprünglich festgesetzte Parität nicht mehr dem tatsächlichen Kaufkraftverhältnis; die Währung dieses Landes ist dann überbewertet. Wenn im umgekehrten Falle die Preise eines Landes stabil bleiben, während

---
[1] Bei der früheren Parität von 1 US-\$ = 4,00 DM lagen die Interventionspunkte bei 3,97 DM und 4,03 DM, was einer Bandbreite von 0,75 % nach jeder Seite, d. h. insgesamt 1,5 %, entsprach. Der Schwankungsspielraum war damals also geringer.

die Preise der anderen Länder steigen, so ist die Währung dieses Landes zur festgesetzten Parität unterbewertet. Länder mit überbewerteten Währungen haben steigende Leistungsbilanzdefizite, Länder mit unterbewerteten Währungen steigende Leistungsbilanzüberschüsse zu verzeichnen. Über- oder unterbewertete Währungen lassen sich auf die Dauer nur schwer auf ihrer falschen Parität halten. In solchen Fällen ist eine Paritätskorrektur, d. h. eine Abwertung der überbewerteten bzw. eine Aufwertung der unterbewerteten Währung, angezeigt.

Eine Währung ist dann richtig bewertet, wenn der Wechselkurs der Kaufkraftparität entspricht, d. h., wenn ein Betrag in A-Währung, den man beim Kauf einer bestimmten Menge bestimmter Waren ausgeben muß, bei einer Umrechnung in B-Währung zum offiziellen Kurs den Kauf der gleichen Menge der gleichen Waren im Lande B ermöglicht. Erhält man für den in B-Währung umgetauschten Betrag im Lande B eine geringere Menge, so ist dies ein Zeichen dafür, daß die Währung A unterbewertet bzw. die Währung B überbewertet ist. Ist die Warenmenge, die man für den in B-Währung umgetauschten Betrag im Lande B bekommt, größer, so liegen die Verhältnisse umgekehrt.

Das System der starren Wechselkurse kann nur bei einer engen Koordinierung der Kredit-, Finanz- und Haushaltspolitik in den verschiedenen Ländern reibungslos funktionieren. Da es eine solche noch nicht gibt, entstehen immer wieder Schwierigkeiten.

Es sind bereits zahlreiche Vorschläge für eine Neuordnung des internationalen Währungssystems gemacht worden. Manche Währungsexperten befürworten eine Rückkehr zum Goldstandard oder die Einführung völlig freier Wechselkurse. Andere haben sich für die Erweiterung der Bandbreiten oder das Modell des „crawling peg", d. h. der schrittweise verschiebbaren Paritäten, ausgesprochen. Bei einer Erweiterung der Bandbreiten hätten die Wechselkurse ausreichende Schwankungsmöglichkeiten, um die meisten Zahlungsbilanzstörungen auffangen zu können. Je mehr die Bandbreiten erweitert würden, desto enger wäre die Annäherung an das System freier Wechselkurse. Bei Anwendung des „crawling peg" würden Wechselkursanpassungen nur langsam in kleinen Schritten stattfinden. Dabei gäbe es keine automatischen Wechselkursänderungen, die kleinen Schritte würden vielmehr jeweils nach Beschlüssen der Währungsbehörden vorgenommen werden.

Goldparität und Goldautomatismus

Zur Zeit des internationalen Goldstandards, wie er vor dem ersten Weltkrieg bestand, waren die Währungsparitäten echte Goldparitäten, die sich aus dem gesetzlichen Feingoldgehalt der Währungseinheiten ergaben. Im internationalen Zahlungsverkehr verwendete man damals aber meist nicht Gold, sondern Golddevisen. Die Kurse der Golddevisen schwankten je nach Angebot und Nachfrage, konnten jedoch nicht über die sog. Goldpunkte hinausgehen. Die Goldparität zuzüglich der Goldversendungskosten (Fracht, Versicherung usw.) ergab den oberen Goldpunkt oder Goldausfuhrpunkt, die Goldparität abzüglich der Goldversendungskosten den unteren Goldpunkt oder Goldeinfuhrpunkt.

Wenn z. B. der Kurs der auf die Währung des Goldwährungslandes B lautenden Devisen im Goldwährungsland A den oberen Goldpunkt überschritt, war es für die Importeure im Land A trotz der mit der Goldversendung verbundenen Kosten günstiger, Gold im Inland zu kaufen und es anstelle von Devisen ins Land B zu senden. Der Kurs der B-Währung konnte dann wegen der verminderten Nachfrage nicht mehr weiter steigen. Fiel der Kurs der B-Währung im Land A unter den unteren Goldpunkt, so war es für die Exporteure im Land A trotz der Goldversendungskosten vorteilhafter, mit ihren auf B-Währung lautenden Forderungen im Land B Gold anzukaufen und das Gold in das Land A senden zu lassen, als Zahlung in B-Devisen anzunehmen. Der Kurs der B-Währung konnte dann wegen des zurückgehenden Angebots nicht mehr weiter sinken.

Als Folge der festen Bindung der Währungen an das Gold führten diese Goldbewegungen im goldabgebenden Land zu einer Verringerung des Zahlungsmittelumlaufs, also zu einer Deflation, im goldaufnehmenden Land zu einer Zahlungsmittelvermehrung, also zu einer Inflation. Die fallenden Preise des Deflationslandes hatten eine Zunahme der Exporte und einen Rückgang der Importe zur Folge. Die steigenden Preise des Inflationslandes bewirkten genau das Gegenteil. Auf diese Weise wurde automatisch ein Ausgleich der Zahlungsbilanzen herbeigeführt (Goldautomatismus oder Goldwährungsmechanismus). Der Nachteil des Goldstandards ist, daß ein stabiler Außenwert der Währung um den Preis eines instabilen Binnenwerts (Inflation oder Deflation) erkauft werden muß.

Freie Wechselkurse

Bei freien Wechselkursen bewirkt der Kursautomatismus — ähnlich wie der Goldautomatismus beim Goldstandard — einen selbsttätigen Ausgleich der Zahlungsbilanzen. Entschlösse man sich zur Abkehr von den festen IWF-Paritäten, so könnten die Wechselkurse je nach Angebot und Nachfrage schwanken, ohne daß die Zentralbanken intervenieren müßten. Jede Veränderung in der Zahlungsbilanzlage eines Landes hätte sofort eine Änderung der Wechselkurse zur Folge. Bei einem Zahlungsbilanzüberschuß würden die Wechselkurse der eigenen Währung (d. h. die in ausländischer Währung zu zahlenden Preise für die inländische Währung) ansteigen und die Wechselkurse für die ausländischen Währungen (d. h. die in inländischer Währung zu zahlenden Preise für Devisen) fallen. Dies würde zu einer Zunahme der Importe bei gleichzeitigem Rückgang der Exporte führen und dadurch die Zahlungsbilanz ausgleichen. Bei einem Zahlungsbilanzdefizit hingegen würden die Wechselkurse der inländischen Währung fallen und die Wechselkurse der ausländischen Währungen steigen. Dies hätte eine Zunahme der Exporte bei gleichzeitigem Rückgang der Importe zur Folge wodurch das Gleichgewicht in der Zahlungsbilanz wiederhergestellt würde.

Bei freien Wechselkursen könnten keine länger andauernden Zahlungsbilanzstörungen auftreten, auch gäbe es keine Währungsaufwertungen und -abwertungen. Die Gegner völliger Flexibilität weisen andererseits darauf hin, daß bei diesem System die Entwicklung des Außenwerts einer Währung der direkten Einwirkung der Währungsbehörden entzogen wäre und daß die laufenden Kursschwankungen ein beträchtliches Unsicherheitsmoment im internationalen Handels- und Zahlungsverkehr bedeuten würden. Sehr interessant war in diesem Zusammenhang das erfolgreiche Experiment der vorübergehenden Freigabe des DM-Kurses Ende September 1969.

Währungskonvertibilität

Unter Konvertibilität oder Konvertierbarkeit einer Währung versteht man die Möglichkeit, diese Währung jederzeit und in jeder Menge in fremde Währung umzutauschen. Die Konvertibilität kann unbeschränkt oder beschränkt sein. Im ersteren Falle ist die Währung für In- und Ausländer ohne Rücksicht auf die Art des Geschäfts konvertibel, im letzteren Falle ist die Konvertibilität auf Ausländer beschränkt (Ausländerkonvertibilität) oder sie kommt nur für bestimmte Geschäfte (z. B. Waren- und Dienstleistungsgeschäfte) in Frage.

Ende Dezember 1958 wurden die 12 wichtigsten europäischen Währungen konvertibel. Von den Mitgliedsländern des IWF haben etwas weniger als ein Drittel die Konvertibilitätsverpflichtungen gemäß Artikel VIII des IWF-Abkommens übernommen (sog. Artikel-VIII-Länder). Diese Länder dürfen keine Zahlungsbeschränkungen ohne vorherige Zustimmung des IWF einführen und sind gehalten, Bestände ihrer Währung, die sich im Besitz eines anderen Mitgliedslandes befinden, gegen Gold oder konvertible Devisen zurückzukaufen.

Währungen, die konvertibel sind und einen stabilen Außenwert haben, bezeichnet man als „harte" Währungen. „Weiche" Währungen sind dagegen solche, die nicht konvertibel sind und der Devisenbewirtschaftung unterliegen. Die Härte einer Währung hängt von der Stärke der Zahlungsbilanzposition des betreffenden Landes ab.

Devisen, Sorten und Valuta

Devisen im weitesten Sinne sind alle ausländischen Zahlungsmittel einschließlich der Banknoten und Münzen. Die Banken fassen jedoch den Begriff Devisen enger und bezeichnen damit nur die an ausländischen Plätzen zahlbaren Zahlungsanweisungen in fremder Währung. Die ausländischen Banknoten und Münzen werden im Unterschied dazu *Sorten* genannt.

Die wichtigsten Devisen sind: auf ausländische Währung lautende Wechsel, Schecks (besonders Bankschecks) und Banküberweisungen, die sog. „Auszahlungen". (Die im Zahlungsverkehr mit dem Ausland verwendeten Wechsel, Schecks und Auszahlungen können auch auf D-Mark lauten, sind dann aber — vom deutschen Standpunkt aus gesehen — keine Devisen.) Die Durchführung von Zahlungen im Ausland durch Bankschecks und Auszahlungen in fremder Währung sind möglich, weil die deutschen Banken bei ausländischen Banken (Korrespondenzbanken) über Währungskonten verfügen. Umgekehrt unterhalten die ausländischen Banken DM-Guthaben bei Banken in der Bundesrepublik. Die deutschen Banken bezeichnen ihre Konten bei ausländischen Banken als „Nostro-Konten" und die von ihnen geführten Konten der ausländischen Banken als „Loro-Konten".

Wenn der Kunde einer Bank in der Bundesrepublik eine Zahlung im Ausland in ausländischer Währung mittels *Bankschecks* vornehmen will, so stellt die Bank einen Scheck auf den gewünschten Bankplatz aus, d. h., sie zieht auf ihr Guthaben bei der betreffenden ausländischen Bank. Der Kunde der Bank wird mit dem Gegenwert des Währungsbetrages zum Tageskurs, d. h. dem an diesem Tag gültigen Kurs, und den Bankgebühren belastet. Den Bankscheck schickt dann die Bank oder der Kunde an den ausländischen Empfänger, der ihn bei der bezogenen Bank zur Zahlung vorlegt.

Eine *Auszahlung* im Ausland wird wie folgt durchgeführt: Der Kunde einer Bank in der Bundesrepublik gibt seiner Bank den Auftrag, die Zahlung eines bestimmten Betrages in ausländischer Währung an einen bestimmten Empfänger im Ausland zu veranlassen. Die Bank belastet das Konto ihres Kunden mit dem Gegenwert des Währungsbetrages zuzüglich ihrer Gebühren und beauftragt ihre Korrespondenzbank im Ausland, den Betrag zu Lasten ihres Währungskontos an den ausländischen Empfänger auszuzahlen. Die Anweisung an die ausländische Bank kann brieflich oder telegrafisch übermittelt werden. Je nach Art der Übermittlung unterscheidet man zwischen brieflichen und telegrafischen Auszahlungen. Die telegrafische Auszahlung ist die schnellste Form der Banküberweisung in das Ausland; die Kosten sind jedoch höher als bei einer brieflichen Auszahlung.

Als *Valuta* bezeichnet man die Währung eines Landes, insbesondere eine fremde Währung. So ist z. B. ein Valutakredit ein Kredit in ausländischer

Währung, und Valutapapiere sind ausländische Effekten. Aber auch ausländische Geldsorten und die Zinsscheine von Valutapapieren werden Valuten genannt. (Außerdem bedeutet „Valuta" die Wertstellung eines Postens auf einem Konto, d. h. das Datum, von dem an ein Posten verzinst wird bzw. zu verzinsen ist.)

Devisenbewirtschaftung

Unter Devisenbewirtschaftung oder Devisenzwangswirtschaft (nach dem englischen Begriff „exchange control" auch Devisenkontrolle genannt) versteht man die staatliche Beschränkung und Überwachung des Zahlungsverkehrs mit dem Ausland. Alle Devisenbestände unterliegen der Kontrolle der Devisenbehörde. Für den Inhaber von Devisen besteht eine Anmeldungs- und Ablieferungspflicht. Wer Devisen benötigt, muß eine Devisenzuteilung beantragen; die Verteilung der Devisen erfolgt nach bestimmten Dringlichkeitsstufen. Verstöße gegen die Devisenbestimmungen werden als Devisenvergehen geahndet. Der Wechselkurs ist bei der Devisenbewirtschaftung ein staatlicher Zwangskurs, der sich nicht nach Angebot und Nachfrage richtet. Es können auch multiple Wechselkurse[1], d. h. je nach Waren oder Ländern verschieden hohe Kurse, angewandt werden.

Abgesehen von einer umfassenden Devisenbewirtschaftung sind auch einzelne Devisenbeschränkungen, besonders auf dem Gebiet des Kapitalverkehrs, möglich. Bei diesen handelt es sich zwar in den meisten Fällen um Maßnahmen zur Begrenzung der Devisenausfuhr bei einem allgemeinen Mangel an Devisen, es kommt jedoch auch vor, daß sich ein Land gezwungen sieht, Beschränkungsmaßnahmen zur Abwehr einer übermäßig hohen Deviseneinfuhr (Zustrom von „hot money", d. h. von spekulativem kurzfristigem Kapital, aus dem Ausland) zu ergreifen.

Devisenmarkt und Devisenhandel

Der *Devisenmarkt* ist der Markt, auf dem Devisenangebot und Devisennachfrage zusammentreffen. Einen freien Devisenmarkt gibt es nur in Ländern mit konvertibler Währung. Der Devisenmarkt besteht aus dem Kassamarkt, an dem die Kassageschäfte abgewickelt werden, und dem Terminmarkt für Devisentermingeschäfte.

In der Bundesrepublik wird der *Devisenhandel* von den Banken durchgeführt, die die Ankaufs- und Verkaufsorders der Kunden erledigen und daneben auch Devisengeschäfte für eigene Rechnung tätigen. In erster Linie

---

[1] Nach den Bestimmungen des IWF dürfen multiple Wechselkurse nur mit Genehmigung des IWF eingeführt oder geändert werden. Die allmähliche Beseitigung multipler Wechselkurse wird angestrebt.

wird Auszahlung gehandelt. Die Kassageschäfte sind Geschäfte, die prompt (in der Regel zwei Werktage später) reguliert werden, bei den Termingeschäften erfolgen Lieferung und Zahlung zum vereinbarten Termin. Während bei den Geschäften der Banken mit den Kunden meist Fremdwährung gegen Landeswährung (oder umgekehrt) getauscht wird, überwiegen bei den Devisengeschäften zwischen den Banken die sog. „Usancegeschäfte", d. h. der Handel einer Fremdwährung gegen eine andere.

Devisen werden auch börsenmäßig an der *Devisenbörse* gehandelt, zu der nur die Vertreter von Banken Zutritt haben. In der Bundesrepublik gibt es Devisenbörsen in Berlin, Düsseldorf, Frankfurt am Main, Hamburg und München. Sie werden in den gleichen Räumen wie die Wertpapierbörsen abgehalten und sind ebenfalls dem jeweiligen Börsenvorstand unterstellt. Die wichtigste deutsche Devisenbörse ist Frankfurt. Dort ist während der ganzen Börsenzeit ein Vertreter der Deutschen Bundesbank anwesend, der gegebenenfalls Interventionen vornehmen kann.

An allen fünf deutschen Devisenbörsen werden täglich durch telefonische Abstimmung einheitliche *Kurse* für die amtlich notierten Währungen festgestellt. Dies sind US-Dollar (US-$), £-Sterling (£-St), kanadische Dollar (kan$), holländische Gulden (hfl), Schweizer Franken (sfr), belgische Francs (bfr), französische Francs (FF), dänische Kronen (dkr), norwegische Kronen (nkr), schwedische Kronen (skr), italienische Lire (Lit), österreichische Schillinge (öS), spanische Peseten (Pta), portugiesische Escudos (Esc) und japanische Yen (Yen). Die deutschen Devisennotierungen sind Preisnotierungen, die den DM-Preis für 1 Einheit der Fremdwährung (US-$, £-St und kan$), 100 Einheiten oder 1000 Einheiten (Lit) angeben. Im Gegensatz dazu ist in London die Mengennotierung üblich, bei der der Preis in Fremdwährung für 1 £-Sterling genannt wird.

Die Devisenbörsen notieren „Geldkurse", zu denen die Banken Devisen vom Publikum kaufen, und „Briefkurse", zu denen sie Devisen an das Publikum verkaufen. Die arithmetische Mitte zwischen dem Geldkurs und dem höheren Briefkurs wird „Mittelkurs" genannt. Die Geschäfte an der Devisenbörse werden zum Mittelkurs abgewickelt. Die Mitte zwischen Geld- und Mittelkurs bezeichnet man als „gespannten Geldkurs", die Mitte zwischen Brief- und Mittelkurs als „gespannten Briefkurs". Die gespannten Kurse kommen bei Geschäften zwischen den Banken zur Anwendung. Die nicht amtlich notierten Währungen sowie die Sorten werden von den Banken zu Freiverkehrskursen gehandelt. (Die Ankaufskurse für Sorten sind niedriger und die Verkaufskurse höher als die amtlich notierten Devisenkurse.) Kassageschäfte werden zum „Kassakurs", Termingeschäfte zum „Terminkurs" abgeschlossen. Der Terminkurs kann über oder unter dem Kassakurs liegen. Im ersteren Falle bezeichnet man die Kursspanne als „Aufschlag" oder „Report", im letzteren Falle als „Abschlag" oder „Deport". Der Kurs zwischen zwei fremden Währungen bei Usance-Geschäften wird „Usancekurs" oder „Cross-Rate" genannt.

Kursrisiko und Kurssicherung

Das *Kurs- oder Währungsrisiko* ist die Möglichkeit eines finanziellen Verlustes als Folge von Wechselkurs- oder Paritätsänderungen. Natürlich können andererseits auch Kursgewinne entstehen. Bei einem Außenhandelsgeschäft trägt der *Exporteur* das Kursrisiko, wenn er sich bereit erklärt, zu einem späteren Zeitpunkt Zahlung in fremder Währung entgegenzunehmen. Wenn der Kurs der fremden Währung zum Zeitpunkt des Zahlungseingangs gefallen ist, erhält er für den Fremdwährungsbetrag weniger Inlandswährung, als er ursprünglich erwartet hat. Das gleiche gilt bei einer Abwertung der ausländischen oder einer Aufwertung der inländischen Währung. Umgekehrt hat der *Importeur* das Kursrisiko, wenn er sich verpflichtet, zu einem späteren Zeitpunkt in fremder Währung zu zahlen. Liegt der Kurs bei Fälligkeit der Zahlung höher als bei Vertragsschluß, muß er beim Kauf der Devisen mehr Inlandswährung dafür ausgeben. Eine Aufwertung der ausländischen oder Abwertung der inländischen Währung wirkt sich in gleicher Weise aus.

Die *Kurssicherung* besteht darin, daß der Exporteur bzw. der Importeur das von ihm übernommene Kursrisiko auf einen Dritten, meist eine Bank, abwälzt. Dies geschieht in der Regel durch Abschluß eines Devisentermingeschäfts.

So kann z. B. ein *Exporteur,* der in drei Monaten den Eingang eines bestimmten Devisenbetrages erwartet, diesen Devisenbetrag sofort per Termin (d. h. Erfüllungstermin 3 Monate später) an seine Bank verkaufen, wobei dem Geschäft der an diesem Tag geltende Terminkurs zugrunde gelegt wird. Wenn die Devisen 3 Monate später eingehen, stellt sie der Exporteur seiner Bank zur Verfügung und erhält von dieser den Gegenwert in Landeswährung zu dem bei Abschluß des Termingeschäfts vereinbarten Kurs ohne Rücksicht auf eventuell inzwischen eingetretene Kursveränderungen. Auf diese Weise wird der Kurs, zu dem der Exporteur einen später eingehenden Währungsbetrag umtauschen kann, sofort fixiert, was für den Exporteur eine sichere Kalkulationsbasis bedeutet. Der Abschluß eines Devisentermingeschäfts kommt aber auch für einen *Importeur* in Frage, der z. B. in 3 Monaten einen bestimmten Betrag in Fremdwährung zahlen muß. Der Importeur kauft die benötigten Devisen sofort per Termin von seiner Bank, die sie ihm dann nach 3 Monaten zum vereinbarten Terminkurs liefert.

Für den Exporteur ist eine Kurssicherung auch dadurch möglich, daß er eingehende *Währungsakzepte* sofort bei seiner Bank diskontiert. Diese Akzepte werden von der Bank, soweit sie zentralbankfähig sind, zur Rediskontierung an die Landeszentralbank gegeben. Werden auf Grund gesetzlichen Rückgriffsrechts Währungswechsel mangels Zahlung zurückgereicht, so wird der zum Zeitpunkt des Eintreffens der Benachrichtigung über die Nichteinlösung letztbekannte Verkaufskurs zugrunde gelegt. Zurückgerufene Wechsel über ausländische Währungen werden zu dem Kurs zurückgerechnet, zu dem sie angekauft worden sind. Nicht zentralbankfähige Währungswechsel werden von den Banken in der Regel zum jeweiligen Devisenterminkurs des freien Marktes diskontiert. Eine eventuelle Rückrechnung erfolgt zu dem am Tage der Rückrechnung gültigen Verkaufskurs.

Schließlich kann der Exporteur zum Zweck der Kurssicherung je nach Marktlage auch einen *Währungskredit* aufnehmen. Den Währungsbetrag verkauft er sofort zum Tageskurs und zahlt mit den später von seinem Kunden eingehenden Devisen seinen Währungskredit wieder zurück.

Beim kurzfristigen Kapitalexport erfolgt die Kurssicherung durch Swapgeschäfte.

Swapgeschäfte

Das englische Wort „swap" bedeutet Tausch; bei einem Swapgeschäft wird ein Tausch von *Kassadevisen gegen Termindevisen* durchgeführt oder, anders ausgedrückt, ein Kassageschäft mit einem Termingeschäft kombiniert. Die Differenz zwischen den Kursen, zu denen die beiden Geschäfte abgewickelt werden, also den Kursabschlag oder -aufschlag, bezeichnet man als „Swapsatz". Der Swapsatz hängt von der erwarteten weiteren Kursentwicklung und dem Unterschied zwischen dem Zinsniveau in den betreffenden Ländern ab.

Ein Anleger, der im Ausland einen bestimmten Betrag für beispielsweise 3 Monate anlegen will, muß die benötigten Devisen von seiner Bank per Kasse kaufen. Damit ihm in 3 Monaten, wenn er den Währungsbetrag zurückerhält, kein Verlust beim Rückumtausch in D-Mark entstehen kann, verkauft er den Währungsbetrag gleichzeitig an seine Bank per Termin. Swapgeschäfte werden aber nicht nur zwischen den Banken und ihren Kunden, sondern auch zwischen den Geschäftsbanken und der Deutschen Bundesbank abgeschlossen.

Die Deutsche Bundesbank benutzt Swapgeschäfte (die sie praktisch nur mit US-$ vornimmt) als Instrument zur Beeinflussung der Geldexporte der Banken. Sie verkauft Dollars an die Banken per Kasse und verpflichtet sich gleichzeitig, diese zu einem festen Termin und Kurs zurückzunehmen. Für die Kurssicherung berechnet die Bundesbank einen Swapsatz (= Kursabschlag bei den Termindevisen), den sie je nach Bedarf erhöhen oder senken kann. Erhöht die Bundesbank den Swapsatz, so verteuert sie die Kurssicherung, vermindert den Zinsertrag und bremst dadurch die Ausfuhr von Geld. Will die Bundesbank die Geldausfuhr fördern, senkt sie den Swapsatz und erhöht dadurch die Rendite für die Banken. Sie kann auch ganz auf Kurssicherungskosten verzichten und sogar noch eine Prämie (= Kursaufschlag auf die Termindevisen) zahlen.

Schließlich gibt es noch eine andere Art des Swapgeschäfts, nämlich die Swapkredite der Notenbanken. Hier handelt es sich um kurzfristige Währungskredite, die sich die Notenbanken untereinander gewähren. Durch einen solchen Swapkredit kann z. B. die Deutsche Bundesbank einer anderen Zentralbank, die dringend D-Mark benötigt, dadurch helfen, daß sie D-Mark gegen die betreffende Währung zur Verfügung stellt.

Devisenarbitrage

Als Devisenarbitrage bezeichnet man die Ausnutzung von Unterschieden, die im Kurs einer Währung zur gleichen Zeit auf verschiedenen Devisenmärkten bestehen. Der Zweck der Arbitrage kann sein, eine benötigte Währung so günstig wie möglich einzukaufen (Ausgleichs-Arbitrage) oder durch Kauf der Währung am Platz mit dem niedrigsten Kurs und gleichzeitigem Verkauf am Platz mit dem höchsten Kurs einen Kursgewinn zu erzielen (Differenz-Arbitrage). Nach der Art der Durchführung unterscheidet man die direkte Arbitrage, bei der die gewünschte Währung am Platz mit der niedrigsten Notierung gekauft wird, und die indirekte Arbitrage, bei der man die gewünschte Währung auf dem Umweg über eine dritte Währung beschafft.

Die Arbitrage verbindet die freien nationalen Devisenmärkte zu einem einheitlichen internationalen Markt und übt einen regulierenden Einfluß auf die Entwicklung der Terminkurse aus, bei denen es keine Interventionspunkte und daher auch keine Interventionspflicht der Zentralbanken gibt.

XVI. Außenwirtschaftspolitik

Internationale Arbeitsteilung und Freihandel

Als *internationale Arbeitsteilung* bezeichnet man die Arbeitsteilung zwischen den Volkswirtschaften, von denen sich jede auf die Produktion derjenigen Güter spezialisiert, die sie am preiswertesten herstellen kann und die sie dann gegen die Erzeugnisse der anderen Länder austauscht. Auf diese Weise wird die Produktivität der einzelnen Länder gesteigert und damit auch ihr Wohlstand erhöht.

Die Lehre von der wohlstandsfördernden Wirkung der internationalen Arbeitsteilung geht auf den englischen Nationalökonomen David Ricardo (1772—1823) zurück. Nach seinem „Gesetz der komparativen Kosten" ist ein für beide Teile vorteilhafter Handel zwischen zwei Ländern auch dann möglich, wenn das eine Land dem anderen auf allen Produktionsgebieten überlegen ist, also sämtliche Güter billiger erzeugt. Für das leistungsfähigere Land ist es dann zweckmäßig, seine nicht in unbegrenzter Menge vorhandenen Produktionsmittel auf die Erzeugnisse zu konzentrieren, bei denen der vergleichsweise („komparative") Unterschied in den Produktionskosten am größten ist, und den Überschuß an diesen Erzeugnissen gegen solche Produkte des anderen Landes auszutauschen, bei denen der Kostenunterschied vergleichsweise am geringsten ist, die also in dem anderen Land verhältnismäßig günstig produziert werden können.

Aus dem Gesetz der komparativen Kosten ergibt sich die Forderung nach *Freihandel*, d. h. einem von Zöllen und anderen staatlichen Eingriffen unbehinderten Welthandel. Die Befürworter des Freihandels weisen darauf hin, daß eine optimale internationale Arbeitsteilung nur möglich ist, wenn die internationalen Wirtschaftsbeziehungen nicht durch staatliche Maßnahmen behindert werden. Ein unbeschränkter Freihandel ist in der Praxis nicht zu verwirklichen, da der Staat auch in den Marktwirtschaftsländern zur Verwirklichung seiner wirtschaftspolitischen Ziele Einfluß auf den Außenhandel nehmen muß. (Der Einfluß des Staates beschränkt sich selbstverständlich nicht auf den Außenhandel, sondern erstreckt sich auch auf die übrigen Bereiche der Außenwirtschaft.)

Wenn es auch keine Regierung gibt, die bereit wäre, auf Eingriffe in den Außenhandel völlig zu verzichten, so ist doch andererseits erkannt worden, daß der Wohlstand der Völker zunimmt, je mehr sich die Wirtschaftsbeziehungen zwischen den Ländern dem Zustand des Freihandels annähern. Seit dem Krieg sind durch internationale Zusammenarbeit, z. B. im Rahmen der OEEC bzw. OECD und des GATT, bedeutende Fortschritte beim Abbau von Handelshemmnissen erzielt worden. Leider gibt es aber auch Rückschläge auf dem Weg zu einem freieren Welthandel, da es immer wieder vorkommt, daß Länder beim Auftreten von Schwierigkeiten Zuflucht zu dirigistischen Maßnahmen nehmen.

Protektionismus und Autarkie

Protektionismus ist eine Außenhandelspolitik, die auf den Schutz der inländischen Erzeuger vor der ausländischen Konkurrenz ausgerichtet ist. Der Schutz kann sich auf sämtliche Produktionszweige eines Landes erstrecken, er kann aber auch auf einzelne Gebiete beschränkt sein. Besonders weit verbreitet ist der Protektionismus auf dem Gebiet der Landwirtschaft (Agrarprotektionismus).

Unter *Autarkie* versteht man die Unabhängigkeit eines Landes von ausländischen Lieferungen. Man unterscheidet natürliche und künstliche Autarkie. Natürliche Autarkie liegt vor, wenn ein Land alles was es braucht, selbst besitzt oder erzeugt. Künstliche Autarkie ist eine Politik, bei der das Land aus politischen oder militärischen Gründen auf ausländische Lieferungen verzichtet. Typisch für die Autarkie ist die Entwicklung von Ersatzprodukten für Güter, die im eigenen Land nicht vorhanden sind (z. B. synthetisches Benzin und synthetischer Kautschuk). Protektionismus und Autarkiepolitik haben Wohlstandseinbußen zur Folge und wirken sich nachteilig auf den Welthandel aus.

Staatliches Außenhandelsmonopol

Als staatliches Außenhandelsmonopol bezeichnet man das alleinige Recht des Staates, Außenhandelsgeschäfte durchzuführen. Es kann ein totales Monopol sein, das den gesamten Außenhandel umfaßt, oder ein partielles Monopol, bei dem sich nur der Außenhandel mit bestimmten Gütern in den Händen des Staates befindet.

Die ausschließliche Befugnis des Staates, Außenhandel zu treiben, ist ein charakteristisches Merkmal der *Zentralverwaltungswirtschaft*. In der Sowjetunion und den anderen Staatshandelsländern stellt das Außenhandelsministerium im Rahmen des volkswirtschaftlichen Gesamtplans einen Außenhandelsplan auf, in dem die zur Erfüllung der Ziele des Gesamtplans erforderlichen Ausfuhren und Einfuhren festgesetzt sind. Die Durchführung der Export- und Importgeschäfte obliegt den branchenmäßig gegliederten staatlichen Außenhandelsorganisationen, wie z. B. in der Sowjetunion „Awtoexport" (Ausfuhr von Kraftfahrzeugen) und „Maschinoimport" (Einfuhr von Maschinen und Ausrüstungen). Die staatlichen Außenhandelsorganisationen in den Ostblockländern sind juristische Personen, die das Recht haben, Verträge zu schließen, zu klagen und verklagt zu werden, und die auch für ihre Verbindlichkeiten allein haften.

Staatliche Ausfuhrpolitik

Die staatliche Ausfuhrpolitik besteht in der Regel darin, die Ausfuhr durch direkte und indirekte Maßnahmen zu fördern. Die *direkten staatlichen Exportförderungsmaßnahmen* stehen in unmittelbarem Zusammenhang mit dem Exportgeschäft; es handelt sich dabei um die Zahlung von Exportsubventionen und -prämien, die Gewährung steuerlicher Vergünstigungen und die Versicherung von Ausfuhrrisiken durch den Staat. Die *indirekte staatliche Exportförderung* kommt der Exportwirtschaft ganz allgemein zugute und umfaßt im wesentlichen die Tätigkeit der offiziellen Auslandsvertretungen und der staatlichen Informationseinrichtungen, die staatliche Auslandswerbung (offizielle Beteiligung an ausländischen Messen und Ausstellungen, Veranstaltung „nationaler Wochen" im Ausland usw.) und die staatliche Förderung und Unterstützung der Selbsthilfeeinrichtungen der Exportwirtschaft (z. B. Hilfestellung bei der Bildung von Exportgemeinschaften).

Die Anwendung direkter staatlicher Exportförderungsmaßnahmen, die geeignet sind, den internationalen Wettbewerb zu verfälschen, wird durch eine Reihe internationaler Verträge und Abkommen verboten oder eingeschränkt. Als zulässige Formen der direkten Exportförderung durch den Staat gelten die Befreiung von indirekten Steuern und die Durchführung einer staatlichen Ausfuhrkreditversicherung zu angemessenen Prämien.

Die staatlichen Maßnahmen zur *Beschränkung der Ausfuhr* haben in erster Linie den Zweck, die Versorgung der eigenen Wirtschaft mit wichtigen Rohstoffen sicherzustellen und die Ausfuhr von Waffen und rüstungswichtigen Gütern nach bestimmten Ländern zu verhindern. Ein vom Staat verhängtes vollständiges Ausfuhrverbot wird „Embargo" genannt. Ein solches besteht z. B. in den westlichen Ländern für Lieferungen strategischer Güter an die Länder des Ostblocks.

Dumping

Echtes Dumping liegt vor, wenn Erzeuger eines Landes ihre Produkte in einem anderen Land zu einem Preis anbieten, der unter dem Inlandspreis im Erzeugerland, vielleicht sogar unter Selbstkosten, liegt. Dies gilt als unlauterer Wettbewerb im internationalen Handel, gegen den sich die betroffenen Länder durch Antidumpingzölle und andere Maßnahmen zur Wehr setzen.

Dumping ist in den meisten Fällen auf staatliche Exportsubventionen zurückzuführen, die die Erzeuger in die Lage versetzen, ihre Produkte im Ausland billiger anzubieten als im Inland (Subventionsdumping). Private Unternehmen können jedoch auch Dumping ohne staatliche Hilfe betreiben, indem sie Verluste im Auslandsgeschäft zu Lasten des Inlandsgewinns in Kauf nehmen oder, falls dies möglich ist, die Preisdifferenz auf die Inlandspreise schlagen. Dumping kann ferner die Folge einer Abwertung der Währung des Exportlandes, die nicht durch ein Zahlungsbilanzungleichgewicht gerechtfertigt ist[1], oder der Unterbewertung dieser Währung sein (Währungs- oder Valutadumping). Wenn Exportgüter zu niedrigeren Frachtsätzen befördert werden als Inlandssendungen, so spricht man von Frachtdumping. Dumpingpraktiken eines staatlichen Außenhandelsmonopols bezeichnet man als politisches Dumping.

Kein echtes Dumping ist das sog. soziale Dumping, d. h. die Unterbietung ausländischer Preise durch Hersteller eines Landes mit niedrigem Lohnniveau, da hier keine Preisdifferenzierung vorliegt.

Staatliche Einfuhrpolitik

Die staatliche Einfuhrpolitik wirkt sich zumeist in der Weise aus, daß der Staat die Einfuhr zum Schutze der inländischen Erzeuger oder der nicht in ausreichender Menge vorhandenen Devisenreserven mehr oder weniger erschwert. Wenn der Staat bei einer Konjunkturüberhitzung einen Druck auf die Inlandspreise ausüben will, fördert er die Einfuhr bisweilen durch eine zeitlich begrenzte Reduzierung oder Beseitigung von Einfuhrbeschränkungen. Eine darüber hinausgehende Einfuhrförderung kommt nur selten vor.

Zur Regulierung der Einfuhr wendet der Staat Einfuhrzölle und verschiedene nichttarifäre (d. h. nicht zollpolitische) Handelshemmnisse, vor allem mengenmäßige Beschränkungen, an.

Einfuhrzölle

Einfuhrzölle auf ausländische Waren sind zumeist Schutzzölle, die die inländischen Erzeuger vor der ausländischen Konkurrenz schützen sollen. Daneben gibt es Finanzzölle, die nur den Zweck haben, dem Staat eine Einnahme zu verschaffen. Ein nur begrenzte Zeit angewandter Schutzzoll, der eine junge Industrie während ihrer Anlaufzeit abschirmt, wird Erziehungszoll genannt. Der Abwehr eines Dumping dient der Antidumpingzoll. Ein Sperr- oder Prohibitivzoll ist ein überhöhter Schutzzoll, der in der Absicht erhoben wird, die Einfuhr zu unterbinden. Die Anwendung sehr hoher

---

[1] Durch die Vorschriften des Internationalen Währungsfonds im Hinblick auf Paritätsänderungen soll verhindert werden, daß Länder ihre Währungen lediglich aus Wettbewerbsgründen, d. h. zum Zwecke der Exportausweitung, abwerten.

Zölle kann auch eine wirtschaftliche Vergeltungsmaßnahme bei der Benachteiligung der eigenen Erzeugnisse durch ein anderes Land sein (Retorsions-, Vergeltungs- oder Kampfzoll). Wenn zwei Länder gegeneinander Retorsionszölle anwenden, so spricht man von einem Zollkrieg.

Die Zölle werden entweder vom Staat autonom festgesetzt (autonome Zölle) oder in Verträgen vereinbart (Konventionalzölle). Die einem Vertragspartner eingeräumten und unter dem Normalzoll liegenden Zölle werden Vorzugs- oder Präferenzzölle genannt. Ein Beispiel dafür sind die 1932 auf einer Konferenz in Ottawa zwischen Großbritannien und den damaligen Dominion-Ländern vereinbarten „Empire-Präferenzen", die jetzt als „Commonwealth-Präferenzen" bezeichnet werden. Wenn auf die gleiche Ware verschieden hohe Zölle angewandt werden, spricht man von Differentialzöllen.

Nach der Art der Erhebung unterscheidet man Zölle, die auf Grund des Wertes der Einfuhrwaren berechnet werden (Wertzölle), und solche, denen Gewicht, Maß oder Menge der Waren zugrunde gelegt wird (spezifische Zölle). Der wichtigste spezifische Zoll ist der Gewichtszoll. Werden Wertzoll und Gewichtszoll miteinander kombiniert, so liegt ein Mischzoll vor. Ein Zoll besonderer Art ist der Gleitzoll, der sich nach den Preisen der Einfuhrwaren richtet. Fallen die Preise, so erhöht sich der Zoll, steigen sie, so ermäßigt er sich.

Mengenmäßige Beschränkungen und Selbstbeschränkungsabkommen

Unter *mengenmäßigen Beschränkungen* — auch „Mengenbeschränkungen" oder „Einfuhrkontingentierung" genannt — versteht man die Festsetzung von *Einfuhrkontingenten,* durch die die Einfuhr bestimmter Waren während eines bestimmten Zeitraums mengen- oder wertmäßig begrenzt wird. Importeure, die kontingentierte Waren einführen wollen, benötigen eine Einfuhrgenehmigung (Importlizenz). Einfuhrkontingente, die für alle Lieferländer gelten, bezeichnet man als Globalkontingente, Kontingente, die auf bilateralem Weg mit einzelnen Ländern vereinbart werden, als Länderkontingente. Bei den Globalkontingenten hat der Importeur die Möglichkeit, das günstigste Lieferland auszuwählen. Als besondere Einfuhrkontingente sind noch die Zollkontingente und die Messekontingente zu erwähnen.

Bei den Zollkontingenten handelt es sich um begrenzte Mengen bestimmter Waren, die zu einem ermäßigten Zollsatz oder zollfrei (Zollkontingent zum Nullsatz) eingeführt werden können. Messekontingente sind zusätzliche, anläßlich einer internationalen Messe eröffnete Einfuhrmöglichkeiten für kontingentierte Waren. Sie werden von dem Land, in dem die Messe stattfindet, den Ländern gewährt, die Aussteller zur Messe entsenden, und von der zuständigen Behörde jedes dieser Länder auf die einzelnen Aussteller aufgeteilt. Importeure, die während der Dauer der Messe einen Messekaufvertrag mit einem ausländischen Aussteller über die betreffenden Waren abschließen, erhalten auf Grund der Messekontingente die erforderlichen Einfuhrgenehmigungen.

Die gleiche Wirkung wie die Festsetzung von Einfuhrkontingenten hat der Abschluß von *Selbstbeschränkungsabkommen* mit Lieferländern. In diesen Abkommen verpflichten sich die Lieferländer, die Ausfuhr bestimmter Waren durch autonome Exportbeschränkungen zu begrenzen. Die Bundesrepublik hat Export-Selbstbeschränkungsabkommen u. a. mit Hongkong und Japan abgeschlossen.

Andere nichttarifäre Handelshemmnisse

Nichttarifäre Handelshemmnisse sind neben den oben erwähnten mengenmäßigen Beschränkungen und Export-Selbstbeschränkungsabkommen Einfuhrverbote, an der Grenze erhobene Steuern und Abgaben und verschiedene, die Einfuhr erschwerende gesetzliche und administrative Vorschriften.

Einfuhrverbote gelten in der Regel für Artikel wie Waffen, Rauschgift usw., sie können aber auch auf andere Waren ausgedehnt werden. Die an der Grenze erhobenen Steuern und Abgaben haben entweder den Zweck, die ausländischen Waren der gleichen steuerlichen Belastung zu unterwerfen wie die Inlandserzeugnisse (z. B. die deutsche Einfuhrumsatzsteuer), oder sie sollen, ähnlich wie Schutzzölle, die Einfuhren im Interesse der inländischen Erzeuger verteuern.

Bei den einfuhrhemmenden Vorschriften sind vor allem Zollvorschriften, wie z. B. das „American-Selling-Price-System" (siehe S. 188), komplizierte Einfuhr- und Begleitpapiervorschriften u. dgl. zu erwähnen.

Schutzvorschriften, wie Gesundheitsvorschriften für tierische und pflanzliche Erzeugnisse, Lebensmittelvorschriften und technische Sicherheitsvorschriften, können über ihren erklärten Zweck hinaus als Instrument einer protektionistischen Politik gehandhabt werden. Das gleiche gilt für Vorschriften und Verfahren im Zusammenhang mit der Feststellung und der Abwehr von Dumping. Vorschriften, die eindeutig dem Zweck dienen, die Einfuhr zu erschweren, sind u. a. die Einfuhrdepotpflicht (der Importeur muß für eine bestimmte Zeit ein Bardepot in Landeswährung hinterlegen) und diskriminierende Beschaffungsvorschriften für öffentliche Stellen, die inländischen Anbietern den Vorzug vor ausländischen geben müssen (z. B. einzelstaatliche „Buy-American-Gesetze" in den USA). Schließlich wirkt sich auch die Devisenbewirtschaftung stets nachteilig auf die Importe aus.

Liberalisierung

Liberalisierung des Außenhandels bedeutet in erster Linie die Abschaffung mengenmäßiger Einfuhrbeschränkungen. Im weiteren Sinne versteht man darunter die Beseitigung sämtlicher Handelshemmnisse und dirigistischen Beschränkungen. Den Stand der Liberalisierung in einem Land, d. h. den Prozentsatz der Waren, die ohne Mengenbeschränkungen eingeführt werden können, bezeichnet man als Liberalisierungsgrad. Die liberalisierten Waren können in einer „Positivliste" (Liberalisierungsliste, Freiliste), die kontingentierten Waren in einer „Negativliste" zusammengefaßt werden. Eine Art von Liberalisierung (De-facto-Liberalisierung) ist auch die Eröffnung unbeschränkter Einfuhrmöglichkeiten in Form einer Einfuhrausschreibung mit laufender Antragstellung (siehe S. 148) oder einer allgemeinen Einfuhrlizenz (Open General Licence)[1]. Die Rückgängigmachung von Liberalisierungsmaßnahmen wird Entliberalisierung genannt.

Mehrwertsteuer und Verbrauchsteuern

Durch das „Umsatzsteuergesetz (Mehrwertsteuer)" vom 29. 5. 1967 (Mehrwertsteuergesetz), das am 1. 1. 1968 in Kraft trat, wurde die bis dahin geltende Brutto-Allphasen-Umsatzsteuer durch die *Mehrwertsteuer* ersetzt. Der Mehrwertsteuer unterliegen die Lieferungen und Leistungen, die ein Unternehmer im Inland gegen Entgelt im Rahmen seines Unternehmens ausführt, der Eigenverbrauch und die Einfuhr von Gegenständen in das Zollgebiet (Einfuhrumsatzsteuer). Der Steuersatz beträgt 11 %/o bzw. 5,5 %/o, wobei der ermäßigte Satz u. a. für Lebensmittel und die Leistungen von Angehörigen der freien Berufe in Frage kommt. Für land- und forstwirtschaftliche Betriebe gelten Durchschnittsätze von 5 %/o bzw. 3 %/o.

Bemessungsgrundlage für die Mehrwertsteuer ist das vereinbarte Entgelt. Der Unternehmer hat jedoch das Recht, die durch Anwendung des Steuersatzes auf die Bemessungsgrundlage ermittelte Steuer um die in den Rechnungen seiner Lieferer ausgewiesene Steuer (Vorsteuer) zu kürzen. Es wird also nur der Mehrwert, d. h. die Wertschöpfung des Unternehmens, durch die Mehrwertsteuer erfaßt. Die Mehrwertsteuer wird von einem Unternehmer auf den anderen und schließlich auf den Verbraucher überwälzt; sie hat also — obwohl sie zu den Verkehrsteuern zählt — den Charakter einer Verbrauchsteuer.

Ausfuhrlieferungen sowie die Lohnveredelung und andere Leistungen für ausländische Auftraggeber sind von der Mehrwertsteuer befreit. Außerdem

---

[1] Das Open-General-Licence-System wird in Großbritannien und anderen Ländern angewandt. Für Waren, die unter die Open General Licence fallen, brauchen die Importeure keine Einzellizenzen zu beantragen.

kann der Exporteur die ihm von seinen inländischen Lieferern in Rechnung gestellte Mehrwertsteuer als Vorsteuer absetzen oder sich diese — falls er sonst keine steuerpflichtigen Umsätze hat — vom Finanzamt erstatten lassen. Auf diese Weise wird eine völlige Entlastung der Ausfuhrgüter von der Mehrwertsteuer erreicht.

Die auf Einfuhren erhobene *Einfuhrumsatzsteuer* fällt im Gegensatz zur Mehrwertsteuer unter die Verbrauchsteuern; die Steuersätze entsprechen denen der Mehrwertsteuer. Bemessungsgrundlage für die Einfuhrumsatzsteuer ist der Rechnungspreis zuzüglich Einfuhrabgaben (Zoll, Abschöpfung, Verbrauchsteuer), außer der Einfuhrumsatzsteuer selbst, sowie der Beförderungskosten bis zum ersten inländischen Bestimmungsort, soweit diese nicht bereits im Preis enthalten sind. Beträge in fremder Währung müssen zu den vom Bundesfinanzministerium jeweils festgesetzten Durchschnittskursen in D-Mark umgerechnet werden.

Ein Unternehmer, der Importwaren bezieht, kann die Einfuhrumsatzsteuer genauso als Vorsteuer geltend machen wie die auf inländischen Gütern liegende Mehrwertsteuer.

Verbrauchsteuern sind neben der Einfuhrumsatzsteuer u. a. auch die Biersteuer, die Tabaksteuer, die Zuckersteuer, die Salzsteuer, die Teesteuer und die Kaffeesteuer. Diese werden sowohl auf Inlandserzeugnisse wie auf Einfuhrwaren erhoben.

Wechselsteuer

Die Wechselsteuer ist wie die Mehrwertsteuer eine Verkehrsteuer. Nach dem deutschen Wechselsteuergesetz unterliegen Wechsel grundsätzlich einer Steuer von 15 Pfennig je angefangene 100 Mark. In bestimmten Fällen sieht das Gesetz jedoch Steuerfreiheit oder Steuerermäßigung vor.

Steuerfrei ist die Aushändigung

1. eines vom Ausland auf das Ausland gezogenen Wechsels und eines im Ausland ausgestellten eigenen Wechsels, wenn die Wechsel im Ausland zahlbar sind,
2. eines vom Inland auf das Ausland gezogenen Wechsels, wenn er dort entweder bei Sicht oder innerhalb von 10 Tagen nach dem Ausstellungstag zahlbar ist und vom Aussteller unmittelbar ins Ausland gesandt wird.

Die Steuer *ermäßigt* sich auf die Hälfte

1. bei einem Wechsel, der vom Inland auf das Ausland gezogen und im Ausland zahlbar ist, sofern nicht eine Befreiung von der Steuer in Frage kommt,

2. bei einem Wechsel, der vom Ausland auf das Inland gezogen und im Inland zahlbar ist.

Ein auf ausländische Währung lautender Wechselbetrag muß zum Zwecke der Berechnung der Wechselsteuer in D-Mark umgerechnet werden, wobei bestimmte vom Bundesfinanzministerium festgesetzte Mittelwerte zugrunde zu legen sind.

XVII. Außenwirtschaftsrecht

Außenwirtschaftsgesetz und Durchführungsbestimmungen

Im Jahre 1945 wurde den Deutschen durch Gesetze der Alliierten jedes Geschäft mit dem Ausland oder mit Devisen verboten. Ausnahmen von dem generellen Verbot konnten nur von der Militärregierung ausgesprochen werden. Für die Erteilung von Genehmigungen war in der amerikanischen und britischen Besatzungszone die JEIA (Joint Export Import Agency) und in der französischen Zone der Officomex (Office de Commerce Extérieur) zuständig. Die Aufgaben von JEIA und Officomex gingen nach und nach auf deutsche Stellen über. Durch die vom Bundeswirtschaftsministerium in seinen „Runderlassen Außenwirtschaft" verfügten allgemeinen Genehmigungen wurde das Verbotsprinzip mehr und mehr durchlöchert. Schließlich löste das Außenwirtschaftsgesetz (AWG), das am 1. 9. 1961 in Kraft trat, die alliierte Devisengesetzgebung ab. Nach dem AWG ist der Wirtschaftsverkehr mit dem Ausland grundsätzlich frei, soweit keine Beschränkungen bestehen. An die Stelle des Verbotsprinzips mit Erlaubnisvorbehalt trat das Prinzip der Freiheit der außenwirtschaftlichen Beziehungen mit Beschränkungsvorbehalt. Das AWG enthält selbst einige Beschränkungen und ermächtigt darüber hinaus die Bundesregierung, Beschränkungen durch Rechtsverordnung zu verfügen.

Das AWG ist ein Rahmengesetz, das durch Durchführungsbestimmungen ergänzt werden muß. Diese sind in der Außenwirtschaftsverordnung (AWV) und in der Verordnung zur Regelung von Zuständigkeiten im Außenwirtschaftsverkehr (Zuständigkeitsordnung) enthalten, die ebenfalls am 1. 9. 1961 in Kraft traten. In Ergänzung zum AWG und zur AWV veröffentlicht das Bundeswirtschaftsministerium „Runderlasse Außenwirtschaft" im Bundesanzeiger. Im Gegensatz zu den früheren Runderlassen, durch die Recht gesetzt wurde, sind die heute gültigen „Runderlasse Außenwirtschaft" lediglich Bekanntmachungen. Sie enthalten u. a. die Verordnungen zur Änderung der AWV, der Ausfuhr- und der Einfuhrliste sowie zwischenstaatliche Vereinbarungen.

Der Geltungsbereich des AWG ist das „Wirtschaftsgebiet". Dieses umfaßt die Bundesrepublik Deutschland einschließlich West-Berlin. Die Zollanschlüsse an der deutsch-österreichischen Grenze, also das Kleine Walsertal und Jungholz, gelten — obwohl sie ausländisches Hoheitsgebiet sind — ebenfalls als Teil des Wirtschaftsgebiets. Alle Gebiete außerhalb des Wirtschaftsgebiets mit Ausnahme der DDR — im Gesetz als „sowjetische Besatzungszone

Deutschlands" und „sowjetischer Besatzungssektor von Berlin" bezeichnet — sind fremde Wirtschaftsgebiete. Die Zollausschlüsse an der deutsch-schweizerischen Grenze, also insbesondere die Exklave Büsingen, werden als Teile eines fremden Wirtschaftsgebietes angesehen, soweit es sich um das Verbringen von Sachen und Elektrizität handelt.

Die DDR gehört nicht zum Wirtschaftsgebiet, ist aber andererseits auch kein fremdes Wirtschaftsgebiet. Der Wirtschaftsverkehr mit der DDR unterliegt weiterhin den vor dem 1. 9. 1961 geltenden gesetzlichen Vorschriften.

Natürliche und juristische Personen, die ihren ständigen Wohn- oder Geschäftssitz im Wirtschaftsgebiet haben, sind „Gebietsansässige", natürliche und juristische Personen, die ihren ständigen Wohn- oder Geschäftssitz in fremden Wirtschaftsgebieten haben, sind „Gebietsfremde". Diese Unterscheidung nimmt keine Rücksicht auf die Staatsangehörigkeit. Ein britischer Staatsangehöriger, der dauernd in der Bundesrepublik lebt, ist somit Gebietsansässiger. Umgekehrt ist ein deutscher Staatsangehöriger, der dauernd in Frankreich wohnt, Gebietsfremder.

Ausfuhrvorschriften

Die Ausfuhr bestimmter Waren nach bestimmten Ländern unterliegt Beschränkungen. Einzelheiten dieser Beschränkungen ergeben sich aus der Ausfuhrliste und den Länderlisten.

Die *Ausfuhrliste,* die eine Anlage zur AWV bildet, besteht aus zwei Teilen.

Teil I umfaßt vier Abschnitte:

Abschnitt A: Internationale Liste für Waffen, Munition und Rüstungsmaterial.

Abschnitt B: Internationale Kernenergieliste.

Abschnitt C: Internationale Kontrolliste für verschiedene Waren.

Abschnitt D: Sonstige Waren, deren Ausfuhr Beschränkungen unterliegt.

Die Genehmigungspflicht der in Teil I der Ausfuhrliste aufgeführten Waren beruht auf den Embargobestimmungen des „Coordinating Committee for East-West Trade Policy" (COCOM). (Das COCOM ist ein von den westlichen Staaten zur Überwachung des Ost-Embargos eingesetztes Gremium.)

Teil II der Ausfuhrliste enthält — aufgeschlüsselt nach den Nummern des Warenverzeichnisses für die Außenhandelsstatistik — die bereits in Teil I genannten Waren sowie eine Reihe weiterer Waren, deren Ausfuhr beschränkt werden muß, um die Deckung des Inlandsbedarfs oder die Erfüllung des EWG-Vertrags zu gewährleisten. Außerdem sind darin Waren enthalten, die nur dann in EWG-Mitgliedstaaten ausgeführt werden dürfen, wenn sie den vorgeschriebenen Qualitätsnormen entsprechen. Die Waren sind je nach dem Grund der Beschränkung mit B (Bedarfsdeckung), E (EWG) oder G (Güteklasse) gekennzeichnet. Die Ausfuhr sämtlicher in Teil II der Ausfuhrliste genannten Waren — mit Ausnahme der mit G gekennzeichneten — bedarf einer Genehmigung. Wenn Waren mit der Kennzeichnung G in einen Mitgliedstaat der EWG ausgeführt werden sollen, muß eine Kontrollbescheinigung vorgelegt werden.

Die Anwendbarkeit der außenwirtschaftlichen Beschränkungen ergibt sich aus den *Länderlisten*. Die Länderliste A (früherer OEEC-Bereich) und die Länderliste B (alle übrigen Länder, ausgenommen Ostblockländer laut Länderliste C) bilden als Teil der Einfuhrliste eine Anlage zum AWG. Die Länderliste C (Ostblockländer) sowie die übrigen Länderlisten sind in einer Anlage zur AWV zusammengefaßt. Die Ausfuhr der in Teil I der Ausfuhrliste, Abschnitt A und B, genannten Waren ist stets genehmigungspflichtig ohne Rücksicht darauf, in welches Land die Waren geliefert werden. Die in Abschnitt C und D aufgeführten Waren dürfen genehmigungsfrei ausgeführt werden, wenn das Verbrauchsland ein Land der Länderliste A oder B ist und wenn nach dem der Ausfuhr zugrundeliegenden Vertrag Waren im Werte von nicht mehr als 1000 DM geliefert werden sollen. Die Ausfuhr dieser Waren in ein Land der Länderliste C bedarf jedoch in jedem Fall einer Genehmigung.

Ausfuhrverfahren: Genehmigungsfreie Ausfuhr

Bei allen Ausfuhren im Werte von über 50 DM — sowohl den genehmigungsfreien wie auch den genehmigungsbedürftigen — muß der Ausführer einen Ausfuhrschein ausstellen, und zwar bei Kleinsendungen bis zu 1000 DM eine Klein-Ausfuhrerklärung (Klein-AE), bei allen größeren Sendungen eine Ausfuhrerklärung (AE)[1]. Erfolgt der Versand der Ware nicht durch den Ausführer selbst, sondern durch dessen Lieferer, so wird ein vorläufiges Ausfuhrpapier, die Versand-Ausfuhrerklärung (Versand-AE), verwendet. Die Versand-AE ist jedoch kein Ausfuhrschein. Für Waren, die mit einer Versand-AE ausgeführt worden sind, muß innerhalb von 10 Tagen ein Ausfuhrschein bei der Versandzollstelle abgegeben werden, wobei es möglich ist, mehrere Versand-Ausfuhrerklärungen zu einem Ausfuhrschein zusammenzufassen.

Für die Ausfuhrerklärung wird ein dreiteiliger Vordrucksatz[2] verwendet. Dieser besteht aus

---

[1] Vgl. Anlage 6.
[2] Die seit dem 1. 1. 1970 geltenden Vordrucke für die AE, die Klein-AE und die Versand-AE sind den Versandanmeldungen T1 und T2 (siehe S. 157) angepaßt, so daß sie zusammen mit diesen Papieren in einem Arbeitsgang ausgefüllt werden können.

1. Ausfuhrerklärung zugleich Ausfuhranmeldung (grüne Ecken) — an Zollstelle oder Postanstalt; von Zollstelle oder Postanstalt an das Statistische Bundesamt,
2. Durchschrift der Ausfuhrerklärung (rote Ecken) — verbleibt beim Ausführer,
3. Anmeldung zur zollamtlichen Behandlung der Ausfuhrsendung (weißer Zettel).

Der Ausführer hat die Sendung unter Vorlage der ordnungsgemäß ausgefüllten Vordrucke 1 und 2 bei der Versandzollstelle zu gestellen, d. h. vorzuführen. Versandzollstelle ist die Zollstelle, in deren Bezirk sich der Betrieb des Ausführers befindet. Wenn die auszuführenden Waren im Bezirk der Versandzollstelle verpackt oder verladen werden, so genügt statt der Gestellung die Anmeldung mittels des unter 3. genannten Vordrucks, der zusammen mit der AE bei der Versandzollstelle abzugeben ist.

Die Versandzollstelle prüft die Zulässigkeit der Ausfuhr. Sie kann — falls sie dies für notwendig hält — die Waren einer Beschau unterziehen. Die Gestellung oder Anmeldung der Sendung bestätigt die Versandzollstelle auf der Rückseite der AE. Dort wird auch der Befund einer eventuell vorgenommenen Beschau eingetragen. Die Sicherung der Nämlichkeit der Ware erfolgt durch ein geeignetes Nämlichkeitsmittel (z. B. Zollverschluß, genaue Beschreibung); die Art der Nämlichkeitssicherung wird ebenfalls auf der AE vermerkt. Nach der zollamtlichen Behandlung gibt die Versandzollstelle die AE zusammen mit der Durchschrift an den Ausführer zurück.

Als nächstes muß der Ausführer die AE der Ausgangszollstelle, d. h. der nach den Zollvorschriften für die Gestellung bei der Ausfuhr zuständigen Zollstelle, übergeben und ihr die Sendung auf Verlangen gestellen. Die Ausgangszollstelle kann wie die Versandzollstelle eine Beschau der Ware vornehmen. Im Postverkehr ist die AE bei der Einlieferungspostanstalt abzugeben. Die Ausgangszollstelle oder die Postanstalt bestätigt auf der Rückseite der AE, daß die Sendung ausgeführt bzw. zur Beförderung in das Ausland übernommen wurde, und reicht die AE an das Statistische Bundesamt in Wiesbaden zur Auswertung weiter.

Bei genehmigungsfreien Ausfuhrsendungen im Werte bis zu 1000 DM entfällt die Abfertigung durch die Versandzollstelle. Die betreffende Klein-AE braucht also nur der Ausgangszollstelle vorgelegt zu werden. Wenn eine Versand-AE verwendet wird, so nimmt diese den gleichen Weg wie die normale AE, wird aber von der Ausgangszollstelle nach Ausfuhr der Waren an die Versandzollstelle des Ausführers zurückgeschickt.

Die AWV sieht u. a. folgende Verfahrenserleichterungen für Ausführer vor: Das Hauptzollamt kann auf Antrag gestatten, daß Ausfuhrwaren im voraus bei der Versandzollstelle angemeldet werden; die Oberfinanzdirektion kann vertrauenswürdigen Ausführern, besonders solchen mit einer elektronischen Datenverarbeitungsanlage, erlauben, im Verfahren der Vorausanmeldung an Stelle des Ausfuhrscheins eine Ausfuhrkontrollmeldung zu verwenden; die Oberfinanzdirektion kann einzelne Ausführer von der Pflicht der Gestellung oder Anmeldung der Waren bei der Versandzollstelle befreien, wenn die Gestellung oder Anmeldung mit besonderen Schwierigkeiten verbunden ist.

Ausfuhrverfahren: Genehmigungsbedürftige Ausfuhr

Bei genehmigungsbedürftigen Ausfuhren benötigt der Ausführer neben dem Ausfuhrschein eine Ausfuhrgenehmigung, die bei der zuständigen Genehmigungsstelle — entweder dem Bundesamt für gewerbliche Wirtschaft oder dem Bundesamt für Ernährung und Forstwirtschaft (beide in Frankfurt am Main) — zu beantragen ist. Zu diesem Zweck wird ein vierteiliger Vordrucksatz verwendet, der aus folgenden Teilen besteht:

1. Antrag auf Ausfuhrgenehmigung (für die Genehmigungsstelle),
2. Ausfuhrgenehmigung (ist zusammen mit dem Ausfuhrschein der Versandzollstelle vorzulegen und begleitet die Ware),
3. Durchschrift der Ausfuhrgenehmigung (ist zusammen mit der Ausfuhrgenehmigung der Versandzollstelle vorzulegen und wird von dieser nach Ausfuhr der Waren an die zuständige Genehmigungsstelle gesandt),
4. Durchschrift des Antrags auf Ausfuhrgenehmigung (zum Verbleib beim Antragsteller).

Dem Antrag auf Genehmigung der Ausfuhr von Waren, die in Teil I, Abschnitt A, B und C der Ausfuhrliste genannt sind, ist eine Internationale Einfuhrbescheinigung (International Import Certificate) — früher Unbedenklichkeitsbescheinigung genannt — des Käuferlandes oder des Verbrauchslandes beizufügen, wenn eines der beiden Länder in der Länderliste D aufgeführt ist. (Die Länderliste D enthält keine Ostblockstaaten.) In der Einfuhrbescheinigung erklärt eine dazu berechtigte Behörde des betreffenden Landes, daß die Waren nicht zur Wiederausfuhr in Länder des Ostblocks bestimmt sind. Wenn weder das Käufer- noch das Verbrauchsland in der Länderliste D verzeichnet ist, so sind andere Unterlagen zum Nachweis des Verbleibs der Waren in dem betreffenden Verbrauchsland vorzulegen.

Die Erteilung einer Ausfuhrgenehmigung kann mit Bedingungen und Auflagen verbunden sein. So kann z. B. das Bundesamt für gewerbliche Wirtschaft die Genehmigung für die Ausfuhr von Waren, die in Teil I der Ausfuhrliste genannt sind, mit der Auflage versehen, daß der Ausführer die Einfuhr der betreffenden Waren in das Käufer- oder Verbrauchsland durch eine Wareneingangsbescheinigung (Delivery Verification) oder andere Unterlagen nachweist.

Die Ausfuhrabfertigung ist bei genehmigungsbedürftigen Ausfuhren im wesentlichen die gleiche wie bei genehmigungsfreien, der Ausführer muß jedoch den Zollstellen zusammen mit dem Ausfuhrschein bzw. der Versand-AE die Ausfuhrgenehmigung vorlegen. Außerdem ist auch bei Sendungen bis zu 1000 DM die zollamtliche Behandlung durch die Versandzollstelle erforderlich.

Befreiungen bei der Ausfuhr

Nach § 19 AWV benötigt der Ausführer bei bestimmten Ausfuhrsendungen weder einen Ausfuhrschein noch eine Ausfuhrgenehmigung und unterliegt auch nicht den Vorschriften über die Ausfuhrabfertigung durch die Versandzollstelle und die Ausgangszollstelle. Die Sendung muß jedoch der Ausgangszollstelle gestellt werden, wenn diese die Gestellung verlangt. Zu den hier in Frage kommenden Ausfuhrsendungen gehören: Waren bis zu einem Wert von 50 DM je Ausfuhrsendung, ausgenommen Saatgut; Drucksachen, Akten, Geschäftspapiere usw.; Tonträger, Datenträger und Filme, soweit sie nicht Handelsware sind; Entwürfe, technische Zeichnungen usw.; Geschenke bis zu einem Wert von 500 DM je Ausfuhrsendung; Diplomaten- und Konsulargut; Ersatzlieferungen für ausgeführte Waren, die der Kunde zurückgeschickt hat; vom inländischen Empfänger nicht angenommene Einfuhrwaren; Heirats-, Übersiedlungs- und Erbschaftsgut; Werbeartikel, soweit sie nicht Handelsware sind; zurückgesandte Verpackungsmittel, Paletten und Behälter; Waren zur Verwendung bei der Ersten Hilfe in Katastrophenfällen; Waren, die Reisende zum eigenen Gebrauch oder zur Ausübung ihres Berufes mitführen u. a. m. (Bei den meisten der in § 19 AWV genannten Ausfuhren kommt das erleichterte Verfahren nur dann in Betracht, wenn es sich nicht um Waren handelt, die auf der Ausfuhrliste stehen.)

Einfuhrvorschriften

Eine wichtige Rolle bei der Einfuhr spielt die *Einfuhrliste,* die eine Anlage zum AWG ist. Obwohl sie einen Teil des Gesetzes bildet, kann sie durch Rechtsverordnung geändert werden. Solche Änderungen sind laufend notwendig, um die Einfuhrliste den jeweiligen Gegebenheiten anzupassen.

Die Einfuhrliste besteht aus drei Teilen, nämlich den Anwendungsvorschriften, den Länderlisten A und B und der Warenliste. Anhand der Warenliste, die sämtliche Warenpositionen des Warenverzeichnisses für die Außenhandelsstatistik enthält, kann in Verbindung mit den Anwendungsvorschriften und den Länderlisten für jede einzelne Ware festgestellt werden, ob eine Genehmigung erforderlich ist oder nicht.

In den Spalten 1 und 2 der Warenliste sind die Warennummern und Warenbenennungen des Warenverzeichnisses für die Außenhandelsstatistik aufgeführt. In Spalte 3 ist für jede Ware der Zuständigkeitsbereich angegeben. Zuständig ist entweder das Bundesamt für gewerbliche Wirtschaft oder das Bundesamt für Ernährung und Forstwirtschaft. Die Einfuhr einer Ware durch einen Gebietsansässigen ist ohne Genehmigung zulässig, wenn die Ware in Spalte 4 der Warenliste mit einem Kreuz (+) gekennzeichnet ist und Einkaufs- und Ursprungsland in der Länderliste A oder B genannt sind. Die Einfuhr einer Ware bedarf der Genehmigung, wenn die Ware in Spalte 4 durch einen Strich (—) gekennzeichnet ist, wenn die Ware von einem Gebietsfremden eingeführt wird und wenn Einkaufs- oder Ursprungsland der Ware in der Länderliste C genannt ist. Spalte 5 der Warenliste enthält bei landwirtschaftlichen Erzeugnissen, die einer EWG-Marktordnung unterliegen, den Vermerk „GMO" (Gemeinsame Marktorganisation). Ferner sind in dieser Spalte genehmigungsfreie Waren, für die ein Ursprungszeugnis benötigt wird, mit einem „U" gekennzeichnet. Ein Ursprungszeugnis ist nur bei Sendungen im Wert von über 1000 DM erforderlich; die Freigrenze gilt nicht für Textilien mit Ursprung in Hongkong oder Macao. Bei genehmigungsbedürftigen Einfuhren muß ein Ursprungszeugnis vorgelegt werden, wenn die Einfuhrgenehmigung dies vorschreibt.

Einfuhrverfahren: Genehmigungsfreie Einfuhr

Bei der genehmigungsfreien (liberalisierten) Einfuhr muß der Einführer binnen 14 Tagen nach Vertragsabschluß eine Einfuhrerklärung (EE)[1] bei der Deutschen Bundesbank (Landeszentralbank, Hauptstelle oder Zweigstelle) zur Abstempelung einreichen. Anstelle des Einführers kann auch ein Handelsvertreter, Spediteur oder Frachtführer die EE im eigenen Namen abgeben. Der Vordrucksatz der Einfuhrerklärung besteht aus zwei Teilen: der 1. Teil (mit rotem Rand) dient dem Einführer zur Einfuhrabfertigung, der 2. Teil (mit grünem Rand) ist für das Bundesamt für gewerbliche Wirtschaft bzw. das Bundesamt für Ernährung und Forstwirtschaft bestimmt. Die Bundesbank stempelt beide Teile der Einfuhrerklärung ab; die 1. Ausfertigung gibt sie an den Einführer zurück, die 2. Ausfertigung leitet sie an das zuständige Bundesamt weiter.

In bestimmten Fällen, so z. B. bei Waren bis zu einem Wert von 5000 DM und leichtverderblichen Waren, darf die EE bereits vor Vertragsschluß abgegeben werden. Vertrauenswürdigen Einführern die ständig bestimmte Waren in zahlreichen Sendungen einführen, kann gestattet werden, Einfuhrerklärungen für einen begrenzten Zeitraum vor Abschluß der Einfuhrverträge, aber nicht über sechs Monate hinaus, abzugeben.

---

[1] Vgl. Anlage 7.

Die abgestempelte Einfuhrerklärung reicht der Einführer zusammen mit dem Zollantrag bei der zuständigen Zollstelle ein und beantragt auf diese Weise die zollamtliche Abfertigung der Einfuhrsendung.

Einfuhrverfahren: Genehmigungsbedürftige Einfuhr

In der Bundesrepublik werden Einfuhrmöglichkeiten für genehmigungsbedürftige (kontingentierte) Waren durch das zuständige Bundesamt im Bundesanzeiger bekanntgemacht; diese Bekanntmachung bezeichnet man als Einfuhrausschreibung. Interessierte Importeure können dann für die ausgeschriebenen Waren Einfuhrgenehmigungen beantragen. Man unterscheidet Einzelausschreibungen und Ausschreibungen mit laufender Antragstellung. In den Einzelausschreibungen wird das zur Verfügung stehende Kontingent angegeben, wobei Einfuhrgenehmigungen nur so lange erteilt werden, bis das Kontingent erschöpft ist. Bei Ausschreibungen mit laufender Antragstellung gibt es dagegen keine mengen- oder wertmäßigen Begrenzungen.

Die bei genehmigungsbedürftigen Einfuhren vorgeschriebene Einfuhrgenehmigung (EG) muß vom Einführer bei dem zuständigen Bundesamt beantragt werden. Antragsberechtigt ist nur der Einführer selbst. Für den Antrag und die Erteilung der Einfuhrgenehmigung wird ein dreiteiliger Vordrucksatz verwendet. Die 1. Ausfertigung (mit rotem Rand) erhält der Einführer für die Einfuhrabfertigung, die 2. Ausfertigung (mit grünem Rand) geht an das zuständige Bundesamt, und die 3. Ausfertigung (mit braunem Rand) ist für die Deutsche Bundesbank bestimmt. Durch Vorlage der Einfuhrgenehmigung und des Zollantrags beantragt der Einführer bei der zuständigen Zollstelle die zollamtliche Abfertigung der Einfuhrsendung.

Erleichtertes Verfahren bei der Einfuhr

§ 32 AWV enthält eine Liste von Waren, die ohne Einfuhrerklärung oder Einfuhrgenehmigung und ohne Vorlage eines Ursprungszeugnisses eingeführt werden dürfen. Zu diesen Waren gehören u. a. Waren der gewerblichen Wirtschaft und bestimmte Waren aus dem Bereich der Ernährung und Landwirtschaft (Tee und Kakao, Backwaren, Obst- und Gemüsekonserven, Fruchtsäfte usw.) bis zu einem Grenzübergangswert von 240 DM je Einfuhrsendung (sog. Jedermann-Einfuhren); Geschenke bis zu einem Wert von 500 DM; Drucksachen, Akten, Geschäftspapiere usw.; Ersatzlieferungen für zurückgesandte Einfuhrwaren; Waren zur Verwendung in Katastrophenfällen; Reisegerät, Reiseverzehr und Reisemitbringsel; Heirats-, Übersiedlungs- und Erbschaftsgut u. a. m. Bei der Einfuhr von Waren, die unter das erleichterte Verfahren fallen, müssen jedoch die Zollvorschriften sowie die Vorschriften über die Statistik des grenzüberschreitenden Warenverkehrs beachtet werden.

Das Jedermann-Verfahren ermöglicht es Privatleuten, bestimmte Waren bis zu dem genannten Höchstwert für den eigenen Bedarf aus dem Ausland zu beziehen. Die Jedermann-Einfuhren sind zwar von bestimmten Formalitäten, nicht aber von den Einfuhrabgaben befreit. Soweit die Waren zollpflichtig sind, müssen sie verzollt werden. Ferner sind die Einfuhrumsatzsteuer und, soweit die Waren einer Verbrauchsteuer unterliegen, auch die Verbrauchsteuer zu entrichten.

Meldevorschriften

Die AWV enthält in Kapitel VII (Meldevorschriften nach § 26 AWG für den Zahlungsverkehr) umfangreiche Meldevorschriften zur statistischen Erfassung des Auslands-Zahlungsverkehrs. Grundsätzlich müssen Gebietsansässige alle Zahlungen melden, die sie von Gebietsfremden oder für deren Rechnung von Gebietsansässigen entgegennehmen (eingehende Zahlungen) oder an Gebietsfremde oder für deren Rechnung an Gebietsansässige leisten (ausgehende Zahlungen). Als Zahlungen im Sinne dieser Vorschriften gelten auch die Aufrechnung und die Verrechnung sowie das Einbringen von Sachen und Rechten in Unternehmen, Zweigniederlassungen und Betriebsstätten. Die Meldungen sind unter Verwendung der amtlich vorgeschriebenen Vordrucke bei der Deutschen Bundesbank abzugeben. Für Kreditinstitute, Seeschiffahrtsunternehmen und Reisebüros bestehen besondere Meldevorschriften.

XVIII. Zollwesen

Zollgebiet

Das Zollgebiet ist das Gebiet innerhalb der Zollgrenze; es ist nicht in jedem Fall mit dem Staatsgebiet identisch. Teile des eigenen Staatsgebiets, die einem fremden Zollgebiet angeschlossen sind, bezeichnet man als „Zollausschlüsse", Teile fremden Hoheitsgebiets, die zum eigenen Zollgebiet gehören, als „Zollanschlüsse". Daneben gibt es auch Zollfreigebiete, wie z. B. die Freihäfen. Bei diesen handelt es sich um Teile von Seehäfen, in denen Waren aus dem Ausland ohne Zollkontrolle umgeladen, gelagert und veredelt werden können.

Der Zusammenschluß mehrerer Staaten zu einem einheitlichen Zollgebiet mit gemeinsamem Außenzoll wird „Zollunion" genannt. (Im Unterschied zu einer Zollunion behält in einer Freihandelszone, wie z. B. der EFTA, jedes Mitgliedsland seinen eigenen Außenzoll.) Die Zollunion der EWG besteht im wesentlichen seit dem 1. 7. 1968. Waren aus Drittländern, d. h. Ländern, die der EWG nicht angehören, unterliegen bei Überschreiten der EWG-Außengrenze den einheitlichen Zollsätzen des „Gemeinsamen Zolltarifs" der EWG bzw. den in der EWG auf landwirtschaftliche Erzeugnisse erhobenen Abschöpfungen (siehe S. 173 f.). Die Binnengrenzen, d. h. die Grenzen zwischen den Mitgliedstaaten der EWG, sind keine Zollgrenzen mehr, sondern nur noch Steuergrenzen, an denen Umsatz- und Verbrauchsteuern erhoben werden. (Bei Einfuhren aus Drittländern sind die Umsatzsteuer und, soweit die Waren verbrauchsteuerpflichtig sind, auch die Verbrauchsteuer zusammen mit dem Zoll bzw. der Abschöpfung zu entrichten.)

Das *Zollgebiet der EWG* umfaßt folgende Gebiete: Das Gebiet des Königreichs Belgien; das Gebiet der Bundesrepublik Deutschland mit Ausnahme der Insel Helgoland und der Zollausschlüsse an der deutsch-schweizerischen Grenze; die österreichischen Gebiete Kleines Walsertal und Jungholz (deutsche Zollanschlüsse); das Gebiet der Französischen Republik mit Ausnahme der überseeischen Gebiete[1]; das Gebiet des Fürstentums Monaco; das Gebiet der Italienischen Republik mit Ausnahme der Gemeinden Livigno und Campione d'Italia sowie des zum italienischen Hoheitsgebiet gehörenden Teils des Luganer Sees zwischen dem Ufer und der politischen Grenze der zwischen Ponte Tresa und Porto Ceresio gelegenen Zone; das Gebiet der Repu-

---

[1] Die französischen überseeischen Departements Guadeloupe, Martinique, Guayana und Réunion gehören jedoch als Bestandteil der Französischen Republik zum Zollgebiet der Gemeinschaft.

blik San Marino; das Gebiet des Großherzogtums Luxemburg und das Gebiet des Königreichs der Niederlande in Europa.

Neben dem Zollgebiet der EWG gibt es weiterhin ein *deutsches Zollgebiet,* zu dem auch das Gebiet der DDR gerechnet wird. Waren aus der DDR, die im Rahmen des innerdeutschen Handels in die Bundesrepublik eingeführt werden, gelten nicht als ausländische Waren und sind daher zollfrei. Die anderen Mitgliedstaaten der EWG können jedoch deutschen Waren, die ihren Ursprung in der DDR haben, die Gemeinschaftsbehandlung, d. h. die Behandlung als EWG-Waren, verweigern.

Zolltarif

Der Zolltarif besteht aus einem einheitlich gegliederten Warenverzeichnis, dem Zolltarifschema oder der Zollnomenklatur, und den für die einzelnen Waren geltenden Zollsätzen. Viele Länder haben ihren Zolltarifen das vom Brüsseler Zollrat ausgearbeitete „Brüsseler Zolltarifschema" zugrunde gelegt. Die Feststellung der Zolltarifposition, unter die eine bestimmte Ware fällt, bezeichnet man als Tarifierung.

Am 1. 7. 1968 trat in der EWG der auf dem Brüsseler Tarifschema aufgebaute *Gemeinsame Zolltarif (GZT)* in Kraft. Der GZT ist in allen Mitgliedstaaten unmittelbar geltendes Zolltarifrecht; er hat die bis dahin bestehenden unterschiedlichen Zolltarifrechte der einzelnen Mitgliedstaaten weitgehend ersetzt. Die Zollsätze des GZT sind in der Regel Wertzollsätze. Daneben kommen in einigen Fällen auch spezifische Zollsätze und Mischzollsätze in Anwendung.

Die für die Zollabfertigung in der Bundesrepublik maßgebenden tariflichen Vorschriften sind im *Deutschen Gebrauchszolltarif* zusammengefaßt, der u. a. aus dem GZT und dem Deutschen Teil-Zolltarif besteht. Der Deutsche Teil-Zolltarif ist eine Sammlung der neben dem GZT weiterhin bestehenden deutschen Zolltarifvorschriften sowie der Vorschriften des Zolltarifs, die nicht auf Grund von Verordnungen des Rates oder der Kommission der Europäischen Gemeinschaften unmittelbar in der Bundesrepublik anzuwenden sind. Die besonderen Zollsätze im Zusammenhang mit Assoziierungsabkommen sind ebenfalls im Deutschen Teil-Zolltarif aufgeführt.

Zollauskunft

Durch Einholung einer Zollauskunft soll die Einordnung einer Ware in den Zolltarif bzw. der auf diese Ware in Anwendung kommende Zollsatz festgestellt werden. Die Zollauskunft wird vom Exporteur, dessen Vertreter im Einfuhrland oder dem Importeur bei der Zollbehörde des Einfuhrlandes beantragt. In dem Antrag müssen alle für die Tarifierung wesentlichen Merkmale der Ware aufgeführt werden. Außerdem sind Proben, Muster, Abbildungen, Zeichnungen usw. beizufügen. Falls eine Zollauskunft nicht zu erhalten ist, kann eine Probeverzollung durchgeführt werden. Bei diesem Verfahren liefert der Exporteur eine kleine Menge der betreffenden Ware an den Importeur, damit dieser sich anhand des Zollbescheids über die Zollbelastung informieren kann.

In der Bundesrepublik erteilen die damit beauftragten Oberfinanzdirektionen, deren Zuständigkeit nach Kapiteln des Zolltarifs festgelegt ist, *verbindliche Zollauskünfte*. Eine verbindliche Zollauskunft bindet die Zollverwaltung für die Dauer von drei Monaten. *Unverbindliche Zollauskünfte* können von jeder Zollstelle eingeholt werden. Außerdem sind die Hauptzollämter angewiesen, Auskünfte zu geben über außertarifliche Zollfreiheit (z. B. Einfuhr von Werbematerial, Übersiedlungsgut, Rückwaren) und über die Umstände für die Bemessung des Zollwerts (z. B. Einbeziehung von Lizenzgebühren in den Zollwert, zollrechtliche Anerkennung von Preisnachlässen und Preisermäßigungen, Zugehörigkeit von Lieferungs- und Verkaufskosten zum Zollwert).

Zollabfertigung

Alle ausländischen Waren, die in die Bundesrepublik eingeführt werden, und zwar sowohl Waren aus Drittländern wie solche aus EWG-Ländern, sind Zollgut und stehen unter zollamtlicher Überwachung. Sie bleiben so lange Zollgut, bis sie zum freien Verkehr abgefertigt, wiederausgeführt oder vernichtet worden sind. Durch die Abfertigung zum freien Verkehr wird aus dem Zollgut Freigut.

Der Einführer ist verpflichtet, Einfuhrsendungen der nächsten Zollstelle zu gestellen. (Bei bestimmten Waren kann der Einführer auf Antrag von der Pflicht zur Gestellung befreit werden.) Aus dem Ausland eingehende Bahnsendungen dürfen im allgemeinen unmittelbar bis zum Bestimmungsort weiterbefördert werden. Postsendungen aus dem Ausland, die zollpflichtige Waren enthalten, muß die Bundespost bei der Zollstelle des Bestimmungsortes gestellen, soweit die Sendungen ein Gewicht von über 500 g und einen Wert von über 10 DM haben.

Nach erfolgter Gestellung reicht der Zollbeteiligte, d. h. der Einführer oder dessen Beauftragter, ein ausgefülltes Formular — „Zollantrag und Zollanmeldung" — bei der Zollstelle ein. Der Zollantrag ist der Antrag auf zollamtliche Abfertigung des Zollguts, und zwar entweder zum freien Verkehr oder zu einem bestimmten Zollverkehr (Zollgutversand, Zollgutverwendung, Zollgutlagerung oder Zollveredelung). (Zollgut kann auch im Anschluß an einen besonderen Zollverkehr zum freien Verkehr abgefertigt werden.) Die

Zollanmeldung enthält die Angaben, die die Zollstelle für die Zollbehandlung der Sendung benötigt. Zusammen mit Zollantrag und Zollanmeldung muß der Einführer die Einfuhrerklärung oder Einfuhrgenehmigung, die Handelsrechnung und — soweit erforderlich — ein Ursprungszeugnis einreichen. Außerdem ist nach den Vorschriften über die Statistik des grenzüberschreitenden Warenverkehrs für jede Einfuhrsendung — von einigen Ausnahmen abgesehen — eine Einfuhranmeldung/Statistischer Anmeldeschein vorzulegen. Bei einigen Waren, wie z. B. Erzeugnissen der Ernährung und Landwirtschaft sowie Eisen und Stahl, wird eine Einfuhrkontrollmeldung, bei der Einfuhr bestimmter landwirtschaftlicher Erzeugnisse eine Kontrollbescheinigung über die Güteklasse (EWG-Qualitätsnorm) verlangt. Die Zollstelle hat das Recht, die vom Zollbeteiligten in der Zollanmeldung gemachten Angaben durch eine Zollbeschau zu überprüfen. Erfolgt eine Zollbeschau, so wird darüber ein Zollbefund ausgestellt.

Wenn der Zollbeteiligte die Abfertigung zum freien Verkehr beantragt hat, setzt die Zollstelle die Einfuhrabgaben fest. Bei zoll- oder abschöpfungspflichtigen Drittlandswaren sind dies Einfuhrzoll bzw. Abschöpfung, Einfuhrumsatzsteuer und eventuell Verbrauchsteuer, bei EWG-Waren nur Einfuhrumsatzsteuer und eventuell Verbrauchsteuer. Die EWG-Wareneigenschaft wird durch das Versandpapier T 2 bzw. T 2 L (siehe gemeinschaftliches Versandverfahren S. 156) oder, soweit dies noch erforderlich ist, durch Vorlage einer Warenverkehrsbescheinigung nachgewiesen. Über die zu zahlenden Einfuhrabgaben stellt die Zollstelle einen Zollbescheid aus. Mit der Bekanntgabe des Zollbescheids sind die Abgaben fällig, die Zollbehörde gewährt jedoch dem Zollbeteiligten auf Antrag einen Zahlungsaufschub. Der zinslose Zahlungsaufschub für Zölle, Abschöpfungen und Nebenabgaben darf in der EWG einheitlich nicht mehr als durchschnittlich 30 Tage betragen. Werden Waren nach ihrer Verzollung an den ausländischen Lieferer zurückgesandt, hat der Einführer Anspruch auf Erstattung der entrichteten Einfuhrabgaben.

Besondere Zollverkehre

Die besonderen Zollverkehre in der Bundesrepublik sind wie bereits erwähnt, der Zollgutversand, die Zollgutverwendung, die Zollgutlagerung und die Zollveredelung.

Beim *Zollgutversand* wird Zollgut unter Zollaufsicht von einer Zollstelle in der Bundesrepublik an eine andere überwiesen. Die Beantragung des Zollgutversands erfolgt durch den Zollbeteiligten oder dessen Vertreter, der der Zollstelle einen ausgefüllten Versandschein vorlegt. Die Versandzollstelle, die das Zollgut überweist, unterzeichnet den Versandschein, nachdem sie einen Termin für die erneute Gestellung bei der Empfangszollstelle, an die das Zollgut überwiesen wird, festgesetzt, Maßnahmen der Nämlichkeitssicherung (Raum- oder Packstückverschluß durch Anbringen von Bleien, Kennzeichnung durch Beschreibung, Ziehung von Proben) getroffen und eine angemessene Sicherheit verlangt hat. Die Sendung muß sofort nach Eintreffen am Empfangsort unter Vorlage des Versandscheins der Empfangszollstelle gestellt oder dem Empfänger übergeben werden, wenn dieser Gestellungsbefreiung nachweist.

Neben diesem innerstaatlichen Verfahren, das nur im Bereich der Bundesrepublik angewandt wird, gibt es noch zwei internationale Verfahren, nämlich das gemeinschaftliche Versandverfahren in der EWG (siehe S. 156) und das Carnet-TIR-Verfahren (siehe S. 159).

Unter *Zollgutverwendung* versteht man die vorübergehende Verwendung von Zollgut, das anschließend wieder ausgeführt wird. Zur Zollgutverwendung eingeführte Waren sind in der Bundesrepublik bis zu 6 Monaten (bei Bedarf nach Genehmigung bis zu zwei Jahren und darüber) frei von Zöllen und Abgaben, soweit die Verwendung wesentliche Vorteile für den Verwender erwarten läßt und Nachteile für andere, durch den Zoll geschützte Wirtschaftskreise nicht zu befürchten sind. Das Zollgutverwendungsverfahren kommt z. B. in Frage, wenn Baumaschinen von ausländischen Bauunternehmen zur Durchführung eines Bauauftrags vorübergehend in die Bundesrepublik verbracht werden. Der Zollbeteiligte muß sich von der Zollstelle einen Zollverwendungsschein ausstellen lassen. Wichtig sind auch hier wieder die Sicherung der Nämlichkeit der Ware und die Stellung einer Sicherheit durch den Zollbeteiligten. Bei bestimmten Waren kann die Zollgutverwendung durch Benützung eines Carnet ECS oder ATA wesentlich erleichtert werden.

Als *Zollgutlagerung* bezeichnet man die zoll- und abgabenfreie Lagerung von Zollgut in besonderen Zollagern. Zölle und Abgaben sind erst fällig, wenn das Zollgut aus dem Lager genommen und in den freien Verkehr übergeführt wird. Bei einer Wiederausfuhr des ausgelagerten Zollguts sind keine Zölle und Abgaben zu zahlen.

Am 1. 1. 1970 traten in der EWG einheitliche Bestimmungen über die Zollagerung in Kraft, die eine Änderung der die Zollgutlagerung betreffenden deutschen Zollbestimmungen notwendig machten[1]. Nach den jetzt geltenden

---

[1] Bis zum 31. 12. 1969 gab es in der Bundesrepublik Zollgutlager und Zollaufschublager. Die öffentlichen und privaten Zollgutlager standen unter Zollverschluß bzw. Zollmitverschluß; sie waren Transitwaren und solchen Waren vorbehalten, deren Bestimmung sich noch nicht übersehen ließ, z. B. Konsignationswaren. Die Lagerung der für den Inlandsabsatz bestimmten Waren erfolgte in den privaten Zollaufschublagern ohne Zollmitverschluß. Die Waren wurden vor Verbringung in das Aufschublager zollamtlich abgefertigt; sie waren also Freigut. Die Zahlung des Zolls wurde aber gegen teilweise Sicherheitsleistung für die Dauer der Lagerung aufgeschoben. Traten während der Lagerung Zollerhöhungen ein, so galt der bei der Einlagerung festgesetzte Zoll. Andererseits konnte der Zollbeteiligte Zollsenkungen, die während dieser Zeit vorgenommen wurden, für sich in Anspruch nehmen.

Zollbestimmungen unterscheidet man zwischen öffentlichen Zollagern (Zollniederlagen) und privaten Zollagern. Die privaten Zollager können Zollverschlußlager oder offene Zollager sein. Die Zollverschlußlager stehen unter Zollmitverschluß, die offenen Zollager dagegen nicht. (Zollmitverschluß ist der gemeinsame Verschluß des Lagers durch den Lagerhalter und den Zoll. Der Lagerhalter kann das Lager nur zusammen mit einem Zollbeamten betreten.) Die Lagerung von Zollgut in einem Zollverschlußlager wird wegen des größeren Verwaltungsaufwands grundsätzlich nur dann bewilligt, wenn die Einlagerung in einem offenen Zollager dem Bedürfnis des Antragstellers nicht gerecht wird oder die Lagerung in einem Freihafen oder einer Zollniederlage nicht in Frage kommt. Waren in offenen Zollagern sind Zollgut. Sie werden im Gegensatz zum Verfahren bei den früheren Zollaufschublagern erst bei der Entnahme aus dem Lager zollamtlich abgefertigt, wobei der Einfuhrzoll nach den Sätzen erhoben wird, die zur Zeit der Auslagerung Gültigkeit haben. In allen privaten Zollagern können die gelagerten Waren der üblichen Lagerbehandlung, wie z. B. Umpacken, Sortieren, Reinigen, Mischen usw., unterzogen werden. Eine darüber hinausgehende Behandlung ist nur im Rahmen eines aktiven Veredelungsverkehrs zulässig.

Als *Zollveredelungsverkehr* bezeichnet man besondere Zollverfahren zur Erleichterung der aktiven und passiven Veredelung, also der Veredelung ausländischer Waren im Inland bzw. inländischer Waren im Ausland. Seit Bestehen der Zollunion beschränkt sich der Zollveredelungsverkehr in der EWG auf Waren aus Drittländern; EWG-Waren sind nicht mehr Gegenstand von Veredelungsverkehren. Während für den aktiven Veredelungsverkehr in der EWG bereits einheitliche Regelungen aufgestellt worden sind, wird der passive Veredelungsverkehr noch nach den einzelstaatlichen Vorschriften abgewickelt.

Der *aktive Veredelungsverkehr* in der EWG ist ein Verfahren, das es einer Firma in der Gemeinschaft gestattet, Waren aus Drittländern ohne Erhebung von Zöllen, Abschöpfungen und Nebenabgaben zur Veredelung einzuführen, sofern die veredelten Waren wieder ausgeführt werden. Es kann sich dabei um Lohn- oder Eigenveredelung handeln. In jedem Fall ist eine Bewilligung erforderlich, die von der zuständigen Behörde des jeweiligen Mitgliedstaates eingeholt werden muß. Vor Erteilung der Bewilligung erfolgt eine Prüfung der wirtschaftlichen Voraussetzungen, um zu gewährleisten, daß die Schutzinteressen der Hersteller der Vorprodukte in der Gemeinschaft durch den aktiven Veredelungsverkehr nicht wesentlich beeinträchtigt werden. Man unterscheidet beim aktiven Zollveredelungsverkehr zwischen Zollgutveredelung und Freigutveredelung. Bei der Zollgutveredelung findet eine Veredelung des Zollguts statt, dessen Nämlichkeit die Zollbehörde durch geeignete Mittel der Nämlichkeitssicherung festhält, damit die

Wiederausfuhr der Ware überwacht werden kann. Bei der Freigutveredelung wird anstelle des Zollguts Freigut, das dem Zollgut nach Menge und Beschaffenheit entspricht, veredelt und ausgeführt.

Der *passive Veredelungsverkehr* ist ein nationales Zollverfahren, bei dem eine Firma in der Bundesrepublik Waren in einem Drittland veredeln lassen kann, ohne bei der Wiedereinfuhr der veredelten Waren auch den Wert des Vorprodukts in voller Höhe verzollen zu müssen. Gegenstand des passiven Zollveredelungsverkehrs ist ausschließlich die passive Lohnveredelung. Auch hier ist eine Bewilligung notwendig, die bei der zuständigen Zollstelle beantragt werden muß. Die Bewilligung passiver Veredelungsverkehre hängt jedoch nicht vom Vorliegen wirtschaftlicher Voraussetzungen ab. Vor der Versendung der Waren in das Land, in dem die Veredelung stattfinden soll, hält die Zollstelle die Nämlichkeit fest, damit sie bei der Wiedereinfuhr die Identität der Waren nachprüfen kann. Bei der Wiedereinfuhr wird der Zoll für die veredelten Waren um den Betrag gemindert, der als Zoll für die unveredelten Waren zu erheben wäre, wenn sie unter den gleichen Umständen zum freien Verkehr abgefertigt würden (Differenzverzollung).

Gemeinschaftliches Versandverfahren

Das gemeinschaftliche Versandverfahren beruht auf Verordnung Nr. 542/69 des Ministerrats der Europäischen Gemeinschaften vom 18. 3. 1969 und trat am 1. 1. 1970 in Kraft. Es erleichtert den grenzüberschreitenden Warenverkehr innerhalb der EWG, indem es aufeinanderfolgende einzelstaatliche Zollgutversandverfahren überflüssig macht und die Förmlichkeiten bei der Überschreitung der Binnengrenzen wesentlich vereinfacht. Das gemeinschaftliche Versandverfahren ist grundsätzlich dann vorgeschrieben, wenn Waren aus einem EWG-Land entweder direkt oder mit einem einzigen durchgehenden Beförderungspapier über ein Drittland in ein anderes EWG-Land befördert werden. Im Verkehr mit den der EWG assoziierten Ländern und Gebieten wird das gemeinschaftliche Versandverfahren nicht angewandt. Man unterscheidet das externe und das interne gemeinschaftliche Versandverfahren.

Das *externe* gemeinschaftliche Versandverfahren kommt für unverzollte Drittlandswaren (Drittlandsgut) in Betracht. Es soll einen Anreiz bieten, die Zollabfertigung solcher Waren von der EWG-Außengrenze in die Nähe des Verbrauchsortes zu verlegen, damit es nicht zu einer Verlagerung von Zolleinnahmen kommt. Das *interne* gemeinschaftliche Versandverfahren wird bei Waren des freien Verkehrs der Gemeinschaft einschließlich verzollter Drittlandswaren (Gemeinschaftsgut) angewandt. Sobald die voneinander abweichenden zollrechtlichen, steuerrechtlichen, statistischen und sonstigen Regelungen in den einzelnen Mitgliedstaaten einander angeglichen sind, kann auf das interne gemeinschaftliche Versandverfahren verzichtet werden.

Das im externen gemeinschaftlichen Versandverfahren innerhalb der Bundesrepublik beförderte Drittlandsgut ist Zollgut. Dies gilt auch für die im internen gemeinschaftlichen Versandverfahren aus anderen EWG-Ländern in die Bundesrepublik eingeführten Waren. Soll dieses Zollgut nur innerhalb der Bundesrepublik befördert werden, hat der Beteiligte die Wahl zwischen dem gemeinschaftlichen Versandverfahren und dem innerstaatlichen Zollgutversand. Freigut, das in einen anderen Mitgliedstaat oder über einen anderen Mitgliedstaat in ein Drittland exportiert werden soll, muß zum internen gemeinschaftlichen Versandverfahren abgefertigt werden.

Die Anmeldung zum externen gemeinschaftlichen Versandverfahren erfolgt mittels Versandanmeldung T 1[1], die Anmeldung zum internen gemeinschaftlichen Versandverfahren mittels Versandanmeldung T 2[2]. Der Versandanmeldung sind gegebenenfalls Ergänzungsblätter T 1 BIS bzw. T 2 BIS beizulegen. Die Vordrucke T 1 (hellblaues Papier) und T 2 (weißes Papier) bestehen aus drei Exemplaren. Das 1. Exemplar verbleibt nach der Eintragung der Versandanmeldung bei der Abgangszollstelle. Das 2. und das 3. Exemplar begleiten die Ware bis zur Bestimmungszollstelle, die das Drittstück an die Abgangszollstelle zurücksendet, womit das gemeinschaftliche Versandverfahren abgeschlossen ist. Im Landstraßenverkehr ist die Abgabe eines Grenzübergangsscheins an jeder Grenzübergangsstelle erforderlich.

Wer den Antrag auf Abfertigung zum gemeinschaftlichen Versandverfahren stellt, ist als „Hauptverpflichteter" (entspricht dem „Zollbeteiligten" im deutschen Zollrecht) für die ordnungsgemäße Durchführung des Versandverfahrens verantwortlich. Er haftet für die fristgerechte Gestellung der von der Abgangszollstelle durch Nämlichkeitssicherung gekennzeichneten Ware bei der Bestimmungszollstelle. Dabei hat er grundsätzlich Sicherheit zu leisten, damit die Erhebung der Zölle und/oder der anderen Abgaben sichergestellt ist. Die Sicherheit besteht in der Regel in der selbstschuldnerischen Bürgschaft einer natürlichen oder juristischen dritten Person (Gesamtbürgschaft, Pauschalbürgschaft oder Einzelbürgschaft); daneben ist auch die Hinterlegung einer Barsicherheit vorgesehen, die aber an jeder Grenzübergangsstelle erneuert werden muß. Die Eisenbahnen in den EWG-Mitgliedstaaten sind von der Pflicht zur Sicherheitsleistung befreit. Außerdem entfällt die Sicherheitsleistung, wenn Waren im gemeinschaftlichen Versandverfahren im Binnenschiffahrtsverkehr, im Seeverkehr, im Luftverkehr (durch die anerkannten Luftverkehrsgesellschaften) oder durch Rohrleitungen befördert werden.

---

[1] Vgl. Anlage 8.
[2] Vgl. Anlage 9.

Das gemeinschaftliche Versandverfahren findet keine Anwendung bei Waren, die im Rahmen einer Zollgutverwendung oder Zollgutveredelung nur innerhalb der Bundesrepublik befördert werden, bei Postsendungen und — mit bestimmten Einschränkungen — bei Waren, die Reisende mitführen. Bei der Warenbeförderung im See- und Luftverkehr sind das externe gemeinschaftliche Versandverfahren und, soweit es sich nicht um Waren handelt, die gemeinschaftlichen Maßnahmen zur Überwachung ihrer Verwendung oder Bestimmung unterliegen (Marktordnungswaren), auch das interne gemeinschaftliche Versandverfahren nicht zwingend vorgeschrieben. Ebenfalls nicht zwingend vorgeschrieben sind sowohl das externe wie das interne gemeinschaftliche Versandverfahren bei der Warenbeförderung durch Rohrleitungen.

Gemeinschaftswaren, die keinen Maßnahmen zur Überwachung ihrer Verwendung oder Bestimmung unterliegen, brauchen, soweit die Ausfuhrförmlichkeiten erst bei einer Grenzzollstelle des Ausfuhrmitgliedstaates erfüllt werden, nicht zum internen gemeinschaftlichen Versandverfahren abgefertigt zu werden. Es sind dann in der Versandanmeldung T 2 nur die Angaben einzutragen, die nach den Rechts- und Verwaltungsvorschriften des Abgangsmitgliedstaates erforderlich sind. Die Ausfuhrzollstelle versieht ein Exemplar des Versandpapiers mit einem Vermerk und händigt es dem Ausführer aus, der es bei der Eingangszollstelle des Nachbarlandes vorlegt. Es dient somit als „Verzahnungspapier". (Dieses Verfahren soll jedoch nur angewandt werden, wenn die Waren sofort bei der Eingangszollstelle des Nachbarlandes zum freien Verkehr abgefertigt werden.)

An die Stelle des gemeinschaftlichen Versandverfahrens können bei der Warenbeförderung innerhalb der EWG andere internationale Zollverkehre treten. Hierzu gehören die Beförderung von Waren auf Grund der Carnets ECS und ATA, der Straßengüterverkehr im Carnet-TIR-Verfahren, der Eisenbahnverkehr mit TIF-Formular (Internationale Zollanmeldung) und der Schiffsverkehr auf Grund des Rheinmanifests. (Der Carnet-TIR-Verkehr ausschließlich innerhalb der Gemeinschaft ist mindestens noch bis 31. 12. 1973 möglich und soll dann durch das gemeinschaftliche Versandverfahren abgelöst werden.)

Das interne gemeinschaftliche Versandverfahren dient als Nachweis dafür, daß die Waren Gemeinschaftsgut sind und beim Verbringen von einem Mitgliedstaat in einen anderen keinen Zöllen oder Abschöpfungen mehr unterliegen; der Versandschein T 2 tritt daher an die Stelle der früher als Präferenznachweis geforderten Warenverkehrsbescheinigung. Bei Waren, die nicht im gemeinschaftlichen Versandverfahren befördert werden, muß — außer beim Postversand — zum Nachweis der EWG-Eigenschaft und damit zur Präferenzberechtigung ein Versandpapier T 2 L vorgelegt werden. Im

Postverkehr haben alle Sendungen, die nicht mit einem gelben Aufklebezettel versehen sind, Anspruch auf Gemeinschaftsbehandlung. (Auf allen Postsendungen, die kein Gemeinschaftsgut enthalten, bringt das Abgangspostamt den gelben Zettel an.)

Zur Behandlung aller Fragen, die sich im Zusammenhang mit dem gemeinschaftlichen Versandverfahren ergeben, wurde ein „Ausschuß für das gemeinschaftliche Versandverfahren" eingesetzt, der aus Vertretern der EWG-Mitgliedstaaten besteht und in dem ein Vertreter der Kommission der Europäischen Gemeinschaften den Vorsitz führt.

Carnets

Carnets sind internationale Zollpapiere, die die vorübergehende Verwendung bzw. die Durchfuhr von Zollgut erleichtern. Es werden folgende Carnets verwendet: Carnet ECS, Carnet ATA und Carnet TIR.

Das *Carnet ECS* (Echantillons Commerciaux/Commercial Samples) wurde im Jahre 1956 vom Brüsseler Zollrat geschaffen und ermöglicht die vorübergehende zollfreie Verwendung von Mustern mit Handelswert, ohne daß der Beteiligte ein Zollvormerkverfahren beantragen und Sicherheiten stellen muß. Inzwischen wurde das Carnet ECS weitgehend durch das Carnet ATA ersetzt.

Das *Carnet ATA* (Admission Temporaire/Temporary Admission), das ebenfalls auf die Tätigkeit des Brüsseler Zollrats zurückzuführen ist, wird seit 1963 angewandt. Es hat einen weit größeren Anwendungsbereich als das Carnet ECS und kommt u. a. bei folgenden Waren in Frage: Material der Presse, des Rundfunks und der Filmindustrie; Tonband- und Filmaufnahmen; Handwerkszeug von Monteuren und Technikern; Instrumente von Gelehrten, Ärzten, Sachverständigen usw.; Messe- und Ausstellungsgüter, Warenmuster und Ersatzteile für Straßenfahrzeuge.

Die Carnets ECS und ATA werden in der Bundesrepublik von den Industrie- und Handelskammern ausgegeben. Die im Internationalen Kammerbüro der Internationalen Handelskammer zusammengeschlossenen nationalen Handelskammervereinigungen übernehmen dabei die Zollbürgschaft.

Das *Carnet TIR* (Transport International de Marchandise par la Route) basiert auf dem Zollübereinkommen über den internationalen Warentransport mit Carnet TIR (TIR-Konvention) der UN-Wirtschaftskommission für Europa vom 15. 1. 1959. Es ermöglicht Warentransporte unter Zollverschluß über eine oder mehrere Grenzen, bei denen die Waren ohne Umladung von einer Abgangszollstelle eines Teilnehmerstaates bis zu einer Bestimmungszollstelle eines anderen oder desselben Teilnehmerstaates in Straßenfahrzeugen oder in auf solche Fahrzeuge verladenen Behältern befördert werden.

Die Beförderung der Fahrzeuge kann auf einem Teil der Strecke auch mit einem anderen Verkehrsmittel im kombinierten Verkehr erfolgen. Voraussetzung für die Anwendung des TIR-Verfahrens ist, daß die Fahrzeuge und Behälter zollsicher hergerichtet und zur Beförderung von Waren unter Zollverschluß zugelassen sind. Zur Kennzeichnung der Einzelfahrzeuge oder Lastzüge wird vorn und hinten je eine TIR-Tafel (blaues Feld mit weißer Schrift) angebracht.

Die Carnets TIR werden von folgenden internationalen Spitzenvereinigungen der Kraftfahrzeughalter ausgestellt: International Road Transport Union (IRU), Alliance Internationale de Tourisme (AIT) und Fédération Internationale de l'Automobile (FIA). Diese geben sie durch die ihnen angeschlossenen nationalen Verbände, die auch als Zollbürgen fungieren, an die Transportunternehmen aus. Die Zollbürgen haben sich bei einem internationalen Versicherungspool die erforderliche Rückversicherung schaffen müssen. Die in der Bundesrepublik ausgegebenen Carnets TIR sind ausschließlich Carnets der IRU.

Die Ausgabe erfolgt durch den Bundesverband des Deutschen Güterfernverkehrs (BDF) in Frankfurt am Main und die ihm angeschlossenen Landesverbände.

Brüsseler Zollrat

Der „Brüsseler Rat für die Zusammenarbeit auf dem Gebiet des Zollwesens", kurz „Brüsseler Zollrat" genannt, wurde am 15. 12. 1950 gegründet. Er fördert die Zusammenarbeit der nationalen Zollverwaltungen und bemüht sich um eine Vereinheitlichung und Erleichterung der Zollverfahren. Im Rahmen dieser Bemühungen hat der Brüsseler Zollrat das „Brüsseler Zolltarifschema" ausgearbeitet, das von über 80 Ländern angewandt wird. Von großer Bedeutung sind auch die vom Brüsseler Zollrat vorbereiteten offenen Zollabkommen, denen alle Länder beitreten können, ganz gleich, ob sie dem Rat angehören oder nicht. Zu diesen Zollabkommen gehören das Zollabkommen über Carnets ECS für Handelsmuster und das Zollabkommen über Carnets ATA.

XIX. Internationale Übereinkünfte

Verträge und Abkommen

Zwischenstaatliche Übereinkünfte können Verträge oder Abkommen sein. Verträge sind Übereinkünfte grundsätzlicher, insbesondere politischer Art, die für längere Zeit oder auf unbegrenzte Zeit gelten sollen; sie bedürfen stets der Ratifizierung. Bei den Abkommen handelt es sich um finanzielle, wirtschaftliche, kulturelle oder technische Übereinkünfte, die nicht als Grundsatzübereinkünfte anzusehen sind. Verträge und Abkommen können zweiseitig (bilateral) oder mehrseitig (multilateral) sein. Multilaterale Abkommen werden auch Übereinkommen genannt.

Bilaterale Handelsverträge haben den Zweck, die Wirtschaftsbeziehungen zwischen den Vertragspartnern zu fördern. Wichtig ist hier vor allem die Gewährung der Meistbegünstigung. Daneben enthält der Handelsvertrag meist auch Vereinbarungen über die Vermeidung von Doppelbesteuerung, den gewerblichen Rechtsschutz (Patent-, Marken- und Musterschutz), die Niederlassungsfreiheit, den Schutz von Kapitalinvestitionen, Fragen der Schiffahrt, konsularrechtliche Fragen u. a. m. Neben den umfassenden Handelsverträgen gibt es ferner bilaterale Verträge begrenzten Inhalts, wie z. B. die Investitionsförderungsverträge. Ein *multilateraler Vertrag* ist z. B. der Vertrag zur Gründung der Europäischen Wirtschaftsgemeinschaft.

Die *bilateralen Abkommen* wirtschaftlicher Art befassen sich meist nur mit bestimmten Einzelaspekten der beiderseitigen Wirtschaftsbeziehungen. So gibt es z. B. Meistbegünstigungsabkommen, Investitionsförderungsabkommen, Doppelbesteuerungsabkommen, Kapitalhilfeabkommen, Zollabkommen, Schiffahrtsabkommen und Konsularabkommen. Der Förderung und Regelung des Warenaustausches zwischen zwei Ländern dienen die bilateralen Handelsabkommen. Zu den *multilateralen Abkommen* gehört z. B. das Allgemeine Zoll- und Handelsabkommen (GATT).

Meistbegünstigung, Parität und Reziprozität

Ein Land, das einem anderen die *Meistbegünstigung* gewährt, darf bei der Einfuhr von Erzeugnissen dieses Landes keine höheren Zölle erheben als bei der Einfuhr der gleichen Erzeugnisse aus dritten Ländern. Die Anwendung der Meistbegünstigung ist aber nicht auf das Gebiet der Zölle beschränkt; sie kann sich auch auf den Personen- und Kapitalverkehr erstrecken, wobei die rechtliche, steuerliche und sonstige Behandlung von Staatsangehörigen des Landes, das Meistbegünstigung genießt, in keinem Fall schlechter sein darf als die irgendeinem dritten Land gewährte Behandlung.

Die Meistbegünstigung wird in der Regel durch Aufnahme einer Meistbegünstigungsklausel in einen Handelsvertrag oder durch Abschluß eines Meistbegünstigungsabkommens vereinbart. Neben der Meistbegünstigung de jure, d. h. der vertraglich festgesetzten Meistbegünstigung, gibt es auch eine Meistbegünstigung de facto, die ein Land von sich aus einem anderen gewährt, wenn letzteres die Waren des ersteren nicht mit höheren Zöllen belegt als Waren aus dritten Ländern.

Wird die Meistbegünstigung ohne jede Beschränkung oder Bedingung angewandt, so spricht man von unbeschränkter bzw. unbedingter Meistbegünstigung. Die beschränkte Meistbegünstigung bezieht sich nur auf bestimmte Waren oder die bestimmten Ländern eingeräumten Vorteile. Bei der bedingten Meistbegünstigung wird die Gewährung der Meistbegünstigung von einer entsprechenden Gegenleistung des Partnerlandes abhängig gemacht. Das GATT basiert auf dem Prinzip der allgemeinen, d. h. multilateral angewandten, und unbedingten Meistbegünstigung. (Seit dem 1. 7. 1968, dem Tag des Inkrafttretens des Gemeinsamen Zolltarifs, gewährt die EWG allen ihren Handelspartnern die Meistbegünstigung.)

Während die Meistbegünstigung die Waren oder Staatsangehörigen des Partnerlandes bzw. der Partnerländer den Waren oder Staatsangehörigen dritter Länder gleichstellt, beseitigt die *Paritätsklausel* die Diskriminierung der Angehörigen des Partnerlandes gegenüber den Inländern. Die Paritätsklausel kann sich auf das Arbeits- und Sozialrecht, das Niederlassungs- und Gewerberecht, die Besteuerung usw. beziehen, wobei die Staatsangehörigen des Partnerlandes in jedem Fall genauso behandelt werden müssen wie die Staatsangehörigen des eigenen Landes (Inländerbehandlung).

Als *Reziprozität* bezeichnet man das Prinzip der Gegenseitigkeit. Die Anwendung dieses Prinzips auf internationale Verträge und Abkommen bedeutet, daß dem Vertragspartner bestimmte Vorteile nur bei einer gleichwertigen Gegenleistung eingeräumt werden. Dies ist z. B. bei der Gewährung der bedingten Meistbegünstigung der Fall.

Investitionsförderungsverträge

Investitionsförderungsverträge und -abkommen, auch Kapitalschutzverträge bzw. -abkommen genannt, sind bilaterale Übereinkünfte, vor allem mit Entwicklungsländern, die der Förderung und dem Schutz privater Kapitalanlagen in diesen Ländern dienen. Sie enthalten Vereinbarungen auf der Basis der Gegenseitigkeit über die Gewährung der Meistbegünstigung und der Inländerbehandlung für Investitionen, den Transfer von Kapitalerlösen und den Rücktransfer von Kapitalbeträgen, das Verfahren bei einer eventuellen Enteignung und die Gewährung einer angemessenen Entschädigung in solchen Fällen sowie über die Beilegung von Investitionsstreitigkeiten. Die Bundesrepublik hat mit einer Reihe von Ländern Investitionsförderungsverträge geschlossen.

Doppelbesteuerungsabkommen

Als Doppelbesteuerung bezeichnet man im internationalen Bereich die Erhebung einer inländischen und einer ausländischen Steuer auf das gleiche Steuerobjekt. Dies ist z. B. der Fall, wenn der Gewinn einer im Ausland tätigen Tochtergesellschaft zunächst in dem Land besteuert wird, in dem die Tochtergesellschaft ihren Sitz hat, und dann nach Transferierung in das Land der Muttergesellschaft dort noch einmal der Steuer unterliegt. Da die Doppelbesteuerung den internationalen Kapitalverkehr hemmt, schließen die Staaten bilaterale Abkommen zur Vermeidung der Doppelbesteuerung, kurz Doppelbesteuerungsabkommen genannt. Diese Abkommen befassen sich in erster Linie mit der Einkommen- und Körperschaftsteuer, sie können sich aber auch auf andere direkte Steuern, wie die Vermögensteuer, erstrecken.

Die Doppelbesteuerungsabkommen basieren auf dem Grundsatz des gegenseitigen Steuerverzichts. Die Beseitigung der Doppelbesteuerung kann durch die Anwendung der Zuteilungs- oder der Anrechnungsmethode erreicht werden. Bei der Zuteilungsmethode erfolgt die Erhebung der Steuer entweder durch den Wohnsitzstaat, d. h. den Staat, in dem der Steuerpflichtige seinen Wohnsitz hat, oder den Quellenstaat, d. h. den Staat, aus dem er Einkünfte bezieht oder in dem er Vermögensteile besitzt. Es findet also hier eine Zu- oder Aufteilung des Besteuerungsrechts statt. Bei der Anrechnungsmethode muß der Steuerpflichtige in beiden Staaten Steuer zahlen; die im Quellenstaat entrichtete Steuer wird jedoch im Wohnsitzstaat auf seine Steuerschuld angerechnet.

Soweit keine Doppelbesteuerungsabkommen bestehen, kann die Doppelbesteuerung durch einseitige innerstaatliche Regelungen gemildert oder beseitigt werden, wie dies z. B. in der Bundesrepublik der Fall ist.

Handels- und Zahlungsabkommen

Bilaterale *Handelsabkommen* regeln den Warenaustausch zwischen zwei Ländern innerhalb einer begrenzten Zeit. Die beteiligten Länder räumen sich gegenseitig Einfuhrmöglichkeiten ein und verpflichten sich, in Höhe der vereinbarten Kontingente Einfuhrlizenzen zu erteilen; eine Abnahmeverpflichtung ist damit jedoch nicht verbunden.

Handelsabkommen zwischen Ländern mit konvertibler Währung und solchen mit nichtkonvertibler Währung bzw. zwischen Ländern mit nichtkonvertibler Währung sind meist mit einem *Zahlungsabkommen* verbunden. Im ersteren Fall kann das Zahlungsabkommen die Abwicklung des Zahlungsverkehrs in konvertibler Währung vorsehen, im letzteren Fall wird in der Regel der Weg der Verrechnung vereinbart. Zahlungsabkommen auf reiner Verrechnungsbasis bezeichnet man als Verrechnungs- oder Clearingabkommen.

Wenn auf Grund eines *Verrechnungsabkommens* die gegenseitigen Lieferungen zweier Länder gegeneinander aufgerechnet werden sollen, richtet jedes dieser Länder eine Verrechnungs- oder Clearingstelle ein, die jeweils das Verrechnungs- oder Clearingkonto der anderen Stelle führt. Die Verrechnung erfolgt in Verrechnungseinheiten. Die Importeure in jedem der beiden Länder zahlen den Gegenwert der aus dem anderen Land bezogenen Waren in Landeswährung bei der Verrechnungsstelle in ihrem Land ein, die die Beträge in Verrechnungseinheiten umrechnet und der Verrechnungsstelle im anderen Land gutschreibt. Die Exporteure in jedem Land erhalten die Zahlungen für ihre Lieferungen ebenfalls in Landeswährung von der Verrechnungsstelle in ihrem Land, die mit diesen Auszahlungen — umgerechnet in Verrechnungseinheiten — die andere Verrechnungsstelle belastet. Alle Zahlungsvorgänge finden also innerhalb jedes der beteiligten Länder und nicht zwischen ihnen statt. Ein Überschuß der Einzahlungen über die Auszahlungen bei einer Verrechnungsstelle bedeutet eine Schuld, ein Überschuß der Auszahlungen über die Einzahlungen ein Guthaben gegenüber der Verrechnungsstelle des Partnerlandes. Die Verrechnungsabkommen sehen meistens eine Kreditgrenze, den sog. Swing, vor, bis zu der sich jedes Verrechnungsland gegenüber dem anderen verschulden darf. Sobald die Verschuldung die Swinggrenze erreicht, erhält das Schuldnerland keine weiteren Lieferungen mehr, bis es die Verrechnungsspitze, z. B. durch Zahlung in konvertibler Währung, ausgeglichen hat.

Das Bestehen unausgeglichener bilateraler Verrechnungskonten kann Switch- und Gegenseitigkeitsgeschäfte zur Folge haben. Als *Switchgeschäfte* bezeichnet man Devisengeschäfte, bei denen aus devisenwirtschaftlichen Gründen von einer Währung in die andere „geswitcht", d. h. umgeschaltet wird. Export-Switch: Ein Exporteur in einem Land mit konvertibler Währung möchte Waren an einen Importeur in einem Verrechnungsland verkaufen, der jedoch keine konvertiblen Devisen zur Bezahlung der Waren erhalten kann. Es wird daher eine Firma in einem dritten Land eingeschaltet, die in der Lage ist, Verrechnungswährung in konvertible Währung umzutauschen. Bei diesem Umtausch entsteht ein Verlust, da Clearing-Devisen auf dem freien Markt mit einem zum Teil erheblichen Abschlag gehandelt werden. Diesen Abschlag sowie die Kosten des Switchgeschäfts trägt in der

Regel der Importeur. Import-Switch: Ein Importeur in einem Land mit konvertibler Währung möchte Waren von einem Exporteur in einem Verrechnungsland kaufen, deren Preis jedoch über dem Weltmarktniveau liegt. Auch hier wird wieder eine Firma in einem dritten Land eingeschaltet, die konvertible Währung in Clearing-Devisen für die Zahlung an das Lieferland umtauscht. Das Geschäft ist für den Importeur nur dann interessant, wenn der Kursabschlag bei den Clearing-Devisen die Differenz gegenüber dem Weltmarktpreis und die Kosten des Switchgeschäfts zumindest ausgleicht. Switchgeschäfte sind meist mit Transithandelsgeschäften verbunden.

Bei den *Gegenseitigkeitsgeschäften* handelt es sich um Koppelungs- und Kompensationsgeschäfte. Von einem Koppelungsgeschäft spricht man, wenn ein Verrechnungsland die Genehmigung einer Einfuhr aus dem Partnerland von der Ausfuhr bestimmter Waren in dieses Land abhängig macht. Die Abrechnung der Lieferungen erfolgt in der üblichen Weise über das Clearing. Kompensationsgeschäfte sind Verrechnungsgeschäfte außerhalb des offiziellen Clearings, die z. B. auch noch nach Ausschöpfung der vereinbarten Kontingente oder Überziehung des Swing möglich sind. In der Regel beteiligen sich auf jeder Seite je ein Exporteur und ein Importeur. Die Abrechnung wird in der Weise durchgeführt, daß in jedem der beiden Länder der Importeur die Lieferung des Exporteurs im Partnerland in Landeswährung an den Exporteur im eigenen Land bezahlt. (Exporteur und Importeur können in einem der beiden Länder — oder in beiden Ländern — identisch sein.)

Bilateralismus und Multilateralismus

Unter Bilateralismus versteht man das System bilateraler Handels- und Zahlungsabkommen, als Multilateralismus bezeichnet man die vielseitig verflochtenen internationalen Handelsbeziehungen auf dem Weltmarkt.

Der *Bilateralismus* verfolgt das Ziel, nach Möglichkeit ein Gleichgewicht in der Handelsbilanz der beteiligten Länder herbeizuführen. Voraussetzung des bilateralen Handels ist, daß jedes der beteiligten Länder Bedarf an den Waren des anderen hat. Kann eines der beiden Länder dem anderen die gewünschte Gegenleistung nicht bieten, läßt sich das Geschäft eventuell durch Einschaltung eines dritten Landes realisieren (Dreiecksgeschäft). Beispiel: Land A braucht Maschinen und hat Weizen, Land B braucht Weizen und hat Erdöl, Land C braucht Erdöl und hat Maschinen. Der Handel zwischen diesen drei Ländern gestaltet sich dann in der Weise, daß A Weizen an B, B Erdöl an C und C Maschinen an A liefert. Es kommt jedoch beim Bilateralismus häufig vor, daß ein Land — nur um das gewünschte Handelsbilanzgleichgewicht herzustellen — als Gegenleistung für seine Lieferungen Waren annehmen muß, für die es keinen Bedarf hat, und andererseits dringend benötigte Waren nicht erhält.

Bei *multilateralem Handel* kann jedes Land die Waren, die es braucht, dort einkaufen, wo sie am günstigsten zu bekommen sind, wobei Überschüsse, die im Handel mit einem Land entstehen, dazu verwendet werden können, ein Defizit im Handel mit einem anderen Land auszugleichen. Voraussetzung für den multilateralen Handel ist die Konvertibilität der Währungen. Solange eine solche nicht besteht, läßt sich ein multilateraler Handel nur auf dem Weg der multilateralen Verrechnung durchführen. Ein multilaterales Verrechnungssystem war z. B. die Europäische Zahlungsunion (siehe Fußnote S. 178). Die Einführung der Konvertibilität der wichtigsten Währungen und der Abbau von Handelsschranken hat die weitgehende Herstellung normaler, multilateraler Handelsbeziehungen zwischen den Staaten ermöglicht.

Anhang

Internationale Wirtschaftsorganisationen

Der Anhang umfaßt die wichtigsten internationalen Wirtschaftsorganisationen, vor allem diejenigen, die im Hauptteil erwähnt, dort aber nicht näher erläutert werden[1].

1. Europäische Gemeinschaften (EG)

Zu den Europäischen Gemeinschaften zählen die Europäische Gemeinschaft für Kohle und Stahl (Montanunion), die Europäische Wirtschaftsgemeinschaft (EWG) und die Europäische Atomgemeinschaft (Euratom).

Europäische Gemeinschaft für Kohle und Stahl

Die Europäische Gemeinschaft für Kohle und Stahl (EGKS) — engl.: European Coal and Steel Community (ECSC), franz.: Communauté Européenne du Charbon et de l'Acier (CECA) —, auch „Montanunion" genannt, wurde von Belgien, der Bundesrepublik Deutschland, Frankreich, Italien, Luxemburg und den Niederlanden durch den Vertrag von Paris vom 18. 4. 1951, der am 25. 7. 1952 in Kraft trat, mit Sitz in Luxemburg errichtet. Die Gründung der EGKS — des ersten überstaatlichen Zusammenschlusses in Europa — erfolgte auf Grund eines Planes des damaligen französischen Außenministers Robert Schuman (Schuman-Plan) und sollte durch eine wirtschaftliche Teilintegration die Einigung Europas einleiten. Im Jahre 1954 schloß die EGKS ein Assoziationsabkommen mit Großbritannien. Die Organe der EGKS sind seit 1967 auf der Grundlage eines Fusionsvertrages mit denen der Europäischen Wirtschaftsgemeinschaft und der Europäischen Atomgemeinschaft verschmolzen.

Der EGKS-Vertrag sah die Errichtung eines gemeinsamen Marktes für Kohle, Stahl, Eisenerz und Schrott innerhalb einer 5jährigen Übergangszeit vor, die im Februar 1958 ablief. Seit der Erreichung dieses Ziels bemüht sich die EGKS vor allem um die Schaffung gleicher Wettbewerbsbedingungen auf diesem Markt und die Förderung der erforderlichen Strukturmaßnahmen. Staatliche Subventionen, Diskriminierungen im Hinblick auf Preise, Verkaufsbedingungen und Beförderungstarife sowie Praktiken, die auf Einschränkung oder Verfälschung des Wettbewerbs abzielen sind nach dem

---

[1] Eine ausführliche Darstellung enthält auch Möller, Internationale Wirtschaftsorganisationen, Wiesbaden 1960.

EGKS-Vertrag grundsätzlich verboten. Die Montanunternehmen in den Mitgliedsländern sind verpflichtet, ihre Preislisten zu veröffentlichen. Kartellabsprachen und Zusammenschlüsse bedürfen der Genehmigung. Die EGKS fördert wichtige Investitionsvorhaben des Kohlebergbaus und der Eisen- und Stahlindustrie in den Mitgliedsländern durch Kredite und die Übernahme von Bürgschaften. Um die als Folge von Strukturveränderungen im Montanbereich notwendige Wiederanpassung zu erleichtern, gewährt die EGKS Umstellungskredite zur Schaffung neuer Arbeitsplätze und soziale Beihilfen. Die EGKS beteiligt sich auch an der Finanzierung des Arbeiterwohnungsbaus und bemüht sich um die Harmonisierung der Löhne und Arbeitsbedingungen in den Mitgliedsländern. Zu den Aufgaben der EGKS gehört ferner die Förderung der technischen und wissenschaftlichen Forschung, soweit sie die Kohle- und Stahlerzeugung betrifft, und der Forschung auf dem Gebiet der Arbeitssicherheit, der Arbeitsmedizin und der Arbeitshygiene.

Die finanziellen Mittel, die die EGKS zu ihrer Tätigkeit benötigt, beschafft sie sich durch eine Umlage auf die Kohle- und Stahlproduktion der Mitgliedsländer und durch die Aufnahme von Anleihen. Bei den Anleihen der EGKS übt die Bank für Internationalen Zahlungsausgleich eine treuhänderische Funktion aus.

Europäische Wirtschaftsgemeinschaft (EWG)

Die Europäische Wirtschaftsgemeinschaft (EWG) — engl.: European Economic Community (EEC), franz.: Communauté Economique Européenne (CEE) — wurde am 25. 3. 1957 durch den Vertrag zur Gründung der Europäischen Wirtschaftsgemeinschaft (EWG-Vertrag) in Rom gegründet, der am 1. 1. 1958 in Kraft trat. Die EWG wird auch „Gemeinsamer Markt" oder „Gemeinschaft der Sechs" genannt. Ihr Sitz ist Brüssel.

Mitgliedsländer

Die Mitglieder der EWG sind die gleichen wie die der EGKS, nämlich Belgien, die Bundesrepublik Deutschland, Frankreich, Italien, Luxemburg und die Niederlande. Bestimmte überseeische Länder und Gebiete sowie Griechenland und die Türkei gehören der EWG als assoziierte Mitglieder an. Jeder europäische Staat kann die Vollmitgliedschaft in der EWG beantragen; der Beitritt als assoziiertes Mitglied steht sowohl europäischen wie außereuropäischen Ländern offen.

Nach Artikel 131 des EWG-Vertrages wurde vereinbart, die außereuropäischen Länder und Hoheitsgebiete, zu denen Mitgliedstaaten besondere Beziehungen unterhalten, der Gemeinschaft zu assoziieren. Die wirtschaftliche

Erschließung dieser Länder und Gebiete — bis dahin hauptsächlich die Aufgabe der jeweiligen Mutterländer — wurde als Gemeinschaftsaufgabe von der EWG übernommen, die dafür einen „Europäischen Entwicklungsfonds" einrichtete. Durch das Abkommen von Jaunde, das Mitte 1964 in Kraft trat, bestätigten die folgenden 18 afrikanischen Staaten, die inzwischen ihre Unabhängigkeit erlangt hatten, ihre Assoziierung mit der EWG: Burundi, Dahome, Elfenbeinküste, Gabun, Kamerun, Kongo (Brazzaville), Kongo (Kinshasa), Madagaskar, Mali, Mauretanien, Niger, Obervolta, Rwanda, Senegal, Somalia, Togo, Tschad und die Zentralafrikanische Republik. Das Abkommen von Jaunde wurde am 29. 7. 1969 bis zum 31. 1. 1975 verlängert. Die folgenden Gebiete sind der EWG als abhängige Überseegebiete assoziiert: Saint Pierre und Miquelon, Komoren-Archipel, Französisch-Somaliland, Neukaledonien und dazugehörende Gebiete, Wallis- und Futuna-Inseln, Französisch-Polynesien, südliche (australe) und antarktische Gebiete, Niederländische Antillen und Surinam.

Nach dem Muster des Abkommens von Jaunde schloß die EWG 1966 mit Nigeria und 1968 mit den ostafrikanischen Staaten Kenia, Tansania und Uganda Assoziierungsabkommen ab, die gleichzeitig mit dem 1. Abkommen von Jaunde ausliefen. 1969 wurden die Assoziierungsabkommen mit Kenia, Tansania und Uganda um weitere fünf Jahre verlängert. Diese Länder erhalten ähnliche handelspolitische Vorteile wie die auf Grund des Jaunde-Abkommens assoziierten afrikanischen Staaten, die Gewährung einer Finanzhilfe aus dem Europäischen Entwicklungsfonds ist jedoch nicht vorgesehen.

Eine „Assoziierung mit gegenseitigen Rechten und Pflichten" gemäß Artikel 238 des EWG-Vertrages besteht seit dem 1. 11. 1962 mit Griechenland und seit dem 1. 12. 1964 mit der Türkei. In beiden Fällen ist das Endziel der Assoziierung die Vollmitgliedschaft in der EWG. Im Falle Griechenlands beträgt die Übergangszeit 12 bis 22 Jahre. Für die Türkei wurde eine fünfjährige Vorbereitungsphase festgesetzt, an die sich eine Übergangszeit von ca. 22 Jahren anschließt. Seit dem 1. 9. 1969 sind auch Marokko und Tunesien mit der EWG assoziiert.

Gemäß Artikel 237 des EWG-Vertrages, der vorsieht, daß jeder europäische Staat die Mitgliedschaft in der Gemeinschaft beantragen kann, stellte Großbritannien am 9. 8. 1961 einen Antrag auf die Aufnahme von Beitrittsverhandlungen, nachdem Irland dies bereits am 31. 7. 1961 getan hatte. Weitere Anträge auf Beitrittsverhandlungen legten Dänemark am 10. 8. 1961 und Norwegen am 30. 4. 1962 vor. Die Verhandlungen mit Großbritannien wurden am 8. 11. 1961 in Brüssel aufgenommen, sie scheiterten jedoch am Veto des damaligen französischen Staatspräsidenten de Gaulle. Daraufhin wurden auch die Verhandlungen mit Irland, Dänemark und Norwegen abgebrochen

Am 11. 5. 1967 stellte Großbritannien erneut einen Antrag auf Aufnahme in die EWG. Auch Irland, Dänemark und Norwegen beantragten die Wiederaufnahme der Verhandlungen.

De Gaulle machte erneut Vorbehalte gegen einen Beitritt Großbritanniens geltend. Ein Wandel in der französischen Haltung bahnte sich erst an, als im Juli 1969 George Pompidou das Amt des französischen Staatspräsidenten übernahm. Auf der Konferenz der Staats- und Regierungschefs der sechs EWG-Länder in Den Haag („Haager Gipfelkonferenz") im Dezember 1969 wurde die Aufnahme von Beitrittsverhandlungen mit Großbritannien und den anderen beitrittswilligen Staaten übereinstimmend befürwortet und die Aufnahme der Vorarbeiten beschlossen.

Organe

Die EWG besitzt vier Organe: die Kommission, den Ministerrat, die Versammlung (Europäisches Parlament) und den Europäischen Gerichtshof. Die Versammlung und der Europäische Gerichtshof, die als Organe der EGKS geschaffen wurden, sind seit der Errichtung von EWG und Euratom gemeinsame Organe aller drei Gemeinschaften. Am 1. 7. 1967 wurden die Hohe Behörde der Montanunion und die Kommissionen von EWG und Euratom zur Kommission der Europäischen Gemeinschaften (Europäische Kommission) und die Ministerräte der drei Gemeinschaften zum Ministerrat der Europäischen Gemeinschaften (Europäischer Ministerrat) verschmolzen.

Die Europäische Kommission ist das ausführende und verwaltende Organ der Gemeinschaften. Der Ministerrat sorgt für die Abstimmung der Wirtschaftspolitik der Mitgliedstaaten und besitzt Entscheidungsbefugnis; er setzt sich je nach dem Gegenstand der Beratung aus den betreffenden Fachministern der Mitgliedsländer zusammen. Die Versammlung hat Beratungs- und Kontrollbefugnisse. Die Abgeordneten der Versammlung werden vorläufig noch von den nationalen Parlamenten ernannt, die direkte Wahl durch die Bevölkerung der Mitgliedstaaten wird jedoch angestrebt. Der Kommission und dem Ministerrat stehen beratende Ausschüsse, vor allem der Wirtschafts- und Sozialausschuß, der Währungsausschuß, der Ausschuß für Konjunkturpolitik und der Verkehrsausschuß, zur Seite. Außerdem verfügt die EWG über einen „Europäischen Sozialfonds" und eine „Europäische Investitionsbank".

Der Europäische Sozialfonds übernimmt auf Antrag eines Mitgliedstaates die Hälfte der von diesem Staat oder einer Körperschaft des öffentlichen Rechts für sozialpolitische Hilfsmaßnahmen, wie die Berufsumschulung und Umsiedlung von Arbeitnehmern, aufgewandten Kosten. Die Europäische Investitionsbank erleichtert durch die Gewährung von Darlehen und Bürgschaften u. a. die Finanzierung von Vorhaben zur Erschließung weniger entwickelter Gebiete in der Gemeinschaft.

Ziele und Tätigkeit

Die EWG wurde gegründet, um „die Grundlagen für einen immer engeren Zusammenschluß der europäischen Völker zu schaffen" (Präambel des EWG-Vertrags). Auf dem Weg über eine Zollunion soll eine Wirtschaftsunion und schließlich eine politische Union der EWG-Staaten errichtet werden. Wie in Artikel 3 des EWG-Vertrages ausgeführt, sind dazu im einzelnen folgende Maßnahmen erforderlich:

1. die Abschaffung der Zölle und mengenmäßigen Beschränkungen sowie aller sonstigen Maßnahmen gleicher Wirkung zwischen den Mitgliedstaaten;
2. die Einführung eines gemeinsamen Zolltarifs und einer gemeinsamen Handelspolitik gegenüber dritten Ländern;
3. die Beseitigung der Hindernisse für den freien Personen-, Dienstleistungs- und Kapitalverkehr zwischen den Mitgliedstaaten;
4. die Einführung einer gemeinsamen Politik auf dem Gebiet der Landwirtschaft;
5. die Einführung einer gemeinsamen Politik auf dem Gebiet des Verkehrs;
6. die Errichtung eines Systems, das den Wettbewerb innerhalb des Gemeinsamen Marktes vor Verfälschungen schützt;
7. die Anwendung von Verfahren, die die Koordinierung der Wirtschaftspolitik der Mitgliedstaaten und die Behebung von Störungen im Gleichgewicht ihrer Zahlungsbilanzen ermöglichen;
8. die Angleichung der innerstaatlichen Rechtsvorschriften, soweit dies für das ordnungsgemäße Funktionieren des Gemeinsamen Marktes erforderlich ist.

Die Zollunion der EWG, die im wesentlichen seit dem 1. 7. 1968 besteht, wurde in Etappen verwirklicht. Die Mitgliedstaaten bauten ihre Binnenzölle schrittweise ab und glichen ihre Zölle gegenüber Drittländern ebenfalls schrittweise dem Gemeinsamen Außenzolltarif der EWG an. Dafür war im EWG-Vertrag eine Übergangszeit von 12 Jahren (maximal 15 Jahren) festgesetzt. Jedoch bereits am 1. 7. 1968, also $1^1/_2$ Jahre früher als vorgesehen, fielen die restlichen Binnenzölle für gewerbliche Erzeugnisse und der Gemeinsame Zolltarif trat in Kraft. Gleichzeitig wurden auch die innergemeinschaftlichen Zölle und Abschöpfungen für diejenigen Agrarwaren abgeschafft, die gemeinsamen Marktordnungen unterliegen.

Dem Gemeinsamen Zolltarif der EWG wurde — von einigen Ausnahmen abgesehen — das arithmetische Mittel der in den vier Zollgebieten der Gemeinschaft am 1. 1. 1957 angewandten Zollsätze zugrunde gelegt (Belgien, die Niederlande und Luxemburg hatten schon am 1. 1. 1948 die Benelux-Zollunion gebildet und traten deshalb als einheitliches Zollgebiet in die EWG ein). Für die Bundesrepublik als Niedrigzolland bedeutete die graduelle Angleichung seiner Zollsätze an den Gemeinsamen Zolltarif im wesentlichen eine Angleichung nach oben. Dank dem erfolgreichen Ausgang der Kennedy-Runde war jedoch der Gemeinsame Zolltarif am 1. 7. 1968 niedriger als ursprünglich vorgesehen. Gleichzeitig mit dem Inkrafttreten des Gemeinsamen Zolltarifs führte die EWG die ersten beiden Raten der bei der Kennedy-Runde vereinbarten Zollsenkungen durch, so daß der Bundesrepublik die Notwendigkeit einer nochmaligen Zollerhöhung erspart blieb.

Abgesehen von der Errichtung der EWG-Zollunion sind auch Fortschritte bei der Verwirklichung der übrigen Ziele des Vertrages von Rom zu verzeichnen. Die gemeinsame Handelspolitik gegenüber Drittländern gewinnt zunehmend an Bedeutung. Seit dem Ende der Übergangszeit am 31. 12. 1969 werden Handelsverträge und -abkommen mit dritten Staaten grundsätzlich nur noch vom Europäischen Ministerrat im Namen der Gemeinschaft abgeschlossen. (Für die Ostblockländer, die die EWG noch nicht als Vertragspartner anerkennen, gilt eine befristete Ausnahmeregelung.) Außerdem gibt es eine Gemeinschaftsregelung zur Abwehr von Dumpingpraktiken dritter Länder, eine einheitliche Liberalisierungsliste für die gesamte EWG und die gemeinsame Verwaltung der noch bestehenden Einfuhrkontingente.

Die Hindernisse für den freien Personen- und Dienstleistungsverkehr sind weitgehend abgebaut. Am 8. 11. 1968 trat die von der Kommission erlassene „Verordnung über die Freizügigkeit der Arbeitnehmer in der Gemeinschaft" in Kraft, nach der jeder Staatsangehörige eines Mitgliedslandes ungeachtet seines Wohnsitzes Anspruch auf Zugang zu einer Tätigkeit in einem anderen Mitgliedsland hat. Er besitzt dort praktisch die gleichen sozialen Rechte wie die einheimischen Arbeitskräfte. Niederlassungsfreiheit im Gebiet der Gemeinschaft haben ferner die Landwirtschaft, das Handwerk, der Handel und viele Arten von Unternehmen.

Die gemeinsame Landwirtschaftspolitik, deren außenwirtschaftliche Aspekte im Anschluß behandelt werden, ist zum größten Teil verwirklicht, hat sich aber teilweise wieder als reformbedürftig erwiesen. Die gemeinsame Verkehrspolitik hat bereits zu einigen gemeinschaftlichen Regelungen geführt, muß aber noch weiter ausgebaut werden. Dagegen ist die gemeinsame Wettbewerbspolitik bereits weit fortgeschritten, nicht zuletzt durch Kommissionsentscheidungen und Gerichtsurteile über Kartellabsprachen.

Die Angleichung der innerstaatlichen Rechtsvorschriften brachte auf dem Gebiet des Zollrechts eine gemeinschaftliche Regelung des aktiven Veredelungsverkehrs, der Zollager und des Zahlungsaufschubs für Zölle. Am 1. 1. 1970 trat das gemeinschaftliche Versandverfahren in Kraft. Im Hinblick auf die Steuerharmonisierung liegt der Beschluß vor in allen EWG-Ländern die Mehrwertsteuer einzuführen. In den meisten Mitgliedsländern ist dies schon geschehen; die Steuersätze sind jedoch noch sehr unterschiedlich.

Am 1. 1. 1970 trat die EWG in ihre Endphase ein. Das nächste Ziel ist jetzt die Schaffung einer Wirtschafts- und Währungsunion mit einer einheitlichen europäischen Währung. Dazu ist vor allem eine enge Koordinierung der Wirtschafts- und Währungspolitik der Mitgliedstaaten erforderlich. Eine wichtige Aufgabe der Gemeinschaft wird auch die Lösung der Probleme sein, die sich im Zusammenhang mit dem möglichen Beitritt weiterer Mitglieder ergeben.

Außenwirtschaftliche Aspekte der gemeinsamen Agrarpolitik

Art. 40 des EWG-Vertrages sieht eine gemeinsame Organisation der Agrarmärkte der Mitgliedsländer vor. Unter den Maßnahmen zur Gestaltung der gemeinsamen Agrarorganisation werden u. a. „gemeinsame Einrichtungen zur Stabilisierung der Ein- oder Ausfuhr" genannt. Das Hauptziel der außenwirtschaftlichen Regelungen der gemeinsamen Agrarpolitik ist der Schutz der innergemeinschaftlichen Landwirtschaft gegenüber der Einfuhr von landwirtschaftlichen Erzeugnissen aus Drittländern.

Die gemeinsame Agrarpolitik der EWG wird in der Regel allein über den Preis gesteuert. Den landwirtschaftlichen Produkten, die in vollem Umfang gemeinschaftlich geregelt sind, liegt ein allgemeines „Orientierungspreisniveau" zugrunde. Die Maßnahmen der gemeinsamen Agrarpolitik — sowohl im Inneren der Gemeinschaft wie gegenüber Drittländern — sind auf die Erreichung des Orientierungspreises (bei Getreide, Milch und Olivenöl: Richtpreis; bei Schweinefleisch: Grundpreis) durch die Landwirtschaft der Gemeinschaft ausgerichtet. Die Agrareinfuhren aus Drittländern werden mit Abschöpfungen (in einigen Fällen mit Zöllen bzw. Zöllen und Abschöpfungen) belegt, wobei jedoch die internationalen Verpflichtungen der Gemeinschaft (Zollbindungen und Meistbegünstigung im Rahmen des GATT) berücksichtigt werden müssen. Bei den meisten Waren werden Einfuhrlizenzen verlangt oder können verlangt werden. Zur Steuerung der Drittlandseinfuhren gibt es ferner Beschränkungen des aktiven Veredelungsverkehrs, Schutzklauseln für den Fall bestehender oder drohender Marktstörungen und Antidumpingmaßnahmen. Für bestimmte Erzeugnisse gelten einheitliche EWG-Qualitätsnormen, denen auch die Einfuhren aus Drittländern entsprechen müssen.

Die meisten landwirtschaftlichen Erzeugnisse in der EWG unterliegen einer gemeinsamen Marktordnung. Marktordnungen gibt es für Getreide, Reis, Zucker, Schweinefleisch, Eier, Geflügelfleisch, Rindfleisch, Milch, Milcherzeugnisse, Öle und Fette, Wein, Tabak und Fische. Weitere Marktordnungen sind in Vorbereitung.

Die wichtigste Marktordnung ist die für Getreide. Sie sieht obligatorische Einfuhrlizenzen und Einfuhrbelastungen in Form von Abschöpfungen vor. Für die wichtigsten Getreidesorten setzt der Ministerrat jedes Jahr Richtpreise auf der Basis Duisburg als Hauptzuschußgebiet der Gemeinschaft fest. Zwischen 5 und 10 % unter den Richtpreisen liegen die Interventionspreise, die Garantiepreise für die Erzeuger darstellen. Wenn der Getreidepreis bei einem großen Angebot bis auf den Interventionspreis sinkt, ist die öffentliche Hand verpflichtet, alles angebotene Getreide zu diesem Preis anzukaufen. (In der Bundesrepublik werden die Käufe von der „Einfuhr- und Vorratsstelle", einer an die Weisungen der Bundesregierung gebundenen öffentlich-rechtlichen Körperschaft, getätigt.) Von den Richtpreisen leiten sich auch die Mindesteinfuhrpreise, die sog. „Schwellenpreise", ab, die einheitlich für Rotterdam festgelegt werden. Die Abschöpfungen werden täglich in Höhe der Differenz zwischen einem CIF-Preis als repräsentativem Weltmarktpreis und dem Schwellenpreis festgesetzt. Die Abschöpfungen variieren wie die Gleitzölle je nach dem Preis der Einfuhrwaren.

Die Marktregelungen für Reis und Zucker entsprechen im wesentlichen denen für Getreide. Nach den Marktordnungen für Schweinefleisch, Eier und Geflügel besteht die Einfuhrbelastung gegenüber Drittländern ebenfalls aus Abschöpfungen, die bei Unterschreitung eines „Einschleusungspreises" durch die Angebotspreise um bestimmte Zusatzbeträge erhöht werden können. Bei Rindfleisch unterliegen Drittlandseinfuhren einem Zoll nach dem Gemeinsamen Zolltarif, der gegebenenfalls durch Abschöpfungen ergänzt wird. Abschöpfungen gibt es zum Teil auch bei den übrigen Marktordnungen. Einige Marktordnungen sehen Referenzpreise vor, bei deren Unterschreitung durch die Einfuhrpreise Ausgleichsabgaben erhoben werden.

Um im Falle von Überschüssen die Ausfuhr von EWG-Agrarprodukten in dritte Staaten zu ermöglichen, können für abschöpfungspflichtige Erzeugnisse Exportvergütungen gewährt werden. Die Exportvergütungen — gelegentlich auch „negative Abschöpfungen" genannt — sollen die Exportpreise der EWG-Erzeugnisse dem Preisniveau des Weltmarktes angleichen.

Alle Agrarpreise in der Gemeinschaft sind in einer Rechnungseinheit festgesetzt worden, die dem US-Dollar entspricht („grüner Dollar"). Jede Änderung der Parität eines Mitgliedslandes wirkt sich daher unmittelbar auf die gemeinsamen Agrarpreise aus. Dies zeigte sich bei der Abwertung des französischen Franc im August 1969 und der DM-Aufwertung im Oktober des gleichen Jahres. Nach der französischen Abwertung beschloß der Ministerrat, Frankreich für zwei Jahre aus dem gemeinsamen Agrarmarkt auszuklammern. Der französischen Regierung wurde gestattet, ihre Agrarpreise von der gemeinsamen Rechnungseinheit loszulösen und auf nationaler Ebene niedriger anzusetzen. Im Laufe der beiden Jahre sollen die Agrarpreise in Frankreich wieder schrittweise an das EWG-Preisniveau angeglichen werden. Während dieser Zeit muß Frankreich seine Agrarausfuhren in die anderen EWG-Länder mit Ausgleichsabgaben belasten, und die Agrareinfuhren aus Mitgliedsländern subventionieren. Der Bundesrepublik wurde nach der DM-Aufwertung nur bis Ende 1969 erlaubt, einen Grenzausgleich bei Agrarerzeugnissen durch Einfuhrabgaben und Ausfuhrsubventionen vorzunehmen. Ab 1. 1. 1970 mußte sie zu den gemeinsamen Preisen zurückkehren und eine Senkung der deutschen Agrarpreise in Kauf nehmen. Die Einkommensverluste der Landwirtschaft werden durch umsatzsteuerliche Maßnahmen[1], die Bereitstellung zusätzlicher Mittel aus dem Bundeshaushalt und durch Mittel der Gemeinschaft ausgeglichen.

Wie diese Beispiele zeigen, ergeben sich aus der Bindung der EWG-Agrarpreise an eine Rechnungseinheit Schwierigkeiten, solange die Konjunktur- und Währungspolitik der Mitgliedstaaten noch nicht koordiniert ist. Andere Probleme, die die Gemeinschaft auf dem Agrarsektor noch lösen muß, sind das Problem der Agrarüberschüsse sowie die mit der notwendigen Umstrukturierung der europäischen Landwirtschaft verbundenen Probleme.

Europäische Atomgemeinschaft (EAG)

Die Europäische Atomgemeinschaft (EAG) — engl.: European Atomic Energy Community, franz.: Communauté Européenne de l'Energie Atomique —, auch „Euratom" genannt, wurde gleichzeitig mit der EWG am 25. 3. 1957 in Rom gegründet. (Der Vertrag zur Gründung der EWG und der Euratomvertrag, die beide am 1. 1. 1958 in Kraft traten, werden als „Verträge von Rom" oder „Römische Verträge" bezeichnet.) Der Sitz von Euratom ist Brüssel; die Mitgliedstaaten — und seit 1967 auch die Organe — sind die gleichen wie bei der EWG.

Euratom hat den Zweck, die Voraussetzungen für die Entwicklung und Nutzbarmachung der Atomenergie für friedliche Zwecke zu schaffen. Ihre Aufgaben sind im wesentlichen die Forschung und der Austausch kerntech-

---

[1] Durch das „Aufwertungsausgleichsgesetz" vom 23. 12. 1969 wurde der für landwirtschaftliche Betriebe geltende Mehrwertsteuersatz von 5 % auf 8 % erhöht. Der Landwirt ist nun berechtigt, für seine Verkäufe eine um 3 % höhere Steuer auszuweisen, ohne den Mehrbetrag an das Finanzamt abführen zu müssen.

nischer Kenntnisse, die Aufstellung einheitlicher Sicherheitsnormen für den Gesundheitsschutz, die Förderung von Investitionen zum Ausbau der Anlagen für die Kernenergie, die Gewährleistung der Versorgung mit Kernbrennstoffen und die Überwachung ihrer Verwendung sowie der Aufbau eines gemeinsamen Marktes auf dem Kernenergiegebiet. Die gemeinsame Kernforschungsstelle von Euratom verfügt über Forschungsanstalten in Geel (Belgien), Ispra (Italien), Karlsruhe (BRD) und Petten (Niederlande). Euratom unterhält Beziehungen zur Europäischen Kernenergieagentur (European Nuclear Energy Agency — ENEA) und zur Internationalen Atomenergie-Organisation (International Atomic Energy Agency — IAEA).

2. Europäische Freihandelsassoziation (EFTA)

Die Europäische Freihandelsassoziation, engl.: European Free Trade Association (EFTA), auch „Kleine Freihandelszone" oder „Gemeinschaft der Sieben" genannt, wurde am 4. 1. 1960 durch den Vertrag von Stockholm, der am 3. 5. 1960 in Kraft trat, mit Sitz in Genf gegründet. Die sieben Gründerstaaten — Dänemark, Großbritannien, Norwegen, Schweden, Schweiz, Österreich und Portugal — wollten nach dem Scheitern der Pläne für eine alle OEEC-Länder umfassende „Große Freihandelszone" ein Gegengewicht zur EWG schaffen. Am 1. 3. 1970 trat auch Island der EFTA bei. Mit Finnland wurde 1961 ein Assoziierungsabkommen geschlossen. Das Exekutivorgan der EFTA ist der EFTA-Rat, in dem jedes Mitglied mit einer Stimme vertreten ist. Daneben besteht ein Sekretariat.

Das Ziel des Stockholmer Vertrages, nämlich der völlige Abbau der Zölle auf gewerbliche Erzeugnisse zwischen den Mitgliedstaaten bis zum 1. 1. 1970, wurde bereits am 31. 12. 1966, also $1^1/_2$ Jahre vor der Verwirklichung der Zollunion der EWG, erreicht. Der EFTA-Vertrag erstreckt sich nicht auf landwirtschaftliche Produkte, nachdem hier keine Einigung erzielt werden konnte. Da die EFTA eine Freihandelszone ist, behält jedes Mitgliedsland das Recht, gegenüber Drittländern autonome Zölle anzuwenden. Gewerbliche Erzeugnisse kommen in der EFTA nur dann in den Genuß der Zollfreiheit, wenn sie in einem EFTA-Land entweder vollständig oder durch einen in den EFTA-Verarbeitungslisten beschriebenen ursprungsbegründenden Verarbeitungsvorgang erzeugt wurden oder die auf eine Be- oder Verarbeitung in einem EFTA-Land entfallenden Wertanteile mindestens 50 % des Verkaufspreises betragen. Die Erfüllung dieser Voraussetzungen wird durch die Vorlage eines EFTA-Ursprungszeugnisses nachgewiesen.

Die EFTA-Länder haben teils Antrag auf Aufnahme in die EWG gestellt, teils sind sie an einer Assoziierung oder einem anderen Arrangement mit der EWG interessiert.

3. Rat für gegenseitige Wirtschaftshilfe (COMECON)

Der Rat für gegenseitige Wirtschaftshilfe (RGW) — engl.: Council for Mutual Economic Assistance (COMECON), russ.: Sowjet Ekonomitscheskoj Wsaimopomoschtschi (SEW) — wurde am 25. 1. 1949 in Moskau gegründet, um der OEEC eine Wirtschaftsorganisation des Ostblocks entgegenzusetzen. Gründungsmitglieder waren Bulgarien, Polen, Rumänien, die Sowjetunion, die Tschechoslowakei und Ungarn. Albanien trat dem COMECON 1949 bei, die DDR 1950 und die Mongolische Volksrepublik 1962. (Albanien nimmt seit 1961 nicht mehr an der Arbeit des COMECON teil.) Jugoslawien ist seit 1964 assoziiertes Mitglied.

Die Organe des COMECON sind der Rat, der Exekutivausschuß, die Ständigen Kommissionen und das Sekretariat. Der Rat, der aus Vertretern aller Mitgliedstaaten besteht, ist zwar formell das oberste Organ des COMECON, die grundlegenden Entscheidungen werden jedoch auf den Konferenzen der Partei- und Regierungschefs der COMECON-Länder getroffen. Dem Exekutivausschuß unterstehen die Ständigen Kommissionen und das Sekretariat in Moskau. Die Ständigen Kommissionen sind für einzelne Fachgebiete, wie z. B. Maschinenbau, Landwirtschaft, Transportwesen usw., zuständig; sie setzen sich aus Fachleuten aller Mitgliedstaaten zusammen. Als Bank des COMECON wurde die „Internationale Bank für wirtschaftliche Zusammenarbeit" (COMECON-Bank) errichtet, die 1964 ihre Tätigkeit aufnahm.

Die Zusammenarbeit der COMECON-Mitglieder erstreckt sich auf die Intensivierung des gegenseitigen Warenaustausches, die gegenseitige Abstimmung der nationalen Volkswirtschaftspläne und die Förderung der Arbeitsteilung zwischen den Mitgliedstaaten sowie auf die technische und wissenschaftliche Zusammenarbeit.

Die COMECON-Länder haben kein einheitliches Preissystem und keine konvertierbaren Währungen. Der Handel im COMECON wird durch bilaterale Handelsabkommen geregelt. Die Verrechnung der gegenseitigen Lieferungen erfolgt durch die Internationale Bank für wirtschaftliche Zusammenarbeit in „Transfer-Rubeln"; diese sind jedoch ebenfalls nicht konvertibel und haben nur die Funktion einer Verrechnungseinheit. Der Handel jedes COMECON-Landes mit jedem anderen COMECON-Land soll innerhalb eines Jahres wertmäßig ausgeglichen sein. Etwaige Defizite werden ausschließlich durch zusätzliche Warenlieferungen oder Dienstleistungen abgedeckt.

Durch die Koordinierung der Wirtschaftspläne der einzelnen Mitgliedsländer soll eine „internationale sozialistische Arbeitsteilung" erreicht werden, bei der sich die einzelnen Staaten auf ganz bestimmte Produktionszweige spezialisieren. Zur wissenschaftlich-technischen Zusammenarbeit gehört u. a.

die Festlegung von Normen sowie der Austausch von technischen Erfahrungen, Forschungsergebnissen und Patenten.

4. Organisation für wirtschaftliche Zusammenarbeit in Europa (OEEC) Organisation für wirtschaftliche Zusammenarbeit und Entwicklung (OECD)

Die Organisation für wirtschaftliche Zusammenarbeit in Europa, engl.: Organization for European Economic Cooperation (OEEC), auch „Europäischer Wirtschaftsrat" genannt, wurde 1948 von den 17 am Marshall-Plan teilnehmenden europäischen Staaten mit Sitz in Paris gegründet. Diese Staaten waren Belgien, die Bundesrepublik Deutschland, Dänemark, Frankreich, Griechenland, Großbritannien, Irland, Island, Italien, Luxemburg, die Niederlande, Norwegen, Österreich, Portugal, Schweden, die Schweiz und die Türkei. 1959 trat Spanien der OEEC als vollberechtigtes Mitglied bei. Die Vereinigten Staaten und Kanada gehörten ihr ab 1950 als assoziierte Mitglieder an.

Die Ziele der OEEC bestanden im wesentlichen in der Ausarbeitung eines gemeinsamen wirtschaftlichen Wiederaufbauprogramms, der Koordination beim Einsatz von Marshall-Plan-Mitteln und der Intensivierung des Güteraustausches zwischen den Mitgliedsländern durch Abbau von Handelsschranken und die Schaffung eines multilateralen Verrechnungssystems bis zur Einführung der Konvertibilität. Das multilaterale Verrechnungssystem der OEEC, das 1950 errichtet wurde, war die Europäische Zahlungsunion (EZU)[1]. Am 27. 12. 1958, als die Bundesrepublik und sechs andere westeuropäische Länder zur Konvertibilität ihrer Währungen übergingen, wurde die EZU durch das „Europäische Währungsabkommen" ersetzt, das die OEEC-Länder vorsorglich bereits 1955 abgeschlossen hatten.

Im Jahre 1960 wurde die OEEC, die ihren Zweck im wesentlichen erfüllt hatte, in die Organisation für wirtschaftliche Zusammenarbeit und Entwicklung, engl.: Organization for Economic Cooperation and Development (OECD), umgewandelt. Am 14. 12. 1960 unterzeichneten die OEEC-Staaten, die USA und Kanada die Konvention über die Errichtung der OECD, die am 30. 9.

---

[1] Die Verrechnung innerhalb der EZU wurde über die „Bank für Internationalen Zahlungsausgleich" (BIZ) durchgeführt. Die Notenbanken der an der EZU teilnehmenden Länder — neben den OEEC-Mitgliedern nahmen auch noch einige andere Länder am Clearing teil — meldeten der BIZ monatlich ihre Salden im Waren- und Dienstleistungsverkehr mit jedem der übrigen EZU-Länder. Die BIZ rechnete diese Salden in eine gemeinsame Verrechnungseinheit — den Verrechnungsdollar — um und stellte dann die Nettoposition eines jeden Landes fest, d. h. die Nettoforderung oder -verpflichtung gegenüber der Gesamtheit der übrigen Teilnehmerländer. Aktive Verrechnungssalden wurden teils durch Zahlungen in Gold oder US-Dollar ausgeglichen, teils mußten sie von den Gläubigerländern kreditiert werden. Die Schuldnerländer erhielten auf diese Weise automatisch Kredit für einen Teil ihrer Passivsalden. Die Höhe des Kredits, den ein Gläubigerland gewähren mußte und ein Schuldnerland in Anspruch nehmen konnte, ergab sich auf Grund der für jedes EZU-Land festgesetzten Quote.

1961 in Kraft trat. 1964 schloß sich auch Japan der OECD an Die OECD hat ihren Sitz ebenfalls in Paris; ihre Organe sind der Rat (Council), der Exekutivausschuß (Executive Committee) und das Sekretariat (Secretariat). Der Exekutivausschuß koordiniert die Arbeit der vom Rat eingesetzten Ausschüsse.

Die OECD hat die Aufgabe, eine optimale Wirtschaftsentwicklung in den Mitgliedstaaten, die wirtschaftliche Expansion der in der Entwicklung begriffenen Länder und die Ausweitung des Handels zu fördern. Mit der Koordinierung der Entwicklungshilfe befaßt sich der Entwicklungshilfeausschuß der OECD, engl.: Development Assistance Committee (DAC), dem 14 OECD-Länder und Australien angehören. Spezialorganisationen der OECD sind u. a. das oben erwähnte Europäische Währungsabkommen und die „Europäische Kernenergieagentur", engl.: European Nuclear Energy Agency (ENEA).

5. Europäisches Währungsabkommen (EWA)

Das Europäische Währungsabkommen (EWA), engl.: European Monetary Agreement (EMA), wurde am 5. 8. 1955 von den Mitgliedern der OEEC geschlossen und trat automatisch Ende Dezember 1958 in Kraft, als sieben Mitglieder der EZU, die zusammen über 50 % der EZU-Quoten auf sich vereinigten, die Konvertibilität ihrer Währungen einführten. Bei der Ablösung der OEEC durch die OECD im Jahre 1961 blieb das EWA bestehen, die OECD-Mitglieder USA, Kanada und Japan schlossen sich ihm jedoch nicht an. Das einzige Organ des EWA ist das Direktorium, das seinen Sitz in Paris hat und dem Rat der OECD untersteht. Mit der Durchführung der finanziellen Operationen im Zusammenhang mit dem EWA wurde die Bank für Internationalen Zahlungsausgleich (BIZ) betraut.

Das EWA dient als Rahmen für die Zusammenarbeit zwischen den Währungsbehörden der Mitgliedstaaten mit dem allgemeinen Ziel, den multilateralen Welthandel und die Währungskonvertibilität zu fördern. Seine wesentlichen Einrichtungen sind der Europäische Fonds, der Mitgliedern kurz- oder mittelfristige Währungskredite zur Überbrückung von Zahlungsbilanzschwierigkeiten gewährt, und das Multilaterale System des Zahlungsausgleichs.

Um die Schwankungen seiner Währung innerhalb enger und stabiler Grenzen zu halten, ist jedes Mitgliedsland verpflichtet, dem EWA Ankaufs- und Verkaufskurse (Interventionskurse) in seiner Währung für den US-Dollar mitzuteilen. Diese Kurse kommen auch bei Abrechnungen im Rahmen des Multilateralen Systems zur Anwendung.

Jedes Mitgliedsland hat das Recht, alle Salden, die seine Zentralbank in der Währung eines anderen Mitgliedslandes besitzt, über das Multilaterale System in Dollar abzurechnen. Abrechnungen können entweder am Monatsende oder zum Zeitpunkt einer Änderung der dem EWA für die betreffende Währung gemeldeten An- und Verkaufskurse stattfinden. Diese Möglichkeit der EWA-Mitglieder, ihre Bestände an Währungen anderer Mitglieder zu einem von vornherein bekannten Kurs in Dollar umzuwechseln, ist gleichbedeutend mit einer Kursgarantie. Der Abrechnungskurs ist jeweils der für die betreffende Währung gemeldete Verkaufskurs für den Dollar; er ist daher im Normalfall — wenn keine Paritätsänderungen stattfinden — stets ungünstiger als der freie Marktkurs. Daher wickelt sich der Zahlungsausgleich zwischen den Mitgliedstaaten des EWA zum überwiegenden Teil über die Devisenmärkte ab.

6. Bank für internationalen Zahlungsausgleich (BIZ)

Die Bank für Internationalen Zahlungsausgleich (BIZ), engl.: Bank for International Settlements (BIS), wurde 1930 von den Notenbanken Belgiens, Deutschlands, Frankreichs, Großbritanniens und Italiens, einer die Bank von Japan vertretenden Bankengruppe und einer amerikanischen Bankengruppe gegründet. Heute gehören der BIZ, die ihren Sitz in Basel hat, sämtliche Zentralbanken Europas mit Ausnahme der Staatsbank der Sowjetunion an, seit Januar 1970 auch die Zentralbanken Kanadas und Japans. (Japan hatte zunächst nach dem zweiten Weltkrieg seine Beteiligung aufgegeben.) Die Hauptaktionäre der BIZ sind die europäischen Zentralbanken; ein kleiner Teil des Kapitals befindet sich in privaten Händen.

Die Organe der BIZ sind die Generalversammlung, der Verwaltungsrat und das Direktorium. Das Stimmrecht in der Generalversammlung wird ausschließlich von den Zentralbanken der Länder ausgeübt, in denen die Aktien der BIZ gezeichnet wurden. Die Geschäftsführung obliegt einem Verwaltungsrat, dem die Notenbankgouverneure von 8 Ländern angehören (Belgien, Bundesrepublik Deutschland, Frankreich, Großbritannien, Italien, Niederlande, Schweden und Schweiz). Jedes der ersten fünf Länder entsendet in den Verwaltungsrat außerdem ein zweites Mitglied, das der Gouverneur der betreffenden Zentralbank auswählt. Der Verwaltungsrat wählt einen Vorsitzenden und einen Generaldirektor. Seit 1948 übt der Vorsitzende des Verwaltungsrates auch die Funktionen des Präsidenten der BIZ aus. Das Direktorium, an dessen Spitze der Generaldirektor steht, befaßt sich mit den laufenden Geschäften der Bank.

Die BIZ hat den Zweck, die Zusammenarbeit der Zentralbanken zu fördern, neue Möglichkeiten für internationale Finanzgeschäfte zu schaffen und als Treuhänder (trustee) oder Agent bei internationalen Zahlungsgeschäften zu wirken, die ihr auf Grund von Verträgen mit den beteiligten Parteien übertragen werden. Daneben ist die Bank seit jeher ein „Notenbank-Klub" und ein Zentrum wirtschaftlicher und monetärer Forschungsarbeiten und Konsultationen.

Die ersten Aufgaben der BIZ standen im Zusammenhang mit den deutschen Reparationszahlungen nach dem ersten Weltkrieg. Von 1950 bis 1958 war sie im Auftrag der OEEC als zentrale Verrechnungsstelle der Europäischen Zahlungsunion (EZU) tätig. Anschließend wurde sie von der OECD mit der Durchführung des Europäischen Währungsabkommens (EWA) betraut. Ein Vertreter der BIZ nimmt an den Sitzungen des EWA-Direktoriums teil. Ferner übt die BIZ für Anleihen der Montanunion die Funktion eines Pfandhalters aus, wobei die Montanunion bei der Bank eigene Darlehensforderungen zur Sicherung bestimmter Anleihen verpfändet.

Bei der BIZ finden regelmäßig Besprechungen der europäischen Notenbankgouverneure statt, an denen auch Vertreter der amerikanischen, japanischen und kanadischen Währungsbehörden teilnehmen. Bei diesen Besprechungen wurden wiederholt Stützungsaktionen für gefährdete Währungen vereinbart. Die BIZ beteiligt sich aktiv an dem im Februar 1962 geschaffenen Netz gegenseitiger Swap-Kreditlinien zwischen dem amerikanischen Federal Reserve System und einer Reihe anderer Notenbanken. Durch Rückgriff auf diese Vereinbarungen kann jede Notenbank bei Bedarf finanzielle Mittel zur Abwehr spekulativer Angriffe gegen ihre Währung mobilisieren. Seit 1963 beteiligt sich die Bank regelmäßig an der Tätigkeit der „Zehnergruppe".

Die Forschungstätigkeit der BIZ findet u. a. Ausdruck in den Jahresberichten, die Untersuchungen über Geld- und Kapitalmärkte, den internationalen Handels- und Zahlungsverkehr, die Goldmärkte usw. enthalten. Seit 1964 befaßt sich die Bank in ihrem Jahresbericht auch mit dem Eurogeldmarkt, speziell dem Eurodollarmarkt, d. h. dem Markt für Dollarguthaben, die zwischen Banken außerhalb der Vereinigten Staaten — vor allem europäischen Banken — gehandelt und an Nichtbanken ausgeliehen werden.

7. Internationaler Währungsfonds (IWF)

Der Internationale Währungsfonds (IWF), engl.: International Monetary Fund (IMF), wurde im Jahre 1944 zusammen mit der Internationalen Bank für Wiederaufbau und Entwicklung (Weltbank) auf der Währungs- und Finanzkonferenz der Vereinten Nationen in Bretton Woods (USA) gegründet. Das IWF-Abkommen trat am 27. 12. 1945 in Kraft. Sitz des IWF ist Washington. Der IWF hat zur Zeit 115 Mitglieder; die Bundesrepublik trat dem IWF und der Weltbank 1952 bei. Jedes Mitgliedsland muß sich durch Einlagen in Höhe der ihm zugeteilten Quote am Fonds beteiligen. Ein Viertel der Quote ist in Gold und der Rest in Landeswährung einzuzahlen. Nach der Höhe der Quote, die auf Grund der Wirtschaftskraft des einzelnen

Mitgliedstaates festgesetzt wird, bemessen sich das Stimmrecht des Mitgliedstaates sowie seine Ziehungsrechte, d. h. die Möglichkeit, die Mittel des Fonds in Anspruch zu nehmen. Von Zeit zu Zeit finden allgemeine und selektive Quotenerhöhungen statt.

Das oberste Organ des IWF ist der Gouverneursrat (Board of Governors); jedes Mitgliedsland stellt einen Gouverneur und dessen Stellvertreter. Für die laufenden Geschäfte des Fonds ist das aus 20 Direktoren (Executive Directors) bestehende Direktorium (Executive Board) verantwortlich. Die Mitglieder mit den höchsten Quoten (Bundesrepublik Deutschland, Frankreich, Großbritannien, Indien und die Vereinigten Staaten) sowie auch Italien ernennen je einen Direktor, die restlichen 14 Direktoren werden durch die Gouverneure der übrigen Mitgliedstaaten gewählt. Der geschäftsführende Direktor (Managing Director) ist der Vorsitzende des Direktoriums.

Die Hauptaufgaben des IWF sind die Förderung der internationalen Zusammenarbeit auf dem Gebiet der Währungspolitik, die Förderung der Stabilität der Währungen und die Unterstützung der Mitglieder bei der Überwindung von Zahlungsbilanzschwierigkeiten.

Die Mitgliedstaaten sind grundsätzlich verpflichtet, mit dem IWF Anfangsparitäten (in Gold und US-Dollar) für ihre Währungen zu vereinbaren. Eine Änderung der vereinbarten Parität soll nur bei Vorliegen eines fundamentalen Ungleichgewichts in der Zahlungsbilanz erfolgen; beträgt sie mehr als 10 %, so muß das Mitgliedsland die ausdrückliche Zustimmung des IWF einholen. Währungsabwertungen nur zu dem Zweck, die Wettbewerbsposition des abwertenden Landes auf dem Weltmarkt zu verbessern, sind nicht zulässig. Im Interesse der Währungsstabilität muß jedes Mitglied dafür sorgen, daß der Wechselkurs seiner Währung gegenüber dem Dollar um nicht mehr als 1 % nach jeder Seite von der Parität abweichen kann. Ist der Kurs in Gefahr, diesen Schwankungsspielraum (Bandbreite) nach unten oder oben zu verlassen, muß die Währungsbehörde des betreffenden Landes durch Dollarkäufe bzw. -verkäufe intervenieren.

Der IWF stellt seinen Mitgliedern Mittel zur Überwindung kurz- und mittelfristiger Zahlungsbilanzstörungen zur Verfügung. Jedes Mitgliedsland kann bei Bedarf im Rahmen der ihm zustehenden Ziehungsrechte, die von der Höhe seiner Quote abhängen, Ziehungen auf den Fonds vornehmen. Diese Ziehungen, die nur auf Antrag möglich sind, bestehen darin, daß das betreffende Land die benötigten Fremdwährungen gegen Hingabe eigener Währung beim IWF kauft. Die bei der Ziehung eingezahlte eigene Währung muß das Mitgliedsland innerhalb von drei (höchstens fünf) Jahren durch Zahlung in Gold, US-Dollar oder einer für den Fonds akzeptablen konvertiblen Währung zurückkaufen.

Den Mitgliedsländern stehen praktisch automatische Ziehungsrechte in Höhe ihrer Goldeinlage („Goldtranche")[1] zu. Darüber hinaus gibt es noch vier „Kredittranchen" von je 25 % der Quote, wobei sich die Bedingungen des Fonds bei zunehmender Ausnutzung der Kreditmöglichkeiten immer mehr verschärfen. Nach den IWF-Statuten darf der Bestand des Fonds an der Währung eines Mitgliedslandes in einem Zeitraum von 12 Monaten nicht mehr als um 25 % der Quote des betreffenden Landes ansteigen und insgesamt höchstens 200 % der Quote erreichen. (Diese 200 % setzen sich aus den 75 % der Quote, die das Mitglied in Landeswährung einzahlt, und dem Gegenwert der Ziehungen in Höhe von 125 % der Quote zusammen.) Der Fonds kann jedoch auf diese Bedingungen verzichten. Für Entwicklungsländer bestehen zusätzliche Ziehungsmöglichkeiten.

Neben den Ziehungen sieht der IWF seit 1952 auch feste Kreditzusagen vor, die „Bereitschaftskredite" (Stand-by Arrangements), die durch zusätzliche Leistungen einzelner Mitgliedstaaten ermöglicht werden und dem kreditnehmenden Land erlauben, im Bedarfsfall Devisen bis zu einem bestimmten Höchstbetrag innerhalb einer bestimmten Zeit abzurufen.

Anfang 1962 wurden zwischen dem IWF und 10 großen Industriestaaten (Belgien, Bundesrepublik Deutschland, Frankreich, Großbritannien, Italien, Japan, Kanada, Niederlande, Schweden und USA), die seit dieser Zeit als „Zehnerklub" oder „Zehnergruppe" bezeichnet werden, „Allgemeine Kreditvereinbarungen" (General Arrangements to Borrow) abgeschlossen, durch die sich diese Länder verpflichten, dem Fonds für seine Kreditgewährung zusätzliche Mittel in ihrer Währung bis zu bestimmten Höchstbeträgen zur Verfügung zu stellen. Später schloß sich die Schweiz diesem Abkommen mit einem zusätzlichen Beitrag an.

Um einer Verknappung der internationalen Währungsreserven vorzubeugen, die zu einer Beeinträchtigung des Welthandels führen könnte, arbeitete der Zehnerklub einen Plan für die Schaffung eines neuen Reservemediums, der „Sonderziehungsrechte", aus, die gleichberechtigt neben das Gold, den Dollar und das Pfund Sterling treten sollten. Dieser Plan wurde im September 1967 auf der Jahresversammlung des Gouverneursrats des Fonds in Rio de Janeiro grundsätzlich gebilligt. Nach zweijährigen vorbereitenden Arbeiten und den notwendigen Änderungen der IWF-Statuten gab der Gouverneurs-

---

[1] Automatische Ziehungsrechte ohne Rückzahlungsverpflichtung bzw. Rückforderungsrechte ergeben sich für ein Mitgliedsland bei einer „Supergoldtrancheposition" und einer Kreditgewährung an den Fonds auf Grund der „Allgemeinen Kreditvereinbarungen" (AKV). Als Supergoldtranche bezeichnet man den Unterschied zwischen dem Bestand des Fonds an der Währung eines Mitglieds und 75 % der Mitgliedsquote, wenn der Bestand an dieser Währung durch Transaktionen des Fonds unter 75 % der Quote gefallen ist. (Die Goldtranche zuzüglich einer eventuellen Supergoldtranche und eventuell gewährter AKV-Kredite ergeben zusammen die gesamte Reserveposition eines Mitgliedslandes beim IWF.)

rat auf der Jahrestagung 1969 seine Zustimmung zur Aktivierung der Sonderziehungsrechte. Es wurde vereinbart, zunächst Sonderziehungsrechte in Höhe von 9,5 Mrd. US-Dollar zu schaffen, von denen 3,5 Mrd. US-Dollar Anfang 1970 und je 3 Mrd. US-Dollar zu Beginn der beiden folgenden Jahre den Mitgliedern zugeteilt werden sollten. Maßstab für die Summe, die jedes IWF-Mitglied erhält, ist die jeweilige Quote.

Die Sonderziehungsrechte (eine Einheit der Sonderziehungsrechte entspricht einem US-Dollar) sind „internationales Buchgeld", das die Schuldnerländer neben Gold und Devisen zum Ausgleich ihrer Zahlungsbilanzen verwenden können. Ein Defizitland hat die Möglichkeit, gegen Sonderziehungsrechte konvertible Währung zu erhalten, wobei es mit dem Gegenwert in Sonderziehungsrechten auf Sonderziehungskonto belastet wird und das Land, das die Währung zur Verfügung stellt, eine entsprechende Gutschrift erhält. Die Sonderziehungsrechte dürfen jedoch während eines Zeitraums von 5 Jahren nur zu durchschnittlich 70 % des zugewiesenen Betrages ausgenutzt werden. Nimmt ein Land die ihm zustehenden Sonderziehungsrechte voll in Anspruch, so muß es den 70 % übersteigenden Betrag zurückzahlen. Geschäfte mit Sonderziehungsrechten können nur die Zentralbanken der beteiligten Länder sowie der IWF selbst durchführen.

8. Internationale Bank für Wiederaufbau und Entwicklung (Weltbank)

Die Gründung der Internationalen Bank für Wiederaufbau und Entwicklung, engl.: International Bank for Reconstruction and Development (IBRD), meist kurz „Weltbank" (World Bank) genannt, geht wie die des Internationalen Währungsfonds auf die Konferenz von Bretton Woods zurück. Die Weltbank begann 1946 ihre Geschäftstätigkeit und hat ihren Sitz ebenfalls in Washington. Mitglieder der Weltbank können nur solche Länder werden, die bereits dem Internationalen Währungsfonds angehören. Zur Zeit hat die Weltbank 112 Mitglieder, darunter auch die Bundesrepublik. Jedes Mitgliedsland zeichnet einen bestimmten Anteil am Grundkapital der Weltbank, dessen Höhe sich nach der Wirtschafts- und Finanzkraft des betreffenden Landes richtet. Dieser Anteil, der auch als Quote bezeichnet wird, ist maßgebend für das Stimmrecht des Mitgliedslandes. 10 % der Quote sind tatsächlich einzuzahlen, und zwar teils in Gold oder Dollar, teils in Landeswährung. Die restlichen 90 % können von der Weltbank abgerufen werden, wenn sie zur Erfüllung von Verbindlichkeiten aus der Aufnahme von Darlehen oder aus Garantieverpflichtungen benötigt werden.

Die Weltbank hat wie der IWF einen Gouverneursrat und ein aus 20 Exekutivdirektoren bestehendes Direktorium. Die 5 Mitgliedstaaten mit der größten Kapitalbeteiligung ernennen ihren Direktor selbst, die restlichen 15 Direktoren werden von den übrigen Mitgliedstaaten gewählt. Die Direktoren wählen den Präsidenten der Weltbank, der weder Gouverneur noch Direktor sein darf. Der Präsident ist der Vorsitzende des Direktoriums, hat aber kein Stimmrecht außer bei Stimmengleichheit.

Gemäß der Satzung von Bretton Woods sollte die Weltbank vor allem die vom Krieg verwüsteten Länder bei ihrem Wiederaufbau finanziell unterstützen. Da diese Funktion jedoch weitgehend vom amerikanischen Marshall-Plan übernommen wurde, konnte sich die Weltbank schon bald ihrer zweiten Aufgabe, nämlich der Entwicklungshilfe, zuwenden. Die Weltbank gibt Darlehen an Entwicklungsländer, fördert durch Übernahme von Garantien private Investitionen in diesen Ländern und gewährt technische Hilfe. Die zur Durchführung ihrer Finanzierungsaufgaben benötigten Mittel beschafft sich die Weltbank weitgehend auf den internationalen Kapitalmärkten. Während früher die USA die wichtigste Kapitalquelle der Weltbank waren, hat in letzter Zeit der europäische, besonders der deutsche Kapitalmarkt immer mehr an Bedeutung gewonnen. Die Weltbank nimmt auch bei großen Banken und Bankenkonsortien Kredite auf.

Die Bank gewährt in erster Linie Darlehen zur Finanzierung produktiver Investitionen in den Mitgliedstaaten, wenn keine anderen Finanzierungsmöglichkeiten zu angemessenen Bedingungen bestehen. Darlehensnehmer sind entweder die Regierungen, sonstige Körperschaften des öffentlichen Rechts oder Privatunternehmen; ist die Regierung nicht selbst Darlehensnehmer, so hat sie für die vertragsgerechte Rückzahlung des Darlehens zu garantieren. Der Zinssatz für Weltbankdarlehen wird in Anlehnung an die Sätze festgesetzt, zu denen die Weltbank ihre Anleihen plazieren kann. Die Laufzeit der Darlehen beträgt im Durchschnitt 20 Jahre. In Sonderfällen kann die Weltbank auch Darlehen mit längerer Laufzeit gewähren.

Zur Ergänzung der Tätigkeit der Weltbank auf dem Gebiet der Entwicklungsfinanzierung wurden von Mitgliedern dieser Bank zwei Schwestergesellschaften errichtet, nämlich die „Internationale Finanz-Corporation" und die „Internationale Entwicklungsorganisation".

9. Internationale Finanz-Corporation (IFC)

Die Internationale Finanz-Corporation, engl.: International Finance Corporation (IFC), wurde 1956 mit Sitz in Washington gegründet. Sie hat zur Zeit 92 Mitglieder. Die Mitgliedschaft in der IFC steht nur Mitgliedern der Weltbank offen. Der organisatorische Aufbau der IFC gleicht dem der Weltbank. Jeder Mitgliedstaat der IFC wird durch denselben Gouverneur und denselben Direktor wie bei der Weltbank vertreten. Der Präsident der Weltbank ist gleichzeitig Präsident der IFC. Trotzdem besitzt die IFC eine eigene Rechtspersönlichkeit und haftet allein für ihre Verbindlichkeiten.

Die IFC finanziert ausschließlich Projekte der Privatwirtschaft in den Mitgliedsländern, insbesondere in den Entwicklungsländern, für die nicht genügend privates Kapital zu angemessenen Bedingungen erhältlich ist. Die IFC-Kredite werden zu „harten", d. h. kommerziellen Bedingungen gewährt. Im Gegensatz zur Weltbank verlangt die IFC für ihre Kredite keine Garantien von seiten der Regierungen. Seit 1961 darf sich die IFC auch am Kapital privater Firmen beteiligen. Die IFC bemüht sich laufend, andere Gläubiger oder Anteilskäufer für die Übernahme von Krediten und Beteiligungen zu gewinnen, die zunächst von der IFC selbst gewährt bzw. eingezahlt wurden. Auf diese Weise ergibt sich ein laufender Kapitalumschlag.

10. Internationale Entwicklungsorganisation (IDA)

Die Internationale Entwicklungsorganisation, engl.: International Development Association (IDA), ist neben der IFC die zweite Schwestergesellschaft der Weltbank. Sie wurde 1960 gegründet und hat ihren Sitz ebenfalls in Washington. Auch der IDA können nur Mitgliedstaaten der Weltbank beitreten. Zur Zeit gehören der IDA 104 Staaten an. Die Mitglieder sind in zwei Gruppen eingeteilt: Gruppe I besteht aus Ländern mit relativ hohem Pro-Kopf-Einkommen, die weitaus größere Gruppe II aus wirtschaftlich weniger entwickelten Ländern. Die Finanzierungsmittel der IDA werden im wesentlichen von den Ländern der Gruppe I durch Kapitalzeichnung und Sonderbeiträge aufgebracht. Die Länder der Gruppe II können sich um Entwicklungskredite der IDA bewerben. Für die Organe der IDA gilt das gleiche, was bereits über die Organe der IFC gesagt wurde.

Die IDA finanziert lediglich Entwicklungsvorhaben hoher Priorität, die weder von privater Seite noch von der Weltbank oder der IFC finanziert werden können. Die IDA-Kredite sind „weiche" Kredite, die die Zahlungsbilanzen der Entwicklungsländer weniger belasten als normale Darlehen. Die bisher von der IDA gewährten Entwicklungskredite waren zinslos und hatten einheitlich eine Laufzeit von 50 Jahren. Darlehensnehmer der IDA sind neben den Regierungen der Gruppe-II-Mitglieder auch die Privatindustrie in diesen Ländern. Es ist der IDA freigestellt, ob sie für Darlehen an Kreditnehmer, die nicht Mitgliedsregierungen sind, eine Regierungsgarantie verlangen will.

11. Allgemeines Zoll- und Handelsabkommen (GATT)

Das Allgemeine Zoll- und Handelsabkommen, engl.: General Agreement on Tariffs and Trade (GATT), wurde am 30. 10. 1947 in Genf unterzeichnet und trat am 1. 1. 1948 in Kraft. Es hat seinen Sitz in Genf. Das GATT war ursprünglich nur als provisorische Einrichtung gedacht, die später von der Internationalen Handelsorganisation, engl.: International Trade Organization

(ITO), abgelöst werden sollte. Auf der Havanna-Konferenz vom November 1947 bis März 1948 wurde die Charter der ITO, auch „Havanna-Charta" genannt, fertiggestellt. Der amerikanische Kongreß weigerte sich jedoch, die Havanna-Charta zu ratifizieren. Fo ist das GATT das einzige Vertragswerk geblieben, das Verhaltensnormen für die Durchführung des internationalen Handels aufstellt.

Zur Zeit gehören dem GATT 76 Länder als Vollmitglieder an, 2 Länder sind vorläufig beigetreten, und 13 wenden die Bestimmungen des Abkommens de facto an. Die Bundesrepublik Deutschland ist seit 1950 Vollmitglied.

Die Mitgliedsländer des GATT treten normalerweise einmal jährlich zu einer Vollversammlung zusammen. Im Jahre 1960 wurde ein ständiger Rat (Council) eingesetzt, der bei Bedarf zusammentritt, um dringende Geschäfte zwischen den Vollversammlungen zu erledigen. Die Verwaltung des GATT obliegt dem Sekretariat in Genf, das unter der Leitung eines Generaldirektors (Director-General) steht.

Die Hauptziele des GATT sind der Abbau der Zölle und anderer Handelsschranken sowie die Beseitigung der Diskriminierung im internationalen Handel. Die Mitglieder des GATT sind verpflichtet, bei der Erhebung von Zöllen und entsprechenden Abgaben einander die unbedingte Meistbegünstigung einzuräumen. Andererseits wird ihnen jedoch gestattet, bereits bestehende Zollpräferenzen weiter anzuwenden und sich zu Zollunionen oder Freihandelszonen zusammenzuschließen. Der Außerzolltarif einer Zollunion darf aber den Handel mit der übrigen Welt nicht stärker belasten als der Durchschnitt der Zölle der einzelnen Länder vor Errichtung der Zollunion. Mengenmäßige Einfuhrbeschränkungen sind nach dem GATT grundsätzlich verboten. Sie dürfen nur angewandt werden, wenn dies zur Wiederherstellung des Zahlungsbilanzgleichgewichts notwendig ist. Ein Land, das Einfuhrbeschränkungen aus Zahlungsbilanzgründen anwendet, muß mit dem GATT in regelmäßigen Zeitabständen Rücksprache nehmen.

Typisch für die Arbeitsweise des GATT sind die Konsultationen zwischen den Vertragsparteien. Bei auftretenden Schwierigkeiten sollen durch diese Konsultationen Lösungen gefunden werden, die den Interessen der Beteiligten soweit wie möglich gerecht werden. Führen die Konsultationen zu keiner zufriedenstellenden Regelung, kann das Vertragsland, das sich benachteiligt fühlt, eine förmliche Beschwerde erheben. Die anderen Vertragsparteien sind dann verpflichtet, unverzüglich Untersuchungen durchzuführen, Empfehlungen auszusprechen oder Beschlüsse zu fassen.

Das GATT bildet den Rahmen für die Durchführung von Verhandlungen über die Herabsetzung von Zöllen und den Abbau anderer Handelsschranken.

Bisher sind sechs große Zollkonferenzen („Zollrunden") abgehalten worden: 1947 in Genf, 1949 in Annecy (Frankreich), 1951 in Torquay (Großbritannien), 1956 in Genf, 1960/1961 in Genf (Dillon-Runde) und 1964—1967 in Genf (Kennedy-Runde). Auf diesen Konferenzen wurden Zollsenkungen und Zollbindungen[1] ausgehandelt, die allen Vertragsparteien zugute kommen.

Die zuletzt abgehaltene Zollrunde, die Kennedy-Runde, geht auf die Initiative des damaligen amerikanischen Präsidenten John F. Kennedy zurück, der den Vorschlag machte, die Zölle linear um 50 % zu kürzen. Das „Gesetz zur Ausweitung des Handels" (Trade Expansion Act), das der amerikanische Kongreß im Oktober 1962 verabschiedete, gab dem Präsidenten die Vollmacht, während der Dauer von fünf Jahren die amerikanischen Zölle in Handelsabkommen mit jedem beliebigen Land der freien Welt um 50 % zu senken. Die Verhandlungen der Kennedy-Runde, an denen die EWG als Gesamtheit teilnahm, begannen am 4. 5. 1964. Als schwierige Probleme erwiesen sich vor allem die Agrarerzeugnisse und andere Produkte, für die Teilnehmerländer Ausnahmeregelungen wünschten, die Zolldisparitäten (die amerikanischen Zölle lagen zum Teil weit über den entsprechenden europäischen Zöllen) und nichttarifäre Handelshemmnisse, vor allem das in den USA bei bestimmten Chemieeinfuhren angewandte „American Selling Price System"[2]. Die Verhandlungen der Kennedy-Runde wurden am 30. 6. 1967, kurz vor Auslaufen der Zollsenkungsvollmacht des amerikanischen Präsidenten, zum Abschluß gebracht. Das Ergebnis war zwar keine generelle Halbierung der Zölle, aber immerhin wurde eine Senkung der Zölle für industrielle Erzeugnisse um etwa 35 % erreicht. Die Verhandlungspartner vereinbarten, die Zollsenkungen in 5 Jahresraten zu verwirklichen.

Das GATT richtet in zunehmendem Maße sein Augenmerk auf den Handel der Entwicklungsländer, der auch bei der Kennedy-Runde eine wichtige Rolle spielte. Der Vertragstext des GATT wurde durch Teil IV über Handel und Entwicklung ergänzt, der seit Februar 1965 de facto angewandt wird und am 30. 6. 1966 rechtsgültig in Kraft trat. Teil IV enthält die Verpflichtungen, die die Vertragsparteien im Hinblick auf eine Ausweitung des Handels der Entwicklungsländer übernommen haben. Zur Kontrolle der Durchführung dieser neuen Bestimmungen setzten die Vertragsparteien im Februar 1965 einen Ausschuß für Handel und Entwicklung ein. In diesem Zusammenhang ist auch noch das vom GATT im Mai 1964 gegründete „Internationale Handelszentrum" zu erwähnen, das die Entwicklungsländer bei der Förderung

---

[1] Unter Zollbindung versteht man die Vereinbarung, Zölle auf einem bestimmten Niveau zu belassen.

[2] Nach dem American Selling Price System (ASP) wird bei der Festsetzung des Einfuhrzolls nicht der Rechnungspreis der Einfuhrware, sondern der Inlandspreis der entsprechenden amerikanischen Erzeugnisse zugrunde gelegt.

ihres Außenhandels unterstützt. Seit dem 1. 1. 1968 wird es gemeinsam von GATT und UNCTAD verwaltet (Internationales Handelszentrum UNCTAD/GATT).

12. Konferenz der Vereinten Nationen über Handel und Entwicklung (UNCTAD)

Die 19. Generalversammlung der Vereinten Nationen beschloß im Dezember 1964, der Konferenz der Vereinten Nationen über Handel und Entwicklung, engl.: United Nations Conference on Trade and Development (UNCTAD), auch „Welthandelskonferenz" genannt, den Status einer neuen ständigen Unterorganisation der UNO zu geben. Die Organe der UNCTAD, die ihren Sitz in Genf hat, sind der Rat für Handel und Entwicklung (Trade and Development Board), der auch als „Welthandelsrat" bezeichnet wird, und das Sekretariat. Der Rat für Handel und Entwicklung wählt aus seinen eigenen Reihen einen Präsidenten. Die Aufgabe der UNCTAD besteht vor allem in der Förderung des Handels zwischen Industrieländern und Entwicklungsländern.

ANLAGEN

Muster wichtiger Außenhandelsformulare

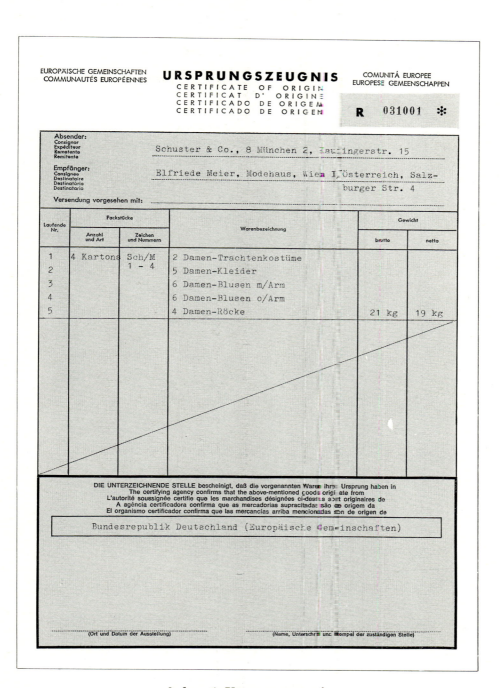

Anlage 1: Ursprungszeugnis

DEUTSCHE BANK
AKTIENGESELLSCHAFT
FILIALE MÜNCHEN

Inkasso- und / oder Akzepteinholungs-Auftrag
Remittance for collection and / or acceptance
Ordre d'encaissement et / ou d'acceptation

MÜNCHEN, 20. November 19..

Auftraggeber / Principal / Donneur d'ordre:

Firma
Max Mauerschlag
München
Mantelstraße 9

Einschreiben / Registered / Recommandé Luftpost!

Banco Aleman Transatlantico
Casilla de Correo 995
Buenos Aires / Argentinien

Unsere Nummer / Our No. / Notre No.	Fälligkeit / Maturity / Echéance	Betrag / Amount / Montant	
220 / 12345 Bitte anzugeben Please quote Prière d'indiquer	90 Tage nach Sicht	DM 9.650.--	[X] Plus unsere Spesen / Plus our charges / Plus nos frais [X] Plus Ihre Spesen / Plus your charges / Plus vos frais [X] Auf Zahlung der Spesen darf nicht verzichtet werden. Charges must not be waived. Prière de ne pas renoncer au paiement de frais.

Bezogener / Drawee / Tiré: Firma Carlos Ventura, Reconquista 185, Buenos Aires

Dokumente Documents Documents	Wechsel Draft Traite	Faktura Invoice Facture	Konsulats-Faktura Consular Invoice Facture consul.	Zoll-Faktura Customs Invoice Facture Douane	Spezifikation Specification Spécification	Ursprungs-Zeugnis Certificate of Origin Certificat d'origine	Versich. Pol./Zert. Insurance Pol./Cert. Pol./Cert. d'assurance	Konnossement Bill of Lading Conn.	Duplikat-Frachtbrief Railway B/L Lettre de voiture	Spediteur-Bescheinigung Forw. Receipt Réc. de prise en charge
beiliegend enclosed annexés	1	3						2/3 1 Kopie		
Zweitpost 2nd mail 2ème courr.	1	2						1/3		

über die Verladung von / covering shipment of / concernant le chargement de: Ware gemäß Rechnung

Empfänger: / Consignee: / Destinataire: Ihre Order

per / by / par: "MS Andrea" am / on / le: 15.11.19.. von / from / de: Hamburg nach / to / à: Buenos Aires

[ ] Liefern Sie die Dokumente aus gegen Zahlung / Deliver documents against payment / Remettez les documents contre paiement

[X] Liefern Sie die Dokumente aus gegen Akzeptierung / Deliver documents against acceptance / Remettez les documents contre acceptation
des Wechsels über DM 9.650.--
fällig 90 Tage nach Sicht

[X] Verwahren Sie das Akzept zum Einzug bei Fälligkeit und teilen Sie uns den Verfalltag per Luftpost mit.
Keep acceptance for collection at maturity and inform us of the due date by airmail.
Gardez l'acceptation pour l'encaisser à l'échéance et indiquez-nous cette date par avion.

[ ] Kein Protest. / No protest. / Pas de protêt.
[ ] Protest bei Nichtakzeptierung. / Protest for non-acceptance. / Protêt en cas de non-acceptation.

[ ] Senden Sie das Akzept uns zurück. / Return acceptance to us. / Retournez-nous l'acceptation.

[X] Protest bei Nichtbezahlung des Akzeptes. / Protest for non-payment of accepted bill of exchange. / Protêt en cas de non-paiement de l'effet accepté.

[X] Im Falle der Nichteinlösung erbitten wir Nachricht per Luftpost.
In case of dishonour please advise us by airmail.
En cas de non-exécution, prière de nous avionner.

[X] Wir bitten um Empfangsbestätigung. / Please acknowledge receipt. / Prière d'accuser réception.

Weitere Instruktionen: / Further instructions: / Instructions complémentaires:

Vom Inkassoerlös zahlen Sie bitte DM 620.-- als Vertreterprovision an Firma Ernesto Prima & Cia., 25 de Mayo 140, Buenos Aires.

Im Falle von Schwierigkeiten informieren Sie bitte obigen Vertreter, der vermittelnd eingreifen darf.

Den Erlös bitten wir uns ohne Kursverlust für uns unter Angabe unserer Nummer wie folgt anzuschaffen:
Proceeds please remit without loss in exchange to us as follows, quoting our number:
Veuillez nous virer le produit, sans perte de change, en indiquant notre numéro, comme suit:

[ ] durch Gutschrift auf das Konto unseres Hauses / by crediting the account of our office / en créditant le compte de notre banque bei / with / chez

[X] durch Ermächtigung zur Belastung des Kontos Ihres Hauses / by authorizing us to debit the account of your office / en nous autorisant à débiter le compte de votre banque bei / with / chez uns

unter Aufgabe an uns. / under advice to us. / sous avis à nous.

Hochachtungsvoll / Yours faithfully, / Vos dévoués

DEUTSCHE BANK
AKTIENGESELLSCHAFT
FILIALE MÜNCHEN

Anlagen / Enclosures / Annexes

Kontrolle: _____

Anlage 2: Inkassoauftrag („Dokumente gegen Akzept")

DEUTSCHE BANK
AKTIENGESELLSCHAFT
FILIALE MÜNCHEN
Telegramm: DEUTSCHBANK

Dok.-Akkr.
Doc. Credit No. 220/87113
Crédit Doc.

MÜNCHEN, 14. November 19..

Einschreiben – Luftpost
A/S Kjøbenhavns Handelsbank
K o p e n h a g e n
DÄNEMARK

Auftrags / By order of / D'ordre de
Firma
Otto M ü l l e r
8000 M ü n c h e n 50
Alpenrosenweg 15

eröffnen wir ein unwiderrufliches Dokumenten-Akkreditiv zu Gunsten von
we open an irrevocable documentary credit in favour of
nous ouvrons un crédit documentaire irrévocable en faveur de

Erik Christiansen
Kopenhagen, Vestergade 1

in Höhe von
for an amount of   DM 40.800.-- (in Worten: Deutsche Mark vierzigtausendacht-
pour un montant de   hundert)
benutzbar bei
available with   Ihnen   gegen folgende Dokumente
utilisable chez   against the following documents:
                                             contre les documents suivants:

- unterzeichnete Handelsfaktura, 3-fach, ausweisend Ware und
  Lieferungsbedingungen wie unten beschrieben.
- bahnamtlich abgestempelter, nachnahmefreier Duplikatfrachtbrief,
  adressiert an Spedition Gebrüder Schneider, München 19, Erbachstr. 12,
  zur Verfügung der Firma Otto Müller, München 50, Alpenrosenweg 15
  ausweisend die Verladung von BÜROMÖBELN
- 100 Stück Katalog No. 13 - 261 c à DM 160.--
- 100 Stück Katalog No. 13 - 269 b à DM 120.--
- 100 Stück Katalog No. 19 - 104   à DM 128.--

Preise franko Waggon Abgangsstation

Teillieferungen   sind gestattet   Letzter Verladetag   3. Dezember 19..
Part shipments   Shipment not later than
Expéditions partielles   Expédition jusqu'au

Dieses Akkreditiv ist gültig bis 17. Dezember 19..   für die Vorlage der Dokumente bei   Ihnen
This credit is valid until   for presentation of the documents to
Ce crédit est valable jusqu'au   pour la présentation des documents chez

Bitte benachrichtigen Sie den Begünstigten   telefonisch und schriftlich ohne   Ihre(r) Bestätigung.
Please advise the beneficiary   Hinzufügung   your confirmation.
Veuillez aviser le bénéficiaire   votre confirmation.

Sofern die Bedingungen dieses Akkreditivs genau erfüllt sind, werden wir Ihr Konto bei uns, Wert Tag
Provided the terms and conditions of this credit have been complied with   Ihrer Zahlungen, erkennen.
Si les conditions de ce crédit sont remplies exactement

Den Empfang dieses Schreibens bitten wir uns luftpostlich anzuzeigen.
Dokumente an uns mit erster und zweiter Luftpost erbeten.
Please acknowledge receipt of this letter by airmail.
Please airmail documents to us in two separate sets.
Veuillez nous accuser réception de cette lettre par avion.
Veuillez nous adresser les documents par deux courriers aériens.

Hochachtungsvoll / Yours faithfully, / Vos dévoués
DEUTSCHE BANK
AKTIENGESELLSCHAFT
FILIALE MÜNCHEN

Kontrolle: _____

Anlage 3: Import-Akkreditiv

SHIPPER Continentale Produkten Gesellschaft 2 Hamburg 11, Alter Wall 69	**BILL OF LADING** **OUTWARD** B/L No. REFERENCE No.
CONSIGNEE O R D E R	**BEN ⚓ LINE** THE BEN LINE STEAMERS LIMITED
NOTIFYING ADDRESS Jardine, Matheson & Co. Ltd. Jardine House 22 Pedder Street HONG KONG	Managers: Wm. Thomson & Co. Edinburgh Brokers: Killick Martin & Co. Ltd. London Agents: Menzell & Co., Schiffsmakler, Hamburg

LOCAL VESSEL	FROM		
OCEAN VESSEL BENLOYAL	PORT OF LOADING HAMBURG		
PORT OF DISCHARGE HONG KONG	PORT OF DESTINATION (IF ON-CARRIAGE)	FREIGHT PAYABLE AT HAMBURG	NUMBER OF ORIGINAL Bs/L 3 (three)

MARKS AND NUMBERS	NUMBER AND KIND OF PACKAGES: DESCRIPTION OF GOODS	GROSS WEIGHT—KILOS	MEASUREMENT
C.P.G. No.783/1-12 HONG KONG Made in Germany	12 cases t o o l s FREIGHT PREPAID	2,378	
NUMBER OF PACKAGES (in words)	– twelve –		

ABOVE PARTICULARS DECLARED BY SHIPPER

SHIPPED in apparent good order and condition unless otherwise stated hereon, on board the above ocean vessel (or on board the above local vessel, if named above, for forwarding subject to clause 26 on the reverse side of the Bill of Lading) the packages or pieces of merchandise described above (hereinafter called "the goods") being marked and numbered as above (weight, measurement, quality, contents and value—except for purposes of estimating freight—unknown) for carriage from the above named port of loading or other port or place determined by the Shipowners under the said Clause 26 by the above ocean vessel (or vessel substituted under the said clause 26) on a voyage as described and agreed by clause 6 on the reverse side of this Bill of Lading, in like good order and condition from the vessel's tackles (where the vessel's responsibility shall in all circumstances finally cease) at the port of discharge named above or such other port or place as is provided in the said clause 5 or so near thereunto as she may safely get always afloat, for delivery unto the abovementioned consignee or to his or their assigns.

If the port of destination is named herein the goods shall be forwarded in accordance with clause 27 on the reverse side of this Bill of Lading subject to the terms, conditions and liberties therein or otherwise hereinafter agreed for delivery unto the abovementioned consignee or to his or their assigns.

In accepting this Bill of Lading the Shipper, Consignee, Owner of the goods and/or Holder of this Bill of Lading, expressly accept and agree to all its stipulations, conditions and exceptions, whether written, printed, stamped or incorporated on the front or back hereof, as fully as if they were all signed by such Shipper, Consignee, Owner or Holder. It shall be given up, duly endorsed, in exchange for delivery order if required.

If the ocean vessel is not owned or chartered by demise to the Shipowners or Line by whom this Bill of Lading is issued (as may be the case notwithstanding anything that appears to the contrary) this Bill of Lading shall take effect only as a contract with the owner or demise charterer, as the case may be, as principal made through the agency of the said Shipowners or Line who act as agents only and shall be under no personal liability whatsoever in respect thereof.

Agents signing the Bill of Lading on behalf of the said Shipowners or Line have only the limited authority at common law of a vessel's Master signing a Bill of Lading.

SUBJECT TO THE EXCEPTIONS AND CONDITIONS STATED OVERLEAF

In Witness Whereof the number of original Bills of Lading stated above all of this tenor and date has been signed, one of which being accomplished the others to stand void.

PLACE AND DATE OF ISSUE
Hamburg, 8th November, ..

NON-NEGOTIABLE

AS AGENTS

Anlage 4: Konnossement[1]

---

[1] Zur Verfügung gestellt von Menzell & Co., Schiffsmakler, Hamburg.

ALLIANZ
VERSICHERUNGS-AKTIENGESELLSCHAFT

General-Police für die Versicherung von Gütertransporten

Vertretung Nr.:	6/110/0747	Nr. T 720 SZ/13060
		Bitte bei allen Zuschriften und Zahlungen angeben!

Vers.-Nehmer: Günther & Seitz KG

PLZ, Ort: 7 Stuttgart 60

Str./Haus-Nr. Postfach: Waldstraße 3

Das Versicherungsverhältnis verlängert sich mit dem Ablauf der Vertragszeit stillschweigend um ein Jahr, und weiter von Jahr zu Jahr, wenn es nicht unter Einhaltung einer dreimonatigen Kündigungsfrist vor jedesmaligem Ablauf von einem der beiden Teile schriftlich gekündigt wird.

Vertragsbeginn: 15. August 19.. mittags 12 Uhr
Vertragsende: 15. August 19.. mittags 12 Uhr
Mit dem vorstehend angegebenen Vertragsbeginn erlischt
Vorvers.-Nr.: ./.

Gegenstand der Versicherung: Sämtliche Bezüge und Versendungen von

Werkzeugmaschinen aller Art
(z.B. Revolverbohrautomaten, Drehbänke Fräsmaschinen, Schleifmaschinen),
teils aus Guß, teils auch Schweißkonstruktionen, fabrikneu und gebraucht.

Art der Verpackung: Handelsüblich verpackt, auch unverpackt, wenn handelsüblich, jedoch ordnungsgemäß verkeilt, verzurrt und verstrebt.

Beförderungsmittel: Verladen im Raume eines erstklassigen Seeschiffes nicht älter als 15 Jahre, mit einem Binnenschiff, per Eisenbahn, mit Lastkraftwagen oder Flugzeug.

Geltungsbereich: Innerhalb der Bundesrepublik Deutschland einschl. West-Berlin sowie von und nach allen Plätzen der Welt.

Anlage 5: Versicherungspolice - Vorderseite

Höchstversicherungssummen: (Maxima)	Die höchsten Summen, die der Versicherer auf Grund dieser General-Police durch eine oder mehrere Anmeldungen auf ein und dasselbe Transportmittel oder ein und dasselbe Lager übernimmt, betragen:

    a) DM   800.000.--   für ein Seeschiff,
    b) DM   350.000.--   für ein Binnenschiff,
    c) DM   80.000.--   für einen Eisenbahnzug,
    d) DM   für eine Postsendung (vgl. aber § 16 der Besonderen Bedingungen),
    e) DM   50.000.--   für einen Lastkraftwagen einschließlich Anhänger,
    f) DM 1.000.000.--   für ein Lager (d. h. jedes selbständige feuertechnisch getrennte Risiko),
    g) DM   250.000.--   für ein Verkehrsflugzeug.

Vergleiche § 5 der Besonderen Bedingungen!

Vertragsunterlagen: Dieser General-Police sind als wesentliche Bestandteile die angekreuzten Unterlagen beigefügt:

- ☒ Geschriebene Bedingungen, Ziffer 1-14
- ☒ Prämientarif
- ☒ Besondere Bedingungen, Form. T 1100, Ausgabe: 7. 68
- ☒ Allgemeine Deutsche Binnen-Transportversicherungs-Bedingungen (ADB 1963), Form. T 290, Ausgabe: 1.67
- ☒ Auszug aus den Allgemeinen Deutschen Seeversicherungsbedingungen (ADS) nebst Zusatzbestimmungen zu den ADS für die Güterversicherung (1947), Form. Tr. 405/66
- ☐ Zusatzbestimmungen zu den ADS für die Güterversicherung (1947), Form. T 293, Ausgabe: 8. 65
- ☒ Verzeichnis der Havariekommissare und Zahlstellenagenten (s. § 17 der Besonderen Bedingungen), Form. T 3606, Ausgabe: 6. 69
- ☒ DTV-Klassifikations- und Altersklausel
- ☒ DTV-Kernenergie-Klausel für die Versicherung von Gütertransporten, Form. Tr. 420/66
- ☒ DTV-Kriegsklauseln 1968 für Seetransporte sowie für Lufttransporte im Verkehr mit dem Ausland, Form. Tr. 440/68
- ☒ DTV-Maschinenklausel, Form. Tr. 430/65
- ☒ Export-Schutzklausel, Form. Tr. 421/64
- ☐
- ☐
- ☐

Diese General-Police ist 2 fach ausgefertigt worden.

Stuttgart, den 23. Juli 19..   Stuttgart, den 23. Juli 19..

Der Versicherungsnehmer:

                                   STUTTGARTER VEREIN
                                   ZWEIGNIEDERLASSUNG DER
                                   ALLIANZ
                                   VERSICHERUNGS-AKTIENGESELLSCHAFT
                                   7000 Stuttgart 1, Postfach 262, Uhlandstraße 1-7

Unterschriften:

Anlage 5: Versicherungspolice - Rückseite

Ausfuhrerklärung zugleich Ausfuhranmeldung
(§ 8 Abs. 3 der Außenwirtschaftsverordnung)

Anlage A 1 zur AWV/Muster 4 b der Außenhandel...

Ausfuhr:	Ausfuhrarten:	1 Sicherheit
aus dem freien Verkehr	A	
aus einem offenen Zollager	A/OZL	
aus Lager (sonst. Zollager, Freihafenlager u.a.)	B	
nach Eigenveredelung / nur zollamtlich bewilligte	C	
nach Lohnveredelung \ oder in Zollfreigebieten	D	
zur pass. Veredelung { zugelassene Veredelung	E	

Rotumrandete Felder nicht ausfüllen!

Ausfertigung für Statistisches Bundesamt
62 Wiesbaden, Postfach 828

Bitte Erläuterungen auf der Rückseite der Durchschrift der Ausfuhrerklärung beachten

Abgangszollstelle

2 Anlagen AE W 018377 ✱

Versandschein ausgestellt am _____ unter Nr.

3 Vorangegangenes Zollverfahren	4 Anzahl der beigefügten Ergänzungsblätter	5 Ausfuhrgenehmigung vom Nr. gültig bis _____ Stempel
	keine	6 Ausgeführt mit Versand-AE Nr.

Stempel   Unterschrift

Stat. AnmSt. Nr.:

7 Ausführer (Name, Postleitzahl, Wohnort, Postfach/Straße und Hausnummer)
Jäger & Sohn, 41 Duisburg, Grabenstr. 12

Ich versichere die Richtigkeit meiner Angaben
Ort und Datum
Duisburg, den 2.11.19..

JÄGER & SOHN
Unterschrift und Firmenstempel

8 Bei Ausgang über einen deutschen Seehafen oder rheinabwärts
a. — vom Ausführer zutreffenden Hafen ankreuzen —
☐ Hamburg ☐ Bremen und Bremerhaven ☐ Sonstiger
b. — ggf. vom Warenführer zu ergänzen — Schiffsname, Verladetag und Ausladehafen

Firmenstempel

10 VERSANDANMELDUNG:
vertreten durch _____
verpflichtet sich, die unten bezeichneten Waren innerhalb der vorgeschriebenen Frist unverändert der Bestimmungszollstelle _____ zu gestellen.
(Ort) _____ , den _____
Unterschrift

11 Empfänger

12 Ausfuhrart (zutreffende Buchstaben aus dem Vordruckkopf eintragen)	13 Anlaß der Ausfuhr (z. B. Verkauf, zu oder nach wirtschaftlicher Lohnveredelung, nach zollamtl. bewilligter Lohnveredelung)
A	Verkauf
16 Vereinbarte Währung bzw. unentgeltlich	**17** Fälligkeiten der Forderung (Monat, Jahr; z. B. 50% 1/70, 50% 4/73, 100% 9/70; ggf. Anlage beifügen)
DM	Dezember 19..

18 Lieferbedingung (z. B. ab Werk, fob Hamburg, cif Sydney)	25 Verbrauchs-/Bestimmungsland	Länder-Nr.	26 Käuferland	Länder-Nr.
ab Werk	Italien	005	Italien	005

30 Anzahl, Art, Zeichen und Nummern der Packstücke (bei unverpackten Waren: Beförderungsmittel mit Nr. oder Namen)	31 Warenbezeichnung (bei Veredelung auch Veredelungsarbeit angeben)
1 Pack JS 1 Bundesbahn	Metallschlaufen

32	35 Versendungsland	36 Rohgewicht in vollen kg	37 Preis
		55 kg	1.100,--

38 Warennummer	39 Ursprungsland	40 Stück, Liter, Gramm usw.	41 Eigengewicht in vollen kg	42 Grenzübergangswert in vollen DM
8309 40	NrhW 05	50.000 St.	50 kg	1.130,--

30 Anzahl, Art, Zeichen und Nummern der Packstücke (bei unverpackten Waren: Beförderungsmittel mit Nr. oder Namen)	31 Warenbezeichnung (bei Veredelung auch Veredelungsarbeit angeben)

32	35 Versendungsland	36 Rohgewicht in vollen kg	37 Preis

38 Warennummer	39 Ursprungsland	40 Stück, Liter, Gramm usw.	41 Eigengewicht in vollen kg	42 Grenzübergangswert in vollen DM

45 Vorgesehene Grenzübergangsstellen (u. Land)
46 Benutzte Grenzübergangsstellen (u. Land)

50	Ort	Verkehrszweig	GV	Kennz. des Beförd.mittels		Nationalität/Flagge	51 Letztes Versendungsland
Eingang in die Gemeinschaft							
Beladung/ Umladung							
Umladung							
Umladung/ Entladung							52 Erstes Bestimmungsland
Ausgang aus der Gemeinschaft							

Anlage 6: Ausfuhrerklärung[1]

---

[1] Zur Verfügung gestellt von Verlag Carl H. Dieckmann, Fachverlag für den Außenhandel, Hamburg.

> Auf der 2. Ausfertigung durchschreiben!

Vor Ausfüllung Erläuterungen auf der **Rückseite** der 2. Ausfertigung beachten!

Anlage E 1 zur AWV

Einfuhrerklärung
(§ 24 Abs. 1 der Außenwirtschaftsverordnung)

1. Ausfertigung

Für Einführer zur Einfuhrabfertigung

Ich / Wir Meyer & Co.
Name oder Firma

Fruchtimport
Beruf oder Gewerbe

2 Hamburg 11, Großer Burstah 1
Anschrift

73 08 46
Fernruf / Fernschreiber

a) beabsichtige(n), folgende Ware(n) einzuführen: *)
b) gebe(n) diese Einfuhrerklärung für folgende Ware(n) als Beteiligte(r) nach § 24 Abs. 3 Außenwirtschaftsverordnung ab: *)

*) Nichtzutreffendes streichen.

1. Korinthen
Benennung der Ware(n) mit ihrer handelsüblichen Bezeichnung

2. Weintrauben getrocknet
Benennung der Ware(n) nach dem Warenverzeichnis für die Außenhandelsstatistik

3. 0804 51
Nr(n). des Warenverzeichnisses für die Außenhandelsstatistik

4. 00
Zuständigkeitsbereich

5. **Gesamtwert in DM** 7.500,--

6. 1500 kg
Menge in handelsüblichen Einheiten

7. DM 5,-- per kg
Preis für die handelsübliche Einheit

8. ab Werk
Lieferbedingungen (z. B. fob, cif)

9. BRD-Hamburg
Einkaufsland

10. Italien
Ursprungsland

11. Italien
Versendungsland

12. Endtermin für die Zahlung: 31.12.19..

13. Endtermin für die Einfuhrabfertigung: 15.11.19..

14. Besondere Bestimmungen nach der Einfuhrliste:
Ursprungszeugnis erforderlich: nein
ja / nein – Zutreffendes eintragen

Hamburg, den 10.11.19..
Ort und Tag

MEYER & CO.
Firmenstempel und Unterschrift

Die Verlängerung der Lieferfrist wird genehmigt. Die Einfuhrabfertigung ist bis zum .... zulässig.

Ort / Tag

Reg.-Nr. | Tagesstempel | Unterschrift | Dienstsiegel

Anlage 7: Einfuhrerklärung[1]

---

[1] Zur Verfügung gestellt von Verlag Carl H. Dieckmann, Fachverlag für den Außenhandel, Hamburg.

T 1	EXTERNES GEMEINSCHAFTLICHES VERSANDVERFAHREN	1 Sicherheit	**E.G. C.E.** Bürgschaftsbescheinigung Nr.4500/2/11 HZA München, Schwanthalerstr.	Statistische Eingangsnummer
	Versandanmeldung			
EXEMPLAR FÜR DIE ABGANGSZOLLSTELLE	**1**	Beim Ausfüllen bitte Merkblatt beachten	Abgangszollstelle	
2 Anlagen --			Versandschein ausgestellt am unter Nr.	
3 Vorangegangenes Zollverfahren VV XI - 128 (Eigenverede- lung)	4 Anzahl der Ergänzungs- blätter T 1 bis --		Stempel	Unterschrift

10 VERSANDANMELDUNG: Gebr. Hoffmann, Spedition, 8 München 15, Bavariaring 38
vertreten durch H. Johann Maier
-verpflichtet sich, die unten bezeichneten Waren innerhalb der vorgeschriebenen Frist unverändert der Bestimmungszollstelle Milano-Concorezzo zu gestellen.
(Ort) München den 26.11.19..
Unterschrift

■ Empfänger
Flli. Caldoni, Milano
Via Garibaldi 38

30 Anzahl, Art, Zeichen und Nummern der Packstücke	25 Bestimmungsland Italien	005		
	31 Warenbezeichnung			
15 Trommeln 2215/1-15	Aluminiumfolien			
	35 Versendungsland BRD	004	36 Rohgewicht 1200,-- kg	37 Preis 18.430,-- DM
30 Anzahl, Art, Zeichen und Nummern der Packstücke	31 Warenbezeichnung			
	35 Versendungsland		36 Rohgewicht	37 Preis

45 Vorgesehene Grenzübergang- stellen (u. Land)	Kiefersfelden 4	Brennero 5				
46 Benutzte Grenzübergang- stellen (u. Land)						
50	Ort	Verkehrszweig	GV	Kennz. des Beförd.mittels	C	Nationalität/Flagge	51 Letztes Versendungsland
Eingang in die Gemeinschaft							--
Beladung/ Umladung	München	4 Landstr. 1		M-TP 1 M-LM 44	0	D 4	
Umladung							
Umladung/ Entladung							52 Erstes Bestimmungsland
Ausgang aus der Gemeinschaft							--

0356 T 1 (Externes gemeinschaftliches Versandverfahren) +

Anlage 8: Versandanmeldung T 1
(externes gemeinschaftliches Versandverfahren)

T2 INTERNES GEMEINSCHAFTLICHES VERSANDVERFAHREN		1 Sicherheit	**E.G. C.E.** – Befreiung – Nur für den Eisenbahnverkehr		Statistische Eingangsnummer
Versandanmeldung					
EXEMPLAR FÜR DIE ABGANGSZOLLSTELLE	1	Beim Ausfüllen bitte Merkblatt beachten		Abgangszollstelle	
2 Anlagen --				Versandschein ausgestellt am unter Nr.	
3 Vorangegangenes Zollverfahren --	4 Anzahl der Ergänzungsblätter T 2 bis --			Stempel	Unterschrift

Max Braun
München 2
Neuturmstr. 11

13 VERSANDANMELDUNG: Deutsche Bundesbahn, Bhf München-Freimann
vertreten durch
verpflichtet sich, die unten bezeichneten Waren innerhalb der vorgeschriebenen Frist unverändert der Bestimmungszollstelle Paris – La Chapelle zu gestellen.
(Ort) _____, den _____ Unterschrift _____

11 Empfänger
Dupont Frères, Paris 8^e

25 Bestimmungsland: Frankreich | 001

30 Anzahl, Art, Zeichen und Nummern der Packstücke: 4 Kisten 3801/1-4
31 Warenbezeichnung: Spielwaren aus Plastik

35 Versendungsland: BRD | 004
36 Rohgewicht: 180 kg
37 Preis: 1.280,-- DM

45 Vorgesehene Grenzübergangsstellen (u. Land): Strasbourg 1
46 Benutzte Grenzübergangsstellen (u. Land):

50	Ort	Verkehrszweig	GV	Kennz. des Beförd.mittels	C	Nationalität/Flagge	51 Letztes Versendungsland
Eingang in die Gemeinschaft							--
Beladung/Umladung	München	4	Eisenb.				
Umladung							
Umladung/Entladung							52 Erstes Bestimmungsland
Ausgang aus der Gemeinschaft							--

0358 T 2 (Internes gemeinschaftliches Versandverfahren) +

Anlage 9: Versandanmeldung T 2
(internes gemeinschaftliches Versandverfahren)

Abkürzungsverzeichnis

ADS	=	Allgemeine Deutsche Seeversicherungsbedingungen
ADSp	=	Allgemeine Deutsche Spediteur-Bedingungen
AE	=	Ausfuhrerklärung
AIT	=	Alliance Internationale de Tourisme
AKA	=	AKA Ausfuhrkredit-Gesellschaft mbH
AKV	=	Allgemeine Kreditvereinbarungen
ASP	=	American Selling Price System
ATA	=	Admission Temporaire/Temporary Admission
AUMA	=	Ausstellungs- und Messeausschuß der deutschen Wirtschaft (Köln)
AWG	=	Außenwirtschaftsgesetz
AWV	=	Außenwirtschaftsverordnung
BDF	=	Bundesverband des Deutschen Güterfernverkehrs
BfA	=	Bundesstelle für Außenhandelsinformation
BIS	=	Bank for International Settlements (Bank für Internationalen Zahlungsausgleich — BIZ)
BIZ	=	Bank für Internationalen Zahlungsausgleich
CAD	=	cash against documents (Kasse gegen Dokumente)
CCI	=	Chambre de Commerce Internationale (Internationale Handelskammer)
CECA	=	Communauté Européenne du Charbon et l'Acier (Europäische Gemeinschaft für Kohle und Stahl — Montanunion)
CEE	=	Communauté Economique Européenne (Europäische Wirtschaftsgemeinschaft — EWG)
CIF	=	cost, insurance, freight (Kosten, Versicherung, Fracht)
CIFCI	=	cost, insurance, freight, commission, interest (Kosten, Versicherung, Fracht, Provision, Zinsen)

CIF&C	=	cost, insurance, freight and commission (Kosten, Versicherung, Fracht und Provision)
CIF&I	=	cost, insurance, freight and interest (Kosten, Versicherung, Fracht und Zinsen)
CIM	=	Convention Internationale concernant le Transport des Marchandises par Chemins de Fer (Internationales Übereinkommen über den Eisenbahnfrachtverkehr)
CMR	=	Convention relative au Contrat de transport international des marchandises par route (Übereinkommen über den Beförderungsvertrag im internationalen Straßengüterverkehr)
COCOM	=	Coordinating Committee for East-West Trade Policy
COMECON	=	Council for Mutual Economic Assistance (Rat für gegenseitige Wirtschaftshilfe — RGW)
C&F	=	cost and freight (Kosten und Fracht)
D/A	=	documents against acceptance (Dokumente gegen Akzept)
DAC	=	Development Assistance Committee (Entwicklungshilfeausschuß)
DDR	=	Deutsche Demokratische Republik
DIHT	=	Deutscher Industrie- und Handelstag
D/P	=	documents against payment (Kasse gegen Dokumente)
EAG	=	Europäische Atomgemeinschaft (Euratom)
ECS	=	Echantillons Commerciaux/Commercial Samples
ECSC	=	European Coal and Steel Community (Europäische Gemeinschaft für Kohle und Stahl — Montanunion)
EE	=	Einfuhrerklärung
EEC	=	European Economic Community (Europäische Wirtschaftsgemeinschaft — EWG)
EFTA	=	European Free Trade Association (Europäische Freihandelsassoziation — Kleine Freihandelszone)
EG	=	Einfuhrgenehmigung
EG	=	Europäische Gemeinschaften

EGKS	=	Europäische Gemeinschaft für Kohle und Stahl (Montanunion)
EMA	=	European Monetary Agreement (Europäisches Währungsabkommen — EWA)
ENEA	=	European Nuclear Energy Agency (Europäische Kernenergieagentur)
EPU	=	European Payments Union (Europäische Zahlungsunion — EZU
ERP	=	European Recovery Program (Europäisches Wiederaufbauprogramm — Marshall-Plan)
EVO	=	Eisenbahn-Verkehrs-Ordnung
EWA	=	Europäisches Währungsabkommen
EWG	=	Europäische Wirtschaftsgemeinschaft
EZU	=	Europäische Zahlungsunion
FAS	=	free alongside ship (frei Längsseite Seeschiff)
FCR	=	Forwarding Agent's Certificate of Receipt (Spediteur-Übernahmebescheinigung)
FIA	=	Fédération Internationale de l'Automobile
FIATA	=	Fédération Internationale des Associations des Transporteurs et Assimilés (Internationale Vereinigung der Spediteur-Organisationen)
FOB	=	free on board (frei an Bord)
FOR	=	free on rail (frei Waggon)
FOT	=	free on truck (frei Waggon)
FPA	=	free from particular average (frei von Beschädigung außer im Strandungsfalle)
GATT	=	General Agreement on Tariffs and Trade (Allgemeines Zoll- und Handelsabkommen)
GZT	=	Gemeinsamer Zolltarif
HGB	=	Handelsgesetzbuch
IAEA	=	International Atomic Energy Agency (Internationale Atomenergie-Organisation)

IATA	=	International Air Transport Association
IBRD	=	International Bank for Reconstruction and Development (Internationale Bank für Wiederaufbau und Entwicklung — Weltbank)
ICC	=	International Chamber of Commerce (Internationale Handelskammer)
IDA	=	International Development Association (Internationale Entwicklungsorganisation)
IFC	=	Internationale Finanz-Corporation
IHK	=	Internationale Handelskammer
IMAG	=	Internationaler Messe- und Ausstellungsdienst GmbH (München)
IMF	=	International Monetary Fund (Internationaler Währungsfond)
IRU	=	International Road Transport Union
ISO	=	International Standards Organization
ITO	=	International Trade Organization (Internationale Handelsorganisation)
IWF	=	Internationaler Währungsfonds
JEIA	=	Joint Export Import Agency
KfW	=	Kreditanstalt für Wiederaufbau
KVO	=	Kraftverkehrsordnung
KW	=	Kreditanstalt für Wiederaufbau
M/G	=	Maß oder Gewicht in Schiffswahl
OECD	=	Organization for Economic Cooperation and Development (Organisation für wirtschaftliche Zusammenarbeit und Entwicklung)
OEEC	=	Organization for European Economic Cooperation (Organisation für wirtschaftliche Zusammenarbeit in Europa — Europäischer Wirtschaftsrat)
Officomex	=	Office de Commerce Extérieur
pa	=	porteur aménagé

RGW	=	Rat für gegenseitige Wirtschaftshilfe
RVS	=	Rollfuhrversicherungsschein
SEW	=	Sowjet Ekonomitscheskoj Wsaimopomoschtschi (Rat für gegenseitige Wirtschaftshilfe — RGW)
SVS	=	Speditionsversicherungsschein
TIR	=	Transport International de Marchandise par la Route
UN	=	United Nations (Vereinte Nationen)
UNCTAD	=	United Nations Conference on Trade and Development (Konferenz der Vereinten Nationen für Handel und Entwicklung — Welthandelskonferenz)
VWD	=	Vereinigte Wirtschaftsdienste GmbH
WA	=	with average (frei von Beschädigung, wenn unter 3 %)
WG	=	Wechselgesetz

Stichwortverzeichnis

A

ab Kai (benannter Hafen) 63
ab Kai unverzollt 63
ab Kai verzollt 63
ab Schiff (benannter Bestimmungshafen) 62
ab Werk (Fabrik, Lagerhaus, Mühle, Grube, Pflanzung usw.) 61
Abfertigung zum freien Verkehr 152 f.
Abkommen
—, Definition 161
—, bilaterale 161
—, multilaterale 161
— zur Vermeidung der Doppelbesteuerung 163
Ablader 99
Abnehmerfinanzierung 83
Absatzorganisation 17 ff.
Abschlag, Kurs- 129
Abschöpfungen 173 f.
—, negative 174
Abschreibepolice 109
Abwertung 117 f., 121, 123, 135, 182
Abzugsfranchise 111
Adressenbüro 40
Adreßspediteur 90
Agenturvertrag 22
Agrarprotektionismus 133
AKA Ausfuhrkredit-Gesellschaft mbH 85 ff.
Akkreditiv 71 ff.
—, bestätigtes 71 f.
—, dokumentäres 71
—, negoziierbares 73
—, revolvierendes 74
—, übertragbares 73 f.
—, unbestätigtes 72, 76
—, unwiderrufliches 72, 76
—, widerrufliches 71
Akkreditivbestätigung 71 f.
Akzeptkredit des Exporteurs 66
—, dokumentärer 70
Alleinverkaufsrecht 21
Alleinvertretung 20, 23
Allgemeine Deutsche Seeversicherungsbedingungen (ADS) 110

Allgemeine Deutsche Spediteurbedingungen (ADSp) 89
Allgemeine Frachtraten, Luftfrachtverkehr 96
Allgemeine Geschäftsbedingungen 44
Allgemeine Kreditvereinbarungen 183
Allgemeines Zoll- und Handelsabkommen (GATT) 186 ff.
Alliance Internationale de Tourisme (AIT) 160
All-risks-Versicherung 111
American Selling Price System (ASP) 188
amerikanische Lieferklauseln 64
Analysenzertifikat 59
Anfangsparität 121, 182
Angebot 41
—, befristetes 41
—, freibleibendes 41
—, verbindliches 41
Angstklausel 75
Anpassungsinflation 116
Antidumpingzoll 135
Anzahlung 65
Anzahlungsgarantie 66
Anzeige 31
Arbeitskreis Auslandshandelskammern 37
Arbitrage
—, Devisenhandel 131
—, direkte 131
—, indirekte 131
—, Schiedsverfahren 46
Artikel-VIII-Länder 125
Aufschlag, Kurs- 128
Auftrag 42
Auftraggeber, Akkreditiv 71
Auftragsbestätigung 42
Aufwertung 115 ff., 121, 123
Aufwertungsausgleichsgesetz 175
Ausfuhr
—, Befreiungen 146
—, sichtbare 113
—, unsichtbare 15, 113
Ausfuhrbürgschaften 80
Ausführer 17
Ausfuhrerklärung (AE) 143 f.
Ausfuhrgarantien 79 f.

Ausfuhrgenehmigung 145
Ausfuhrhändler 18
Ausfuhrkontrollmeldung 145
Ausfuhrkredit-AG (AKA) 85
Ausfuhrkreditversicherung 78 ff.
—, private 78 f.
—, staatliche 79 ff.
Ausfuhrliste 142
Ausfuhrpolitik, staatliche 134
Ausfuhrschein 143
Ausfuhrverfahren
—, genehmigungsbedürftige Ausfuhr 145 f.
—, genehmigungsfreie Ausfuhr 143 ff.
Ausfuhrvorschriften 142 f.
Ausgangszollstelle 144
Ausgleichs-Arbitrage 131
Auskünfte, Einholung 40 f.
Ausländerkonvertibilität 125
Auslandshandelskammern 37
Auslandsmarktforschung 28 ff.
Auslandsniederlassungen 25 f.
Auslandsreisender 20
Auslandsvertreter 22 f.
Auslandsvertretungen, offizielle 34 f.
Auslandswerbung 30 ff.
Ausrüster 99
Ausschreibungen
—, Auftragsvergabe 42 f.
—, beschränkte 42
—, Einfuhr 148
— mit laufender Antragstellung 138, **148**
—, öffentliche 42
Außenhandel, Definition 13
Außenhandelsgeschäft 40 ff.
Außenhandelsmonopol, staatliches 133 f.
Außenhandelsorganisationen, staatliche 133
Außenwirtschaft, Definition 13
Außenwirtschaftsgesetz (AWG) 141 ff.
Außenwirtschaftspolitik 132 ff.
Außenwirtschaftsrecht 141 ff.
Außenwirtschaftsverordnung (AWV) 141 ff.
Ausstellungen 32 f.
—, allgemeine 32
Ausstellungs- und Messe-Ausschuß der deutschen Wirtschaft (AUMA) 33
Austauschrelationen 118
Auszahlung 126
—, briefliche 126
—, telegrafische 126
Autarkie 133
Authority to Negotiate 75
Authority to Pay 75

B

back-to-back credit 74
Bahnsammelgutverkehr 92
Ballen 51 f.
Bandbreite 122, 182
Bank
—, avisierende 71
—, bestätigende 71
—, eröffnende 71
Bank for International Settlements (BIS) 180
Bank für Internationalen Zahlungsausgleich (BIZ) 168, 178 f., **180 f.**
Bankscheck 126
Bar-Akkreditiv 71
bareboat charter 99
Befrachter 99
beggar-my-neighbour policy 117
Begünstigter 71
Behälter 53, 94
Benelux-Zollunion 172
Bereitschaftskredite 183
Beschau, Zoll- 144, 153
Bestätigung, Akkreditiv- 71 f.
Bestellung 42
Bietungsgarantie 43
Bilanz
— der laufenden Posten 114
— des kurzfristigen Kapitalverkehrs 114
— des langfristigen Kapitalverkehrs 114
Bilateralismus 165
Binnenreedereien 98
Binnenschiffahrt, Frachtverkehr 98
Binnenschiffahrtsfrachtvertrag 98
Bodmerei 21
Bordbescheinigung 102
Bordkonnossement 101 f.
Botschaften 34
Boxpaletten 53
Bretton Woods, Konferenz von 120, 181, 184
Briefkurs 128
—, gespannter 128
Briefsatz, Privatdiskonten 85
Brüsseler Rat für die Zusammenarbeit auf dem Gebiet des Zollwesens (Brüsseler Zollrat) 160
Brüsseler Zolltarifschema 151, 160
Buchung, Frachtraum- 100
—, konditionelle 100
Bundesamt für Ernährung und Forstwirtschaft 145, 147 f.
Bundesamt für gewerbliche Wirtschaft 145, 147 f.

Bundesauskunftsstelle für den Außenhandel 35
Bundesbürgschaften 79 ff.
Bundesgarantien 79 ff.
Bundesstelle für Außenhandelsinformation (BfA) 35
Bundesverband des deutschen Güterfernverkehrs (BDF) 95, 160
Bundesverband Werkverkehr 95
Buy-American-Gesetze 137

C

Carnet ATA 159
Carnet ECS 159
Carnet TIR 159 f.
cash against documents (CAD) 67
Chambre de Commerce Internationale (CCI) 37
Chartergesellschaften, Luftfrachtverkehr 96
Charterpartie (charter party) 99
Charter-Party-Konnossement 102
Chartervertrag, Seeschiffahrt 99
CIF (named port of destination) 62
CIF-Agent 20
CIFCI 62
CIF-Schutzversicherung 107
CIF & C 62
CIF & I 62
Class Rates 96
Clearingabkommen 164
Clearingkonten 164
Clearingstelle 164
Cocoon-Einspinnverfahren 52
Collico 94
Combined Certificate of Value and Origin 56
COMECON-Bank 177
commercial letter of credit 74
Commonwealth-Präferenzen 136
Communauté Economique Européenne (CEE) 168
Communauté Européenne de l'Energie Atomique 175
Communauté Européenne du Charbon et de l'Acier (CECA) 167
Consumer-Panel-Methode 29
Container 53, 97, 101
Containerverkehr 104 f.
Contrans-Gesellschaft für Übersee-Behälterverkehr 101
Convention Internationale concernant le Transport des Marchandises par Chemins de Fer (CIM) 93
Convention relative au Contrat de transport international des marchandises par route (CMR) 95
Coordinating Committee for East-West Trade Policy (COCOM) 142
Council for Mutual Economic Assistance (COMECON) 177
Courtage 21
crawling peg 123
Cross Rate 129
C & F (named port of destination) 62

D

De-facto-Liberalisierung 138
deferred-payment-Akkreditiv 74
delivered (named place of destination in the country of importation) duty paid 64
delivered at frontier (named place of delivery at frontier) 63
Delivery Orders 103
Delivery Verification 146
Delkredere 20
Delkredereprovision 20
Demijohns 51
Demonetisierung des Goldes 121
Deport 129
desk research 29
Deutscher Gebrauchszolltarif 151
Deutscher Industrie- und Handelstag (DIHT) 36
Deutscher Teil-Zolltarif 151
Devalvation 117
Development Assistance Committee (DAC) 179
Devisen 126 ff
Devisenarbitrage 131
Devisenbeschränkungen 127
Devisenbewirtschaftung 127
Devisenbilanz 115
Devisenbörse 128
Devisenhandel 127 ff.
Devisenkontrolle 127
Devisenmarkt 127
Devisennotierungen 128
Devisentermingeschäft 128 f.
Devisenzwangswirtschaft 127
Dienstleistungsbilanz 113
Dienstleistungsgeschäfte
—, aktive 15
—, passive 15
Dienstleistungsverkehr 14 f., 113
Differentialzölle 136
Differenz-Arbitrage 131
Differenzverzollung 156

Direktinvestitionen 114
Direktwerbung 31 f.
Diskontierung 66 f., 84, 86, 129 f.
Diskontkredit 82
Dispache 112
Dispacheur 112
dock receipt 100
documents against acceptance (D/A) 68
documents against payment (D/P) 67
dokumentäre Konditionen 67 ff.
dokumentäre Tratte 67
Dokumente 55 ff., 67 ff.
Dokumente gegen Akzept 68 f.
Dokumentenakkreditiv 71 ff.
Dokumenteninkasso 67 ff.
—, Abwicklung 69 f.
Dokumententratte 67
Dokumentenvorschuß 82
Doppelbesteuerung 163
Doppelbesteuerungsabkommen 163
Dreiecksgeschäft 165
Drittlandsgut 156
Drums 51
DTV-Kriegsklauseln 111
Dumping 134 f.
—, politisches 135
—, soziales 135
Durchfrachtraten, Luftfrachtverkehr 97
Durchfuhrverkehr 14
—, gebrochener 14
—, ungebrochener 14
Durchkonnossement 102

E

Eigenhändler 21 f.
Eigentumsvorbehalt 45
—, verlängerter 45
Eigenveredelung 14
Eilgut 92
Einfuhr
—, erleichtertes Verfahren 148 f.
—, sichtbare 113
—, unsichtbare 15, 113
Einfuhranmeldung/Statistischer Anmeldeschein 153
Einfuhrausschreibungen 148
— mit laufender Antragstellung 148
Einfuhrdepotpflicht 137
Einfuhrerklärung (EE) 147 f.
Einfuhrgenehmigung (EG) 136, 148
Einfuhrhändler 18
Einfuhrkontingente 136
Einfuhrkontrollmeldung 153
Einfuhrliste 146 f.
Einfuhrlizenz, allgemeine 138

Einfuhrpolitik, staatliche 135 ff.
Einfuhrumsatzsteuer 138 f.
Einfuhr- und Vorratsstelle 174
Einfuhrverbote 137
Einfuhrverfahren
—, genehmigungsbedürftige Einfuhr 148
—, genehmigungsfreie Einfuhr 147 f.
Einfuhrvorschriften 146 f.
Einfuhrzölle 135 f.
Einheitliche Richtlinien für das Inkasso von Handelspapieren 70
Einheitliche Richtlinien und Gebräuche für Dokumentenakkreditive 75
Ein-Punkt-Klausel 63
Einreicherbank 70
Einrichtungen zur Förderung des Außenhandels 34 ff.
Einschleusungspreis 174
Einzelausschreibungen 148
Einzelpolice 108 f.
Einzelversicherung 108
Eisenbahngüterverkehr 92 ff.
Eisenbahn-Verkehrs-Ordnung (EVO) 93
Embargo 134
Embargorisiko 80
Empfangskonnossement 101
Empfangsspediteur 90
Empire-Präferenzen 136
Entliberalisierung 138
Entwicklungshilfe 83, 87, 169, 179, 185 f.
Entwicklungshilfeausschuß der OECD 179
Erfüllungsort 44
Eröffnungsanzeige, Akkreditiv 71 f., 75
ERP-Sondervermögen 87
Erziehungszoll 135
Euratom 175
Eurodollarmarkt 181
Europäische Atomgemeinschaft (EAG) 175
Europäische Freihandelsassoziation (EFTA) 176
Europäische Gemeinschaften (EG) 167 ff.
Europäische Gemeinschaft für Kohle und Stahl (EGKS) 167 f.
Europäische Investitionsbank 170 f.
Europäische Kernenergieagentur 176, 179
Europäische Kommission 170
Europäische Wirtschaftsgemeinschaft (EWG) 168 ff.
—, Agrarpolitik 171 ff.
—, assoziierte Länder und Gebiete 169
—, Mitgliedsländer 168 ff.
—, Organe 170 f.
—, Ziele und Tätigkeit 171 ff.
Europäische Zahlungsunion (EZU) 178

Europäischer Entwicklungsfonds 169
Europäischer Fonds 179
Europäischer Gerichtshof 170
Europäischer Ministerrat 170
Europäischer Palettenpool 93
Europäischer Sozialfonds 170
Europäischer Wirtschaftsrat 178
Europäisches Parlament 170
Europäisches Währungsabkommen
    (EWA) 178, **179 f.**
European Atomic Energy Community 175
European Coal and Steel Community
    (ECSC) 167
European Economic Community (EEC)
    168
European Free Trade Association
    (EFTA) 176
European Monetary Agreement (EMA)
    179
European Nuclear Energy Agency
    (ENEA) 176, 179
European Recovery Program (ERP) 88
Exequaturverfahren 46
Export
—, direkter 17
—, indirekter 17
Exportabteilung 18 f.
Exporteur 17
Export-Factoring 24
Exportfirma 19
Exportförderung, staatliche 134
Exportgemeinschaften 19
Exporthändler 17, **18**
Exportkartelle 19
Exportleiter 19
Export-Schutzversicherung 107
Export-Switch 164
Exportverpackung 49 ff.
Exportvertreter 20
Expreßgut 92
ex quay (duties on buyer's account) 63
ex quay (duty paid) 63
ex quay (named port) 63
ex ship (named port of destination) 62
ex works (factory, warehouse, mill,
    mine, plantation etc.) 61

F

Fabrikation im Ausland 26
Fabrikationsrisiken, Garantien und
    Bürgschaften zur Deckung von 80
Fachausstellungen 32 f.
Fachmessen 33
Factor 23 ff.

Factoring-Geschäft 23 ff.
FAK-Raten 97
FAS (named port of shipment) 61
Fässer 51
Fautfracht 100
Fédération Internationale de l'Auto-
    mobile (FIA) 160
Fédération Internationale des Asso-
    ciations des Transporteurs et
    Assimilés (FIATA) 89
Fehlfracht 100
field research 29
Finanzierung 24, 65 f., **82 ff.**
—, Arten 82 f.
—, kurzfristige 82 f.
—, mittel- und langfristige 83
Finanzkredite
—, gebundene 87
—, ungebundene 87
Finanzzölle 155
FOB (named port of shipment) 61
Forderungseinzug 78
Forfaitierung 83 f.
FOR/FOT (named point of departure)
    61
Forwarding Agent's Certificate of
    Receipt (FCR) 89
Frachtberechnung, Seeschiffahrt 100 f.
Frachtbrief
—, Binnenschiffahrt 98
—, Eisenbahn 93
—, Güterkraftverkehr 95
—, Luftfrachtverkehr 97
Frachtbriefdoppel 93
Frachtdumping 135
frachtfrei (benannter Bestimmungsort)
    62
Frachtführer 39
Frachtgut, Eisenbahngüterverkehr 92
Frachtrabatte, Seeschiffahrt 99
Frachtraten, Luftfrachtverkehr 96 f.
Frachttarife, Eisenbahn 92 f.
Frachtversicherung 106
Franchise 111
franko Grenze 63
free from particular average (FPA) 110
frei an Bord (benannter Verschiffungs-
    hafen) 61
frei Haus verzollt 64
frei Grenze 63
frei Längsseite Schiff (benannter Ver-
    schiffungshafen) 61
frei von Beschädigung außer im
    Strandungsfalle 110
frei von Beschädigung, wenn unter 3 %
    110 f.

frei Waggon (benannter Abgangsort) 61
freie Fahrt 98
freight or carriage paid to (named point of destination) 62
Freigut 152
Freigutveredelung 156
Freihäfen 150
Freihandel 132
Freihandelszone 150, 176
freihändige Vergabe 42
Freiliste 138
Freiverkehrskurse 128
Freizeichnungsklauseln, Konnossement 102

G

Gebietsansässige 142
Gebietsfremde 142
Gegenakkreditiv 74
Gegenseitigkeitsgeschäfte 165
Gegenwertmittel 88
Geldkurs 128
—, gespannter 128
Geldsatz, Privatdiskonten 85
geliefert (benannter Bestimmungsort im Einfuhrland) verzollt 64
geliefert Grenze (benannter Lieferort an der Grenze) 63
gemeinsame Agrarpolitik der EWG, außenwirtschaftliche Aspekte 173 ff.
Gemeinsamer Markt 168
Gemeinsamer Zolltarif (GZT) 150 f., 171 f.
Gemeinschaft der Sechs 168
Gemeinschaft der Sieben 176
gemeinschaftliches Versandverfahren 156 ff.
—, Ausschuß 159
—, externes 156 f.
—, internes 156 f.
Gemeinschaftsgut 156
Gemeinschaftswerbung 30
General Agreement on Tariffs and Trade (GATT) 186
General Arrangements to Borrow 183
General Cargo Rates 96
Generalpolice 109
Gerichtsstand 44 f.
Geschäftsverbindungen, Anbahnung 40
Gesetz der komparativen Kosten 132
Gesetz zur Änderung von Vorschriften des HGB über das Seefrachtrecht 102
Gesetz zur Ausweitung des Handels 188
Gestellung 144 f., 152
Gesundheitszeugnis 59
Gewichtszertifikat 59

Gewichtszoll 136
Gitterboxpaletten 53
Gleitzoll 136
Globalkontingente 136
Goldautomatismus 124
Goldbarrenwährung 119
Gold-Devisen-Standard 119, 120 f.
Golddevisenwährung 119
Goldkernwährung 119
Goldparität
—, echte 123
—, fiktive 121
Goldpool 121
Goldpunkte 124
Goldstandard 119
Goldtranche 183
Goldumlaufswährung 119
Goldwährung 119
Goldwährungsmechanismus 124
Grenzspediteur 90 f.
Grenzübergangsschein 157
Grundbilanz 114
Grundpreis 173
grüner Dollar 174
Güterfernverkehr 95
Güterkraftverkehr 94 f.
—, gewerblicher 95
Güternahverkehr 95
Güterversicherung 106

H

Haager Gipfelkonferenz 170
Haager Regeln 102
Handelsabkommen 161, 163 f.
Handelsbilanz 113
—, aktive 113
—, passive 113
Handelsfaktura 55
Handelskammern 36
Handelskreditbrief 74 f.
Handelsmission 35
Handelsmittler 20
Handelsrechnung 55
Handelsübliche Vertragsformeln 60
Handelsverträge, internationale 161
Handelsvertreter 20, 22
Handelsvertretervertrag 22 f.
Handelsvertretungen, offizielle 35
Händler 21 f.
Händlerhilfen 32
Hauptverpflichteter 157
Haus-Haus-Verkehr 103
Havanna-Charta 187
Havarie (Haverei) 109 f.
—, besondere 110

—, gemeinschaftliche 109
—, große 109 f., 112
—, kleine 110
Havariebond 112
Havarie-Einschuß 112
Havarie-grosse 109
Havarie-grosse-Beiträge 110, 112
Havarie-grosse-Verpflichtungsschein 112
Havariekommissar 109, 112
Havariezertifikat 112
Hermes Kreditversicherungs-AG 79
Hobbocks 51
Hohe Behörde, Montanunion 170
Holzverschläge 51
hot money 127
Huckepackverkehr 103

I

IATA-Agenten 97
Iglu 97
IMAG Internationaler Messe- und Ausstellungsdienst GmbH 33
imaginärer Gewinn 108
Import
—, direkter 18
—, indirekter 18
Importhändler 18
importierte Inflation 116
Importlizenz 136
Import-Switch 165
Incoterms **60 ff.**, 106
Indent 42
Indentgeber 42
Indentnehmer 42
Industrie- und Handelskammern 36
Inkasso 67 ff.
Inkassoauftrag 69 f.
Inkassostelle 70
Inländerbehandlung 162
Institute Cargo Clauses 106, 110
Institute Clauses 110
Institute War Clauses 111
Integralfranchise 111
International Air Transport Association (IATA) 96
International Atomic Energy Agency (IAEA) 176
International Bank for Reconstruction and Development (IBRD) 184
International Bureau of Chambers of Commerce 38
International Chamber of Commerce (ICC) 37
International Code of Advertising Practice 32
International Commercial Terms 60

International Council on Advertising Practice 38
International Court of Arbitration 38
International Development Association (IDA) 186
International Finance Corporation (IFC) 185
International Import Certificate 145
International Monetary Fund (IMF) 181
International Road Transport Union (IRU) 95, 160
International Standards Organization (ISO) 53
International Trade Organization (ITO) 186 f.
internationale Arbeitsteilung 132
Internationale Atomenergie-Organisation 176
Internationale Bank für Wiederaufbau und Entwicklung (Weltbank) 184 f.
Internationale Bank für wirtschaftliche Zusammenarbeit (COMECON-Bank) 177
Internationale Einfuhrbescheinigung 145
Internationale Entwicklungsorganisation (IDA) 186
Internationale Finanz-Corporation (IFC) 185 f.
Internationale Handelskammer (IHK) 37 f.
Internationale Handels-organisation 186 f.
internationale Liquidität 120
Internationale Regeln 1967 63
Internationale Vereinigung der Spediteur-Organisationen (FIATA) 89
Internationale Verhaltensregeln für die Werbepraxis 32
Internationaler Währungsfonds (IWF) 120 f., 181 f.
Internationaler Werberat 38
Internationales Handelszentrum UNCTAD/GATT 188 f.
Internationales Kammerbüro 38, 159
Interventionspreise 174
Interventionspunkte 122
Investitionsförderungsverträge und -abkommen 162 f.
irrespective of percentage 111

J

Jaunde, Abkommen von 169
Jedermann-Einfuhrer 148 f.
jedes Kollo eine Taxe 111
Joint Export Import Agency (JEIA) 141

K

Kaiempfangsschein 100
Kampfzoll 136
Kapitalbilanz 114
Kapitalerträge 16, 113
Kapitalertragsbilanz 113
Kapitalschutzverträge
    und -abkommen 162 f.
Kapitalverkehr 15, 114
—, kurzfristiger 15, 114
—, langfristiger 15, 114
Kapitalverkehrsbilanz 114
Kaskoversicherung 106
Kassageschäfte 128
Kassakurs 128
Kassamarkt 127
Kasse gegen Dokumente 67 f.
Kaufkraftparität 123
Kaufvertrag
—, Abschluß 41 f.
—, Bedingungen 43 ff.
Kennedy-Runde 172, 188
Kisten 50 f.
Klage, Gericht 45
Klein-Ausfuhrerklärung 143 f.
Kleine Freihandelszone 176
Know-how 27
Kollo-Markierung 53 f.
kombinierter Verkehr 103 ff.
Kommission der Europäischen
    Gemeinschaften 170
Kommissionär 20
Kommittent 20
Kompensationsgeschäfte 165
Konditions-Differenz-Versicherung 107
Konferenz der Vereinten Nationen über
    Handel und Entwicklung
    (UNCTAD) 189
Konferenzen, Seeschiffahrt 98
Konferenzraten 99
Konnossement 101 f.
—, reines 101
—, unreines 101
Konnossements-Revers 101
Konnossementssatz 101
Konnossementssurrogate 103
Konnossements-Teilscheine 103
Konsignant 21
Konsignatar 21
Konsignationsgeschäft 21
Konsignationslager 21
Konsignationsware 21
konstruktiver Totalverlust 112
Konsulate 34
Konsulatsfaktura 56
Konsulatsgebühr 56
Konsulats- und
    Mustervorschriften 54, 59
Kontraktraten 99
Kontrollbescheinigung über die
    Güteklasse 153
Konventionalzölle 136
Konvertierbarkeit
    (Konvertibilität) 125
—, beschränkte 125
—, unbeschränkte 125
Koppelungsgeschäfte 165
Korbflaschen 51
Korrosionsschutz 52
Kosten und Fracht
    (benannter Bestimmungshafen) 62
Kosten, Versicherung und Fracht
    (benannter Bestimmungshafen) 62
Kraftverkehrsordnung (KVO) 95
Kreditanstalt für Wiederaufbau
    (KfW oder KW) 85, **87 f.**
Kredittranchen 183
Kreditversicherung 78 ff.
KT-Risiko 81
Kundensätze 92
Kursabschlag 129
Kursaufschlag 128
Kurse, Wechsel- 122 ff., 179 f., 182
Kursrisiko 129
Kurssicherung 129 ff.

L

Ladeschein 98
Lagerempfangsschein 91
Lagergeschäft 91 f.
Lagerhalter 91
Lagerschein 91 f.
Länderkontingente 136
Länderlisten **143,** 145, 147
Lastenheft 43
Lattenverschläge 51
laufende Versicherung 108 f.
Leckage 111
Legalisierung 55 f.
Leistungsbilanz 113
Leistungsgarantie 43
Leistungsverzeichnis 43
Leitwährung 120
Liberalisierung 138
Liberalisierungsgrad 138
Liberalisierungsliste 138
Lieferklauseln, amerikanische 64
Lieferscheine 92
Lieferungsbedingungen 60 ff.
Lieferungsgarantie 43
Liegegeld 99

Liegetage 99
Liniengesellschaften,
    Luftfrachtverkehr 96
Linienreedereien 98
Lizenzfertigung im Ausland 26 f.
Lizenzgeber 26
Lizenzgebühr 27
Lizenznehmer 26
Lizenzvertrag 26
Lohnveredelung 14
Loro-Konten 126
Luftfrachtbrief 97
Luftfrachtspediteure 97
Luftfrachtverkehr 95 ff.
Lumpsum-Fracht 99

M

Makler 21
manufacturer's export agent 20
Markierung 53 f.
Marktanalyse 28
Marktbeobachtung 28
Marktforschung 28 ff.
Marktforschungsabteilung 28
Marktforschungsinstitut 28
Marktordnungen 174
Markttest 29
Marshall-Plan 88, 178, 185
Maß oder Gewicht in Schiffswahl
    (M/G) 100
mate's receipt 100
Media-Forschung 31
Mehrwertsteuer **138 f.**, 175
Meistbegünstigung **161 f.**, 187
—, bedingte 162
—, beschränkte 162
— de facto 162
— de jure 162
—, unbedingte 162, 187
—, unbeschränkte 162
Meistbegünstigungsabkommen 162
Meistbegünstigungsklausel 162
Meldevorschriften für den
    Zahlungsverkehr 149
mengenmäßige Beschränkungen 136
Mengenrabatt-Raten,
    Luftfrachtverkehr 96
Messekontingente 136 f.
Messen 32 f.
—, allgemeine 33
Messespediteur 91
Messe- und Ausstellungs-
    gesellschaften 33
Mindestfrachtbeträge, Luftverkehr 96
Mindestfrachtraten, Seeschiffahrt 101
Mischzoll 136

Mittelkurs 158
Mittelsatz, Privatdiskonten 85
Montage im Ausland 26
Montanunion 167
Motivforschung 29
Multilaterales System des
    Zahlungsausgleichs 179 f.
Multilateralismus 165 f.
Mustermessen 33

N

Nachnahme 66
Nachrichten für den Außenhandel 35
Namenskonnossement 102
Namenslagerschein 91
Nämlichkeitssicherung 144, 154 ff.
Negativliste 138
Negoziierung 72 ff.
Nichtaufnahme von Dokumenten 68
nichtdokumentäre Konditionen 65 ff.
nichttarifäre Handelshemmnisse 135 ff.
Niederlassungen im Ausland 25 f.
non-recourse financing 83
Normalraten, Luftfrachtverkehr 96
Nostro-Konten 126
Notadresse (Notify-Adresse) 102
NOWEA Düsseldorfer Messe-
    gesellschaft mbH 33

O

offener Buchkredit 66
offenes Ziel 36
Öffentlichkeitsarbeit 30
Offerte 41
Office de Commerce Extérieur
    (Officomex) 141
Open General Licence 138
Orderkonnossement 102
Orderlagerschein 91 f.
Organisation für wirtschaftliche Zu-
    sammenarbeit in Europa (OEEC) 178
Organisation für wirtschaftliche
    Zusammenarbeit und Entwicklung
    (OECD) 178
Organization for Economic Cooperation
    and Development (OECD) 178
Organization for European Economic
    Cooperation (OEEC) 178
Orientierungspreis 173
Outsiders 98

P

pa-Behälter 94
Packliste 59
Paletten 52 f., 93 f., 97, 101

Panzerkartons 51
Papierwährung 120
Pappkartons 51
Parcelfrachten 103
Parcel Receipt 103
parcel room 103
Parcelschein 103
Parcelversand 103
Parität 121 ff., 182
Paritätsklausel 162
Partikulierschiffer 98
Plafond A, AKA 85 f.
Plafond B, AKA 86 f.
Plafond C, AKA 87
Police 108 f.
Pool-Paletten 93
Portalhubwagen 104
Portfolio-Investitionen 114
Positivliste 138
Präferenzzölle 136
Prämie, Versicherungs- 108 f.
Preisschere 118
Primärmaterial 29
Privatdiskont-AG 84 f.
Privatdiskonten 84
Privatdiskontmarkt 84
Privatdiskontsatz 84 f.
Probeverzollung 152
Produktforschung 29
Proforma-Rechnung 55 f.
Prohibitivzoll 135
Protektionismus 133
Provision 20, 23
Public Relations 30

Q

Quellenstaat 163

R

Rat für gegenseitige Wirtschaftshilfe (RGW) 177
Rat für Handel und Entwicklung 189
Raumfrachtvertrag 99
Reeder 98
Reedereien 98
Referenzpreise 174
Reisecharter 99
Reisender 19 f.
Remboursakkreditiv 72 f.
Rembourskredit 70
Report 128
Reserveposition beim IWF 183
Reservewährung 120
Restposten 115

Retorsionszoll 136
Reufracht 100
Revalvation 116
Revised American Foreign Trade Definitions 64
revolving credit 74
Reziprozität 162
Richtlinien für die Lauterkeit in der Werbung 32
Richtpreise 173 f.
Risiko
—, politisches 78 ff.
—, wirtschaftliches 24, 78 f.
Rollfuhr 90
Rollfuhrdienst, bahnamtlicher 90, 92
Rollfuhrversicherungsschein (RVS) 90
Roll-on/Roll-off 103 f.
Römische Verträge 175
Runderlasse Außenwirtschaft 141

S

Säcke 51 f.
Sammelkonnossement 102 f.
Sammelladungsspedition 89
Sammelladungsverkehr 90
Sammellagerung 91
Sammelwerbung 30
Schadenzertifikat 112
Schiedsgericht 46 ff.
— der Internationalen Handelskammer 47 f.
Schiedsgerichtsverfahren 46 ff.
Schiedsklausel 46 f.
Schiedsspruch 47 f.
Schiffahrtskonferenzen 98
Schiffsagent 99
Schiffsmakler 99
Schiffszettel 100
Schuman-Plan 167
Schutzzölle 135
Schwellenpreise 174
Seefrachtverkehr 98 ff.
Seefrachtvertrag 99
Seehafenspediteur 90
Seeprotest 111
Seeschäden, Verfahren 111 f.
Seeversicherungsbedingungen 110
Seewurf 110
Sekundärmaterial 29
Selbstbeschränkungsabkommen 137
Selbstbeteiligung, Ausfuhrgarantien und -bürgschaften 81
Selbstfinanzierungsquote, AKA 85
Sicherheitsleistung, gemeinschaftliches Versandverfahren 157
Sonderlagerung 91

Sonderziehungsrechte 183 f.
Sorten 126
Sowjet Ekonomitscheskoj
    Wsaimopomoschtschi (SEW) 177
Spaltung des Goldmarktes 121
Special Customs Invoice 56
Specific Commodity Rates 96
Spediteur 89 ff.
Spediteurkonnossement 102
Spediteur-Übernahmebescheinigung 89
Spedition 89 ff.
—, internationale 89
— mit festen Spesen 89
Speditionsversicherungsschein (SVS) 90
Sperrzoll 135
Spezialraten, Luftfrachtverkehr 96 f.
Stand-by Arrangements 183
Steuermannsquittung 100
Straßenroller 92
Streitigkeiten 45 ff.
Stückgut 92
Stückgüterfrachten, Seeschiffahrt 100 f.
Stückgütervertrag, Seeschiffahrt 100
Subventionsdumping 135
Supergoldtrancheposition 183
Swapgeschäfte 130 f.
Swapkredite der Notenbanken 131, 181
Swapsatz 130
Swing 164
Switchgeschäfte 164

T

Tarife, Eisenbahn 92 f.
Tarifierung, Zoll 151
Tauchverfahren, Korrosionsschutz 52
Teilcharter 99
Termes Commerciaux 60
Termingeschäfte 128 f.
Terminkurs 128 f.
Terminmarkt 127
terms of trade 118
Trade and Development Board 189
Trade Expansion Act 188
Trade Terms 60
Traditionspapier 91, 98, 101
Trampfahrt 98
Trampreeder 98
Transfer-Rubel 177
Transithandel 13
—, gebrochener 13
—, ungebrochener 13
Transithandelsgeschäft
—, aktives 13
—, passives 13
Transithandelsspitze 13

Transitveredelung 14
Transitverkehr 14
Transportversicherung 106 ff.
—, Arten 106
Treurabatt 99

U

Übereinkünfte, internationale 161 ff.
Übernahmekonnossement 101
Übersee-Containerverkehr 104 f.
Übertragungen
—, öffentliche 114
—, private 114
Übertragungsbilanz 113 f.
UNCTAD/GATT Handelszentrum 188 f.
unentgeltliche Leistungen 113
United Nations Conference on Trade
    and Development (UNCTAD) 189
Urablader 99
Ursprungsbegriff, EWG 57
Ursprungszeugnis 56 f., 147
Usancegeschäfte 128
Usancekurs 129
Usance-Wechsel 69

V

Valuta 126 f.
Valutadumping 135
VCI-Papiere und -Folien 52
Verbotskunde 90
Verbraucheranalyse 29
Verbrauchsteuern 139
Veredelungsverkehr 14, 155 f.
—, aktiver 14, 155
—, passiver 14, 156
Verfrachter 89
Vergeltungszoll 136
Verklarung 111
Verpackung 49 ff.
—, äußere 50 ff.
—, innere 50
—, seemäßige 49 f.
Verrechnung
—, bilaterale 164
—, multilaterale 166, 178
Verrechnungsabkommen 164
Verrechnungseinheiten 164
Verrechnungskonten 164
Verrechnungsstelle 164
Versammlung,
    Europäisches Parlament 170
Versandanmeldung
— T 1 157
— T 2 157
Versand-Ausfuhrerklärung 143 f.

Versandpapier T 2 L 158
Versandschein, innerstaatlicher
 Zollgutversand 153
Versandzollstelle 144
Versicherer 107
Versicherter 107
Versicherung, Transport- 106 ff.
Versicherungsantrag 108
Versicherungsmakler 108
Versicherungsnehmer 107
Versicherungsprämie 108 f.
Versicherungsvertrag 107 f.
Versicherungsvertreter 108
Versicherungszertifikat 109
Verträge
—, Definition 161
—, bilaterale 161
—, multilaterale 161
— von Rom 175
Vertragshändler 22
Vertragsverletzung 45 f.
Vertreter 19, 22
Vertretervertrag 22 f.
Vertriebsforschung 29
Verzahnungspapier 158
Vollcharter 99
Vollholzkisten 50
Vollpappekisten 51
Vollstreckung
—, Schiedssprüche 47
— Urteile 46
Vorauszahlung 65
Vorauszahlungsgarantie 66
vorläufige Deckungszusage 108
Vorsichtsmarkierungen 54
Vorsteuer 138 f.
Vorzugszölle 136

W

Wagenladung 92
Wagenstandgeld 92
Währung 119 ff.
—, harte 125
—, überbewertete 122
—, unterbewertete 123
—, weiche 125
Währungsabwertung 117 f., 121, 123, 135, 182
Währungsaufwertung 116 ff., 121, 123
Währungsdumping 135
Währungskonvertibilität 125
Währungsreserven 115 f., 120
Währungsrisiko 129
Währungssysteme 119 f.
Wareneingangsbescheinigung 146
Warenhandelsbilanz 113

Warenklassenraten, Luftfracht-
 verkehr 96
Warenmakler 21
Warenverkehrsbescheinigung 58
Warschauer Abkommen 97
Wechselkurse 122 ff., 179 f., 182
—, freie 124 f.
—, multiple 127
—, starre 122
Wechselrembours 70
Wechselsteuer 139 f.
Wechselstrenge 67
Wellpappekisten 51
Weltbank 184
Welthandelskonferenz 189
Welthandelsrat 189
Werbeabteilung 30
Werbeagentur 30
Werbeberater 30
Werbebriefe 31
Werbedrucksachen 31
Werbeforschung 30 f.
Werbemittler 30
Werbung 30 ff.
Werkverkehr 95
Wertfracht, Seeschiffahrt 100
Wertzölle 136
wharfinger's receipt 100
Wiederausfuhr 13
Wirtschaftsgebiet 141 f.
Wirtschaftsorganisationen,
 internationale 167 ff.
with average (WA) 110
with recourse 75
without recourse 73
Wohnsitzstaat 163
World Bank 184

Y

York-Antwerpener Regeln
 (York-Antwerp Rules) 112

Z

Zahlung bei Erhalt der Ware 66
Zahlungsabkommen 164
Zahlungsbedingungen 65 ff.
—, harte 65
—, weiche 65
Zahlungsbilanz 113 ff.
—, aktive 116
—, passive 116
Zahlungsbilanzdefizit 116
Zahlungsbilanzgleichgewicht 115 ff.

Zahlungsbilanzüberschuß 116
Zahlungsbilanzungleichgewicht 116 ff.
Zehnergruppe (Zehnerklub) 183
Zeitcharter 99
Ziehungsrechte 182 f.
ZM-Risiko 81
Zollabfertigung 152 f.
Zollager 154 f.
—, offene 155
—, öffentliche 155
—, private 155
Zollanschlüsse 141, 150
Zollantrag und Zollanmeldung 152
Zollaufschublager 154
Zollauskünfte 151 f.
—, unverbindliche 152
—, verbindliche 152
Zollausschlüsse 142, 150
Zollbefund 153
Zollbeschau 144, 153
Zollbescheid 153
Zollbeteiligter 152
Zollbindungen 188
Zolldisparitäten 188
Zölle 135 f.
—, autonome 136

—, spezifische 136
Zollfaktura 55
Zollgebiet 150 f.
Zollgut 152
Zollgutlager 154
Zollgutlagerung 154 f.
Zollgutveredelung 155
Zollgutversand 153 f.
Zollgutverwendung 154
Zollkontingente 136
Zollkrieg 136
Zollmitverschluß 155
Zollniederlagen 155
Zollnomenklatur 151
Zollrunden, GATT 188
Zollsätze 151
Zolltarif 151
Zolltarifschema 151
Zollunion 150, 171
Zollveredelungsverkehr 155 f.
Zollverkehre, besondere 153 ff.
Zollverschlußlager 155
Zollverwendungsschein 154
Zollwesen 150 ff.
zurückgestellte Rabatte 99
Zwei-Punkt-Klausel 63

2   28.40   6.10.71 d